権利の名のもとに

イスラエルにおける
性的少数者の権利と動物の権利

YASUI Hiroshi
保井啓志

東京大学出版会

本書は第 14 回東京大学南原繁記念出版賞を受けて刊行された.
This volume is the Fourteenth recipient of the University of Tokyo Nambara Shigeru Publication Prize.

In the Name of Rights:
LGBTQ Rights and Animal Rights in Israel

Hiroshi YASUI

University of Tokyo Press, 2025
ISBN 978-4-13-036291-7

権利の名のもとに

目次

II　動物の政治　141

権利の名のもとに

――イスラエルにおける性的少数者の権利と動物の権利

図１　イスラエル・パレスチナ及び周辺地域

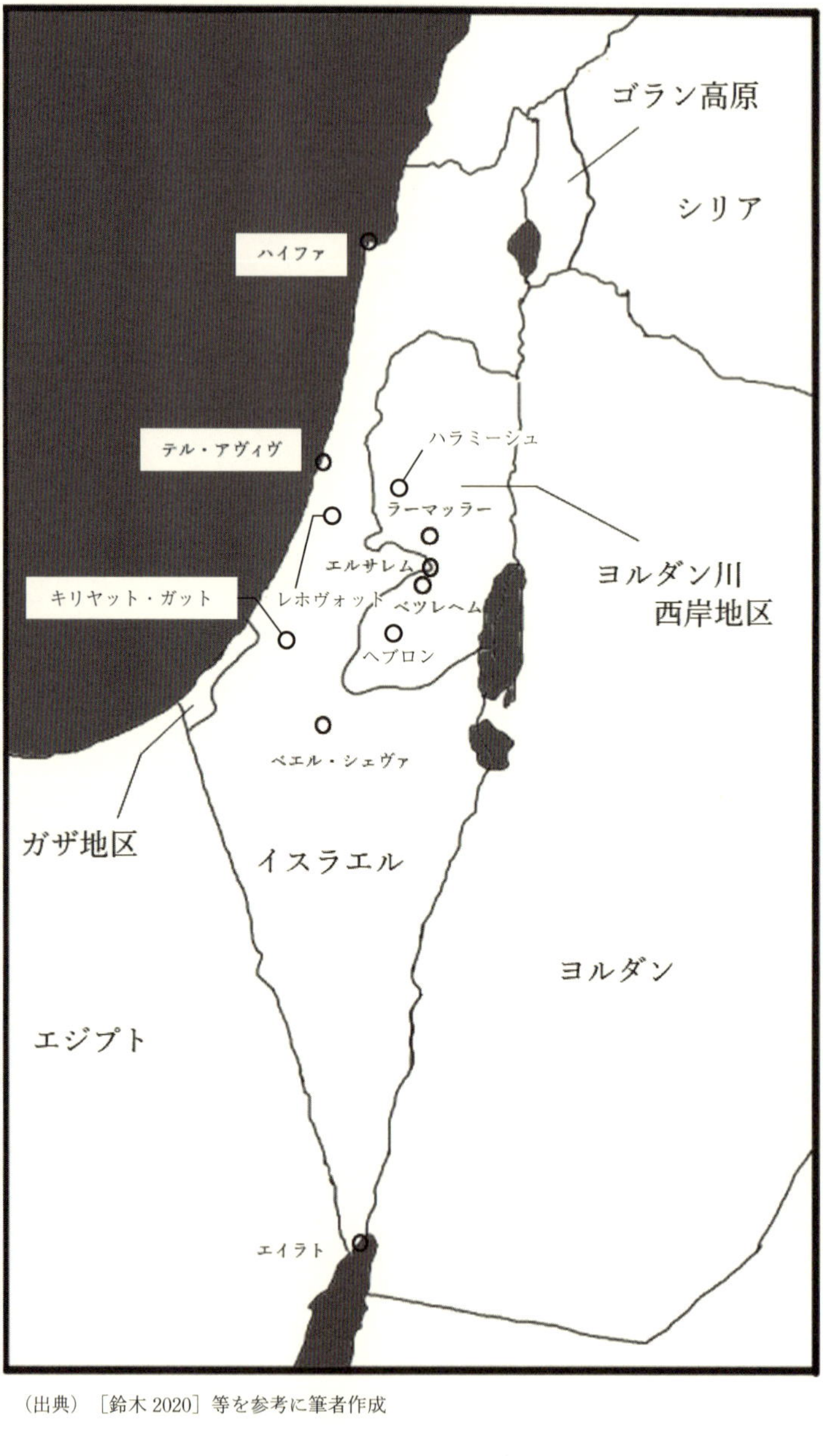

（出典）［鈴木 2020］等を参考に筆者作成

序章

はじめに

二〇一七年五月七日、東京の代々木で行われた、性の多様性と性的少数者[1]の権利の尊重を謳う日本最大のイベントである東京レインボープライド[2]。その行進ルートの途中に、一つの巨大な横断幕が掲げられた。「ボイコット！ アパルトヘイト国家イスラエル」と書かれたその横断幕は、虹色で塗られた行進者の笑顔を一瞬曇らせた。この横断幕は、イスラエルがその国家の「先進性」を裏付けるべく積極的に性の多様性を広報していること、より直接的には在日イスラエル大使館が東京レインボープライドへ後援を行っていることに対する、日本のLGBT[3]コミュニティ内部からの批判であった。積極的に非政治的なイベントを標榜し、お祭りさながらの気分を演出してきた東京レインボープライドの政治性がまさに浮き彫りになった瞬間である。それと同時に、イスラエルによるパレスチナの占領の問題の大きさを実感させるものでもあった。

建国以来パレスチナ問題という、国家の根幹に関わる問題を常に抱えてきたイスラエルでは、今世紀に入った頃から二つの権利をめぐる運動が興隆してきた。それは、性的少数者の権利をめぐる運動（以下、性的少数者の権利運動）と、[4]動物の権利をめぐる運動（以下、動物の権利運動）である。この両者の運動は、細かな違いはあるものの、性的指向及び性自認[5]（以下、Sexual Orientation and Gender Identity の略である「SOGI」[6]を用いる）に基づく差別である異性愛規範[7]及びシスジェンダリズム[8]と、動物種に基づく差別、種差別[9]に反対するという反差別の原則を思想的に共有している。そのため、特定の差別に反対し、平等と解放を求める思想に根付くという点で両者は左派的なものだと見做されてきた。

写真1　東京レインボープライドに掲げられた横断幕

（註）　行進進路に突如として掲げられた横断幕。「ボイコット！　アパルトヘイト国家イスラエル」と書かれている。
（出典）　2017年5月7日、筆者撮影。

左派的な思想に基づく両者の運動が二一世紀に入りイスラエル社会において興隆してゆく現象は、しかしながら、イスラエル社会全体が左傾化したことを意味しない。[10] 伝統的にイスラエルの左派を牽引してきた労働党は決定的に衰退し、二〇〇〇年に起きた第二次インティファーダに代表される対立によってパレスチナとの和平が頓挫しただけでなく、二〇〇九年以降のネタニヤフ政権は、国内でも最右派とされる政党群との連立内閣を形成し、ヨルダン川西岸地区における入植を推進している。そのような状況下にありながら、右派政権下においても首相（当時）であるビンヤミン・ネタニヤフが性的少数者の権利運動の団体と会合を持ち［The Times of Israel 2019a］、また動物の権利活動家として著名なタル・ギルボアを政府アドバイザーにする［The Times of Israel 2019b］等、これらの権利擁護の原則的な姿勢を崩していない。それだけではない。イスラエルの性的少数者の権利や動物の権利をめぐる政治においてとりわけ顕著なのは、右派を公言するオープンリー[11]・ゲイ[12]の政治家の活動や、先述のタル・ギルボアによる「全てのヴィーガンが左派であるわけではない」という発言［Hen 2019］等、政治的右派を巻き込んだ形で展開している点である[13]。

さらにこれに並行する形で、イスラエル政府は近年、「中東で最もゲイ・フレンドリーな国[14]」或いは「世界のヴィーガンの中心地[15]」と積極的に対外的な広報宣伝を行っている。性的少数者の権利運動と動物の権利運動の成果は、とりわけ二〇〇〇年代以降、自らの先進性と優位性を主張する際の証左としてナショナリズム[16]を喚起する言説に利用されるようになったのである。

この点に関し、イスラエルは「ピンクウォッシング」、「ヴィーガンウォッシング」と一部の活動家等から批判を受けることとなった。「ピンクウォッシング」という用語は、イスラエルが国際社会において、自らの国がＬＧＢＴフレンドリー[17]、とりわけ同性愛者に寛容であると積極的に主張・宣伝していることには、パレスチナの占領やパレスチナ人に対する抑圧という負のイメージを覆い隠す効果[18]があるということを批判するために用いられる[19]。事実、イスラエル政府は、二〇〇〇年代半ばからブランド・イスラエルと呼ばれる国際的なキャンペーンの一環として、自国がＬＧＢＴフレンドリーであると様々な場面で広報し、自国を西側先進諸国と同等の存在と位置付けようとしている［Lungen 2008］。

イスラエル政府機関による積極的な対外広報宣伝は、世界各地の性的少数者の権利運動の場で争点となってきた。例えば、二〇一〇年にカナダのトロントで行われたトロント・プライドではQueers Against Israeli Apartheid[20]という団体の参加をめぐって論争が巻き起こった［Dale 2010］。日本では関西クィア映画祭がイスラエルのピンクウォッシングに反対し、パレスチナのＢＤＳ運動に賛同している[21]［第一〇回関西クィア映画祭 2016 n.d.］。このように、イスラエルの非規範的な性をめぐる政治は、ピンクウォッシングという形で世界各地の性的少数者の権利運動における一つの重要な争点となっており、もはやイスラエル／パレスチナという一つの地域を超えて耳目を集めてきた。冒頭の横断幕も、日本の運動へのイスラエル大使館の積極的な関与に対する抗議が込められたものであった。

また、ピンクウォッシングに着想を得て作られた「ヴィーガンウォッシング」という言葉も同様に、イスラエル政府のヴィーガニズムに関する積極的な広報宣伝を批判的に指摘するために用いられている。二〇一三年にエヤル・グロスが『ハ＝アレツ』紙に寄せた寄稿の中でこの用語を用いたのが、おそらく公的な場での使用としては初めてであろう［Gross 2013］。

このような現在の政治的状況に対し、素朴な疑問が浮かんでくる。「性的少数者の権利や動物の権利が、国家の先進性の証明として用いられるのは、一体どのようにしてなのだろうか」。本書では、この問題意識を携えながら、性的少数者の権利と動物の権利という二つの権利運動のイスラエルにおける政治的展開を取り上げる。そして、現在の政治状況に至る歴史的展開を辿ってゆきたい。

本論に入る前に本書の舞台となる地域の概要を簡単に紹介しておきたい。[22]イスラエルは、アジア大陸の最西端、地中海に面した「歴史的パレスチナ」と呼ばれる地域に、シオニズムの理念に基づき一九四八年に建設された国家である。シオニズムとは、ヨーロッパで高まりつつあった反ユダヤ主義を背景に一九世紀の終わり頃から擡頭した「ユダヤ人の国民国家」を建設することを目指す思想及び政治運動である。シオニズムを信奉し実践するシオニストらによって行われた「世界シオニスト会議」では、将来の国家は、アフリカのウガンダや南米のアルゼンチン等当初の他の候補地を抑え、最終的に民族的・宗教的聖地であるエルサレムを擁する歴史的パレスチナと定められ、一九世紀終わりから継続的にユダヤ人がオスマン帝国領の一部ないしイギリス委任統治領下にあったこの地へ移住した。

ユダヤ人の国民国家建設を目指すという理念の下でのユダヤ人の流入と一九四八年のイスラエルの建国は、元々この地の多数派を形成していたアラブ系住民の強い反発を引き起こすことになる。第二次世界大戦が終了し、イギリスがこの地域における委任統治の終了を宣言すると、高まる緊張を背景に国連によってパレスチナ分割案が提案されることになった。それを基にシオニスト側がイスラエルの建国を宣言すると、パレスチナ分割案を受け入れない近隣アラブ諸国であるエジプト、レバノン、シリア、ヨルダンがこの地に攻め込み、建国と同時に第一次中東戦争が勃発することとなる。この第一次中東戦争の戦闘が終了すると、「グリーン・ライン」と呼ばれる、イスラエルの近隣諸国との停戦ラインが確定する。しかし、一九六七年に勃発した第三次中東戦争の結果、東西に分断されていたエルサレムはイスラエル側に併合される形で統一され、さらに、シリア領のゴラン高原や現在のガザ地区、ヨルダン川西岸地区がイスラエルの占領下に置かれることとなった。

その後、一九九三年にオスロ合意が成立し、将来のパレスチナ国家を担うとされるパレスチナ暫定自治政府（通称PA）が発足、概ねグリーン・ラインに沿う形でその領域が確定した。ヨルダン川西岸地区には合意に従いA、B、C地区の行政区域が設定され、ガザ地区からは二〇〇二年にイスラエル軍が撤退した。しかし現在は、ガザ地区を実効支配するハマースに対するイスラエルによる封鎖が続いている他、A、B、C地区の行政区域に分けられたヨルダン川西岸地区には未だにイスラエル軍のプレゼンスが高い。さらに、二〇〇〇年代から安全保障を理由に分離壁が建設された他、ヨルダン川西岸地区の内部に、国際法上違法とされるユダヤ人の入植が続いている。

イスラエルは、地中海に面したテル・アヴィヴやハイファといった都市を擁する、人口九三〇万人程の比較的小さな国である。このうち、凡そ七四％がユダヤ人であり、二一％程がアラブ人である［Ha-Lishkah Ha-Merkazit Li-Statistiqah 2020］。このアラブ人は、一九四八年の第一次中東戦争の結果グリーン・ラインのイスラエル側に残ったアラブ系住民とその子孫であり、「イスラエル・アラブ」と呼ばれ、イスラエル国籍を有する。一方、ヨルダン川西岸地区には、二八〇万人程のパレスチナ人が住み、ラーマッラーや、ベツレヘム等の都市を擁する。ガザ地区には、二〇〇万人程のパレスチナ人が住んでいる［Peace Now n.d.］。

本書の狙いと先行研究

イスラエルで二〇世紀後半から興隆した性的少数者の権利と動物の権利という二つの権利に関わる政治が、いかにしてイスラエルのナショナリズムに結び付いてきたのか。この問いに答えるべく、イスラエルで展開する二つの権利に関わる政治をそれぞれ検討してゆく。それでは、先行研究(23)に対して本書が寄与しうる貢献とは何だろうか。ここでは、本研究に関連する二つの先行研究群「フェミニズム・クィア理論(24)」と「批判的動物研究」を取り上げその課題を炙り出したい(25)。

ジェンダー・セクシュアリティ(26)を研究対象としてきたフェミニズム・クィア理論では、ＳＯＧＩをめぐる政治とナショナリズム及び植民地主義の繋がりが指摘されてきた。特に、ジャスビル・プアの「ホモナショナリズム」に関する思索が一つの記念碑的研究として多くの研究者に参照されてきた。この概念は本書の内容にも深く関わるため、まずはプアのホモナショナリズムの概要を示したい。

プア［Puar 2007］は、九・一一の同時多発テロ以降、対テロ戦争が本格化してゆく米国で、新たな形の愛国主義が登場していると指摘し、それをホモナショナリズムと名付けた。プアによれば、この新たな形の愛国主義は、従来の異性愛規範的な愛国主義とは異なる特徴を持っている。それまでの異性愛規範的な愛国主義が専ら同性愛者を排除してきたのとは異なり(27)、このホモナショナリズムが新しいのは、国家が積極的に同性愛者の包摂を標榜する点にある。プアによれば、この新たな愛国主義の図式の下、米国は、自らの社会が異性愛(28)に基づく健全な社会でありつつも、その国家の優位性を示す形で「例外的に」女性やとりわけ同性愛者にも寛容な国家であると自らを位置付けようとする。そして同時に「女性や性的少数者に非寛容なイスラーム社会」を自らの社会に相容れないものと描き、女性や性的少数者という、イスラーム社会の被害者を救うという任務を米国が例外的に担っている、と自己規定する。

プアは、このホモナショナリズムが異性愛規範的であるだけでなく、既にホモノーマティヴ(homonormative)でもあると指摘し、リサ・ドゥガンの「新しいホモノーマティヴィティ(new homonormativity)[29]」の議論に依拠して論じている[*Ibid.*: 2]。では、この「新しいホモノーマティヴィティ」とはどのような概念だろうか。やや遠回りであるが、プアのホモナショナリズムを検討する前にこの概念をまず敷衍したい。

ドゥガンは新自由主義が本格的に擡頭してくる一九九〇年代後半に、米国の性的少数者の権利運動が変質してきていると主張した[Duggan 2003]。ドゥガンは、米国における性的少数者の権利運動の歴史を詳述しながら、様々な分野での権利獲得を目指していたはずの運動が、同性婚と軍における男性同性愛者の処遇という、一部の白人の特権的な人々の問題のみに代表されるようになったと論じ、一定の権利が達成される一方で新自由主義に基づく愛国主義と保守主義に迎合してゆく性的少数者らに対し、強い警鐘を鳴らした。ドゥガンの指摘は、以下の二点に集約される。

① 新自由主義の影響を受け、それまでの左派的な平等に向けた連帯の土壌が崩れ、性的少数者の権利運動が変質したという点。

新自由主義の価値観の下では、市場に有益な「金になる」性的少数者らが積極的に活用されてゆく。一方で、マイノリティの問題はもはや公的な介入を必要としない「個人的な問題」と見做され、貧困対策等への支援は枯渇してゆく。その結果マイノリティの中に経済力を基準にした分断線が新たに生まれ、運動の側も、「同性婚」と「軍における同性愛者の問題(DADT)[30]」という主に裕福な同性愛者らのための二大イッシューに収斂してゆく。さらにこの二大イッシューが語られる際の特徴は、婚姻制度や軍隊の解体といったジェンダーやセクシュアリティに関わる制度の根本的な廃止を求めるのではなく、それに積極的に参与することが強調される点である。

②　新自由主義によって活用される「ゲイ」は、白人で上流・中産階級で、男性であるような「経済に有益な」人々である点。

大手ファッション会社の広告にはゲイやレズビアンといった人々が登場するようになる。[31]さらに、子を持たない同性カップルは可処分所得が多いとされ、その経済力は「ピンク・マネー」という言葉で観光政策や結婚式等のビジネスに注目され、主流社会での可視化が進む。一方で多様性の旗印の下で称揚される可視化の過程には、依然としてジェンダーや人種、経済的な階層が影を落としている。

このように、新自由主義的な経済体制の下では、性的少数者の権利運動が大規模化し、多様な人材の活用という名目の下、「LGBT」という言葉がある程度可視化されてゆく。一方で、ある程度の「ゲイ・フレンドリーさ」に充足し、性的少数者の側は婚姻制度の廃止や軍隊の廃止といった、同性愛者に対する差別の核心に触れるより一層急進的な主張をしなくなる。ドゥガンが「新しいホモノーマティヴィティ」という言葉で表現したのは、新たにクィアの人々を縛るこの規範のことである。

プアはドゥガンの「新しいホモノーマティヴィティ」に関する考えをさらに深め、国家の経済に有益とされたゲイ男性をはじめとした同性愛者らが、今度はこの「ゲイ・フレンドリーさ」を守るために保守化してゆく様を形容している。プアはホモノーマティヴィティの議論を基にすることで、中産階級の白人異性愛者のみならず、ホモノーマティヴな同性愛者らも積極的に「望ましい生／性」として新たに受け入れ、包摂し、積極的に愛国主義・保守主義に動員するというホモナショナリズムの特徴を表現している［Puar 2007: xxv］。そして、同時多発テロ以降に「対テロ戦争」に向けて愛国主義的な雰囲気が米国全体に蔓延してゆく中で、米国社会と「イスラーム社会」を対比させる二項対立的な言説が形成されていると指摘する。プアによればこの二項対立の下では、米国社会が、核家族に基づくアメリカンホームに代表されるような健全な異性愛社会であると描かれ、さらにそのような理想的で健全な異性愛社会であるがゆえに同性愛者にも寛容で進歩的な社会であると主張される。一方、イスラーム社会は、近代化に失敗した、歪な家父長制[32]であると見做され、その偏狭さゆえに、女性や同性愛者にも厳しく、異性愛を強制するような非文明的で後進的な社会であると攻撃される。プアによれば、この二項対立の裏には、プアが「性的例外主義」と名付けるある種の例外のレトリックが働いている。アメリカ例外主義とは、元々米国が未開の地域の開拓と文明化の使命を負っているという一九世紀の西部開拓の時代の、聖書・宗教的な自負のことを指す言葉である。プアによれば、この性的例外主義のレトリックは、幾重にも重なる「例外」の論理に支えられている。この性的例外主義とは、米国があくまでも異性愛規範に基づくとしながら同性愛者を「例外的に」包摂する際、それから、この米国の優位性は「例外的な」もので、したがって世界の同性愛者や女性らを抑圧から解放するという任務を「例外的に」担っていると主張する際に顕著に表れる［*Ibid.*: 3-11］。

これらを踏まえ、プアのホモナショナリズムの論理をまとめるとすれば、以下の五点に集約される。

①　排除ではなく包摂——米国社会はもはやＬＧＢＴ特に同性愛者を排除しないと表明される（ジョージ・Ｗ・ブッシュ大統領（当時）の表明等）。

②　新自由主義による多文化主義と多様性——包摂は、新自由主義の影響を強く受けた多文化主義の価値観によって正当化される。

③　異性愛規範の優越——「包摂」は、米国社会における異性愛の優越と既存の社会的枠組を脅かさない範囲で行われる（婚姻制度の解体や軍隊の解体、反戦運動ではなく、同性婚やＤＡＤＴを通じて国家の既存の枠組への積極的な参入）。

④「イスラーム社会」との対置――この社会的・文化的変化は戦争相手国であるイラク或いはアフガニスタンといった「イスラーム社会」と米国の決定的な違いであり、当該社会は同性愛嫌悪的であり女性嫌悪的である。[33]

⑤例外主義による正当化――米国がLGBTやとりわけ同性愛者に寛容なのは、米国の例外的な文化的優位性によるものであり、例外的に優れた米国は世界で抑圧された同性愛者及び女性を解放する任務を例外的に担っている。

プアのホモナショナリズムについて、いくつか重要な点を確認しておかなければならない。プアによれば、国家に望ましい形で称揚される「LGBT」は、現行の異性愛規範的なヘゲモニーを脅かさない「例外」としてしか認められない。この意味で、ホモナショナリズムは、色々な性のあり方を、多少形は違えども結婚をし、再生産を行い、子を育て、さらには愛国者であるような「望ましい国民」へと規範化するプロセス、すなわち生政治的なものである[*Ibid.*: xii]。[34]さらにこのような「LGBTフレンドリー」な愛国主義は、そもそも愛国主義が戦争を通じて人権侵害を行うのみならず、「望ましい国民」を作るために再生産を通じた性差別を強化するという点で、必ずしも真に平等や解放を意味するものではないとプアは看破する[*Ibid.*: 9]。[35]

プアはこのホモナショナリズムという自らの概念を米国の愛国主義批判の文脈で用いている。しかしながら、反イスラーム感情を帯びたリベラルな愛国主義の出現は、米国に特有のものではない。リベラリズムの証左として積極的に性的少数者を国家に包摂しつつ、それにそぐわない他者と「イスラーム」を規定し、ムスリムを排斥する排外主義や愛国主義の出現は、米国以外の国でも見受けられる。ジュディス・バトラーは、オランダの入国管理の場面で、同性愛者に寛容かどうかが一つの新たな移民の思想を確かめる試金石とされていることを取り上げながら、「近代性がいかに性的な自由と結び付けて定義されているか、そしていかにとりわけゲイの性的な自由が、前近代的と考えられている立場と対照的な、文化的に先進的な立場のための例として理解されているか、がわかる」[Butler 2009：105]と述べ、性的権利とイスラーム的価値観が折衷不可能なものとして捉えられ、ことさら対立点として焦点化される形で主張される移民排斥及び排外主義の顕現を指摘している。

このように、プアのホモナショナリズムという概念は、米国という一地域における事象を超えて、一定の普遍性を持った枠組と捉えられてきた。また、プアは「ピンクウォッシングは、ホモナショナリズムのうちに／によって可能になっている一つの表明であり実践である」[Puar 2013：337]と述べている。実際、イスラエルの広報宣伝における文句を確認すると、「中東で最もゲイ・フレンドリーである」という宣伝文句が、その対象に効果的に作用する二項対立的な理解を促進すべくホモナショナリズムが機能している。

前記の理論的背景を基に、二〇一〇年代には、イスラエルの性的少数者の権利をめぐる政治に関する研究がそれ以前と比べ数を飛躍的に増加させている。(36) 二〇一〇年代のこの主題に関する研究は数多く存在するため、ここではその概要を示すにとどめたい。

エヤル・グロスやジェイソン・リッチーは、ホモナショナリズムの概念との関連において、イスラエルの非規範的な性をめぐる政治を考察している[Gros 2013; Gross 2015; Ritchie 2015]。また、ギリ・ハータルとオルナ・サッソン＝レヴィは、ＬＧＢＴセンターの事例を取り上げ、テル・アヴィヴの突出性と性的市民権の問題を論じている[Hartal and Sasson-Levy 2017]他、イスラエルが広報宣伝において、「先進的な東洋」として巧みに自らを位置付けるその戦略性を論じている[Hartal and Sasson-Levy 2021]。さらに近年ではホモナショナリズムを超えたイスラエルにおける男性性についても論じている[Hartal and Sasson-Levy 2022]。ヘン・ミスガヴやサッチー・スネリングスは、テル・アヴィヴの都市計画の観点から性をめぐる政治を論じている[Misgav 2015a; 2015b; 2019; Snellings 2019]。また、ハータルはテル・アヴィヴと対照的なエルサレムの事例を取り上げ論じている[Hartal 2016]。

この他にも、よりセクシュアリティの表象に着目したものでは、ブレット・ブリットやイタイ・ハーラップらの研究［Britt 2015；Harlap 2017］がある。さらに、そこからイスラエルのクィア・ポリティックスの可能性について論じたものではアマリア・ズィヴの論考等［Ziv 2010；Ritchie 2010］が挙げられる。また、セクシュアリティと植民地主義の繋がりを論じたものとしてMorgensen［2012］；Stelder［2018］等がある。これらの学術的な関心の高まりを表すように、二〇一六年には現代ヘブライ語の著作としては初となる、イスラエルのSOGIをめぐる政治とフェミニズム・クィア理論についての本格的な論集も刊行されている［Gross *et al.* 2016］。さらに、直近のイナ・ブルス＝カドシュとギリ・ハータルの研究では、二〇〇九年以降ホモナショナリズム的な路線をとる右派政権下のイスラエルにおいて、特にトランスジェンダーの権利の一部を患者の権利と位置付け、保守的な政権の下でも水面下で戦略的に権利擁護が推進されてきたという興味深い事実も明らかにされている［Blus-Kadosh and Hartal 2024］。このように、都市の政治や空間をめぐる政治、表象、ナショナリズム、男性性、植民地主義等、非常に多角的な視点から研究がなされてきている。

一方、動物の政治についての議論は、批判的動物研究という学問領域で行われてきた。この学問領域は比較的新しく形成されたものであり、一般に知られていない部分も未だ多いため、まずはこの学問領域の概要と特徴を記したい。一九七五年に倫理学者のピーター・シンガーが、「種差別」の概念を紹介し［Singer 2009］、西洋哲学の思想、特に功利主義に依拠しながら、人間による搾取からの動物の解放を訴えたことが契機となり、動物の権利運動は主に西欧先進諸国で広がりを見せた。さらにこの社会的変化に伴い、一九九〇年代には西洋哲学という一つの学術的枠組を超え、人間－（非人間）動物関係を考察した研究が増加してきた。一九九〇年に出版されたキャロル・アダムズの『肉食という性の政治学――フェミニズム－ベジタリアニズム批評』は、性差別と種差別に関し、交差的な考察を加えた先駆的な研究の一つに数えられる［Adams 2015］。

さらに、批判的動物研究の形成に大きな影響を与えたのは、一九八〇年代後期から二〇〇〇年代にかけてのジャック・デリダによる動物の形象に関する晩年の考察で、それをまとめた講義及びその出版物である『獣と主権者』に、デリダの功績が結実している［デリダ 2014；2016］。デリダは、自身の脱構築理論に沿いながら、言語によって恣意的に策定される人間と（非人間）動物との間の境界が、西洋近代的な主体の形成に大きな影響を与えていると主張している。批判的動物研究は、二〇〇〇年代にデリダの影響を受けつつ、従来の動物研究の「中立性」を批判する形で徐々に形成されてきた。二〇一〇年代には、例えばニック・テイラーとリチャード・トワインが編者の論集 *Rise of Critical Animal Studies: From the Margins to the Centre*［Taylor and Twine 2014］、アニー・ポッツが編者の論集 *Meat Culture*［Potts 2016］にまとめられているもの等、注目すべき研究が増加している。しかしながら批判的動物研究はせいぜい三〇年程の蓄積がある程度であり、まさに現在進行形で発展している学問分野であると言える。言い換えるならば、その重要性に比して研究の数は不足しているということでもある。

ポスト構造主義の影響を受けつつ発展した批判的動物研究は、社会における人間と（非人間）動物の関係を批判的に考察しなおし、動物との不均衡な関係性の形態を明らかにするという志向性を持っている。具体的な例を挙げれば、エイミー・フィッツジェラルドとニック・テイラーの、肉製品の広告における動物の表象を取り上げた研究がある。この研究で二人は、肉製品のパッケージ等では、実際に屠殺される牛や鶏といった動物を描く際に、写真のかわりに絵が用いられがちであること、さらにその表象においては、屠殺される動物が幸せであるかのように描かれていると指摘する［Fitzgerald and Taylor 2014］。

さらに、批判的動物研究の射程は、エイミー・フィッツジェラルドとニック・テイラーの研究のような具体的な（非人間）動物がいかに表象されているかに関する研究にとどまらない。それは、ある種の動物性や（非人間）動物に関する比喩、動物の形象が人間社会においていかに影響力を持っているかに関するものにまで及ぶ。なぜなら、人間と（非人間）動物の関係を明らかにするという批判的動物研究の志向性は、具体的な動物についてというよりは、むしろ動物との関係を通して人間社会がいかにして成立しているか、という問いの方に着目するものだからである。こうした志向性を持つ研究にディネシュ・ワディウェルの動物論がある。ワディウェルは、現代まで続く人間と（非人間）動物の関係は「戦争」に位置付けられるべきであると述べる［ワディウェル 2019：357］。この著作の中でワディウェルは、西洋哲学が社会の基本単位としてきた主権概念とそれに基づく社会関係の根幹には（非人間）動物の支配が存在していることを強調している[37]［同上：150-161］。

同時に、批判的動物研究は交差性を重視し、種差別が人種差別や性差別、異性愛規範、[38]健常身体主義といかにして交差するのかに着目する。この意味で、批判的動物研究は、フェミニズムやクィア理論、障害学と近接する領域[39]と言うことができる。これらの学問に共通しているのは、特定の少数派という視点から、その人々[40]（或いは個体）を社会がどの様に扱うかを通じて、その社会のあり方を浮き彫りにする指向性を持つという点である。

このような特徴を備えた批判的動物研究だが、動物の権利に関する政治とナショナリズムの繋がりに関する議論の状況は一体どうなっているのだろうか。批判的動物研究におけるナショナリズムとの繋がりに関する研究は、ジェンダー・セクシュアリティ研究のそれに比して圧倒的に数が少ない。その中でも、動物の権利に関する政治とナショナリズムの繋がりを理論化した先駆的なものに、「アニマル・ナショナリズム」の概念がある。「アニマル・ナショナリズム」は、二〇一三年にジャネット・デイヴィスが用いた概念で、動物の権利がいかに国家の先進性に接続しているかを素描している［Davis 2013］。さらにジャクリーン・ダルズィエルとディネシュ・ワディウェルがオーストラリアにおける動物の権利をめぐる政治について論じる際により理論的に考察されている［Dalziell and Wadiwel 2016］。

イスラエルを研究対象としたものは、二〇一〇年以降いくつかの先駆的な研究が登場してきたばかりである。シル＝ヴェルテシュは、イスラエルの愛玩動物を事例に、愛玩動物の扱いにおいて、人間と（非人間）動物の境界が柔軟に用いられていることを明らかにしている［Shir-Vertesh 2012］。さらに本書との関連性の深い、現在進行中の戦争と動物の政治の交差に関する研究もいくつか登場している。イルス・ブレイバーマンは、ガザの動物園をめぐる言説から人間／（非人間）動物の境界がいかに言説的に作用しているかを分析している［Braverman 2013；2017］。エリカ・ワイスは、動物の権利活動家へのインタビュー分析を用いながら、二〇一〇年代以前と二〇一〇年代の運動がそれ以前とは異なりシングル・イッシュー化し[41]、パレスチナ問題を避けるようになってきたことを明らかにしている［Weiss 2016］。また、エステル・アラウンも同様に活動家へのインタビュー分析を用い、動物の権利運動と入植者植民地主義の繋がりを論じている［Alloun 2018］。さらにアラウンは、二〇一二年のヴィーガン革命以降の言説が、実際は、シオニズム及びユダヤ人的イスラエルの自己像における例外主義[42]と呼応していることを論じている［Alloun 2020：4］。さらに近年では、これらの研究を基に、イスラエルの事例がアニマル・ナショナリズムの一つであると見做されつつある［Gillespie and Narayanan 2020］。このように、近年では批判的動物研究を中心に動物の政治とイスラエルのナショナリズムに関する論考がいくつか登場してきているものの、これらの考察には以下の二つの点が決定的に欠けている。

一つ目に、詳しくは第5章で見てゆくが、イスラエルの事例を「アニマル・ナショナリズム」と見做すことは、ヴィーガニズムの重要性を十分考察できているとは言えず、分析概念としては更なる理論構築が必要であるという点である。アニマル・ナショナリズムという概念は、動物の政治の国家の先進性との結び付きを上手く表しているものの、誰がどのようにナショナリズムに積極的に参与しているのかが未だに不明瞭である。そして、二つ目に、イスラエルの事例に関して言えば、先述のエリカ・ワイスやエステル・アラウンらの先駆的な研究はあるものの、ジェンダー・セクシュアリティ研究の領域で既に行われているように、現在の政治的状況に至るまでの経済との関わりや思想・シオニズムとの関わりが十分考察されていないことが挙げられる。プアが二〇〇七年のホモナショナリズムの概念をドゥガンの新しいホモノーマティヴィティの議論に引き付けて理論化したように、対テロ戦争以後のホモナショナリズムは新自由主義的経済体制を淵源に持っている。経済との関係だけでなく思想との関わりも同様で、プアは二〇一七年の著作で、イスラエルの事例におけるシオニズムの系譜とホモナショナリズムの合流を指摘している［Puar 2017 : 99］。しかしながら批判的動物研究では少なくとも、権利運動の対テロ戦争への文脈化という直近の政治的展開に対し、経済や思想との関係という多角的な要素を十分考察できていない。

作業工程と本研究の意義

本書では、この先行研究における欠点を補うために、筆者は四つの作業工程を立てる。

① 比較の視点を採用すること。

本書では、批判的動物研究における動物の政治とナショナリズムの繋がりに対する分析枠組の欠如を問題意識に持っている。しかしながら、この問題意識に対しては以下のような反論があらかじめ想定される。つまり、「イスラエルでは、性の政治とは異なり、動物の権利とナショナリズムは繋がっていない」と。言い換えるならば、「性の政治のようにナショナリズムが繋がっていないために、それに対する先行研究がないのは当然である」というものだ。しかしながら、本書を読めばこの反論は誤りであることがすぐに分かるだろう。イスラエルでは、性の政治と動物の政治の二つの分野では極めて顕著な類似性が見て取れる。その点を浮き彫りにするためにも、本書では性の政治と動物の政治を別個に取り上げることで、二つの事例を比較考察してゆくスタイルを採る。そのうえで、両者の類似点と相違点を精査し、比較検討することを通じて、動物の政治とナショナリズムの繋がりの特徴が顕著に浮かび上がってくる。

② ジェンダー・セクシュアリティ研究で行われている議論を援用し、批判的動物研究における既存の理論枠組を批判的に考察しなおすこと。

批判的動物研究はこれまでフェミニズムやクィア理論、障害学或いは批判的人種理論との交差性によって練り上げられてきた。ニック・テイラーとリチャード・トワインによれば、「批判的動物研究と名付けた人々は特定の目的と定義の感覚と共にそうした［「批判的」という形容詞を冠した］のである。その必須要因の一つは交差的な分析と政治の前景化であり、その前景化はフェミニズムと批判的人種研究とのさらなる繋がりを生む。（中略）特に批判的動物研究は、動物と動物性をこれらの学術領域や潜在的に近親性の高い領域である障害学やクィア理論に持ち込むことで交差性理論の人間主義的前提を揺り動かす」［Taylor and Twine 2014: 4-5］。本書では交差性に着目しながら、ジェンダー・セクシュアリティ研究で行われてきた議論及びそこで構築された理論枠組を援用することによって、イスラエルにおけるナショナリズムの新たな展開を分析する。

その際、特に批判的に検討したいのは、先述の「アニマル・ナショナリズム」の概念である。第5章で詳述するが、「アニマル・ナショナリズム」は、イスラエルの動物の権利に関わる政治の状況におけるヴィーガニズムと、ナショナリズムを担う人々としてのヴィーガンの存在の重要性を捨象してしまっている。本書では、この概念の最も基本的な方向性については同意しつつも、新たに「ヴィーガン・ナショナリズム」という概念を提唱する。筆者はアニマル・ナショナリズムを批判的に考察することを通じて、より精緻な理論構築を目指したい。

③ ジェンダー・セクシュアリティ研究の議論を援用する際、これらの研究を批判的に検討すること。

本書の議論が大きく依拠するのは、プアのホモナショナリズム論及びプア自身の論考を含めたホモナショナリズム論を踏まえたイスラエルのジェンダー・セクシュアリティ研究の数々である。しかし、このホモナショナリズム論に対しては、主にポストコロニアリズム研究の立場から批判が上がってきたのも確かである。特に代表的なものはジョセフ・マサドの中東ジェンダー・セクシュアリティ研究批判である［Massad 2007; 2015］。マサドは、エドワード・サイードのオリエンタリズムの議論［Said 1978］に依拠しながら、ジェンダー・セクシュアリティ研究では、「ゲイ」や「レズビアン」といった特定のカテゴリーが、その歴史性が無視されあたかも普遍的な概念かのように使用されてきたと指摘し、そのような性質を備えた中東におけるセクシュアリティ研究を、認識論的な次元での植民地主義的態度と批判している［Massad 2015］。このように、これまで欧米の理論枠組を前提としたジェンダー・セクシュアリティ研究に対しては、地域の固有性及び国境を超えた植民地主義の作用、非対称な相互関係が捨象されてきたという批判がポストコロニアリズムの立場から向けられてきた。本書ではイスラエルという「西洋」と見做されるものと「非西洋」と見做されるものが複雑に交錯する場を扱う以上、この問題は無視できないだろう。そのため、第I部では既存の先行研究を批判的に検討、精査したうえで、ジェンダー・セクシュアリティ研究の成果を再構成したい。これにより、イスラエルという地域の持つ独自性、或いはその国家の根幹にあるユダヤ人の歴史的に固有な経験を捨象することなく分析することが可能になる。

④ 直近の政治的展開だけでなく、経済や思想といったより多角的な視点から、ヴィーガン・ナショナリズムを位置付けること。

本書では、イスラエルにおいて新たに顕著になりつつある、「ホモナショナリズム」或いは「ヴィーガン・ナショナリズム」に対し、その前段階として経済や思想との関係性を考察する。それは、プアがホモナショナリズムに関する議論を、ホモノーマティヴィティという経済に関する議論に基づいて展開していること、さらに、ホモナショナリズムの概念化以降プアがイスラエルの事例を考察する際にシオニズムの系譜に位置付けながら論じている［Puar 2017］ことに直接的には由来する。

プアは、ホモナショナリズム概念を、九・一一以降の米国のナショナリズムの新たな展開の一つとして理論化している[*Ibid.*]。このホモナショナリズムの目新しさは、一つには、同性愛者の権利の擁護が、イスラーム社会との対置において新たに顕著な地位を占めるようになった点、そしてもう一つには、伝統的に異性愛規範的とされてきたナショナリズムが、もはや同性愛者らを専ら排除するだけでなく、包摂するという身振りを帯びるようになってきたという点にある。しかしながら、このホモナショナリズムの図式が二〇〇〇年代以降に登場した新しいものであるからと言って、既存の社会経済体制及び、既存のナショナリズムとの折衷と交渉を無視することはできない。本書では、「ホモナショナリズム」や「ヴィーガン・ナショナリズム」という本題に入る前に、イスラエル経済との関わり、とりわけ新自由主義との関係から性の政治と動物の政治を論じる。その後、「ホモナショナリズム」、「ヴィーガン・ナショナリズム」の議論を論じた後で、さらに、シオニズムという一つのナショナリズムの形態が、とりわけジェンダー・セクシュアリティ或いは人間／動物の境界に関していかなる特徴を持っていたのかを論じる。それにより、現代の対テロ戦争時代における非規範的な身体をめぐる政治におけるナショナリズムの発現を思想的・経済的な淵源に遡って考察し、適切に位置付けることができる。(43)

この作業工程を経ることで、最終的に明らかになる本書の意義とは何だろうか。筆者がこれから行おうとしているのは、性の政治で起きていることを補助線にしながら、動物の権利がいかにしてナショナリズムと繋がっているのかを詳細に分析することである。筆者は、批判的動物研究における動物の権利をめぐる政治とナショナリズムに関する既存の理論を批判的に考察し、「ヴィーガン・ナショナリズム」の概念を導入することによってより良い理解の枠組を提供することを目指したい。

資料と分析の方法

本書で扱う資料は、主に三つに分類できる。

一つ目の資料は、イスラエルにおける性的少数者の権利運動及び動物の権利運動に関するものである。運動のアーカイヴは、法制度の改変等の一部の例外を除き、ほとんどが非公式のものであり、資料の信頼性を担保するのが難しい。本書では、① エルサレムの「エルサレム・オープン・ハウス」や「ハイファ・コミュニティ・ハウス」といったコミュニティにある資料、② 『ハ＝アレツ』等の現地紙による報道、③ 「ハ＝アグダ」や「アニマルス」といった代表的な活動団体のオンライン上のアーカイヴや、SNSの三つの情報源を組み合わせることによって総合的に運動の歴史を組み立ててゆきたい。

二つ目は、性的少数者の権利や動物の権利をめぐる運動・政治の場で現れるナショナリズムに関連する個々の語りに関する資料である。[44] その際に用いるのは、SOGIをめぐる政治や動物の権利をめぐる政治に関連する政治家や活動家等のクネセトや運動の場での発言、メディアでのインタビュー、或いはツイッター（現：X）やフェイスブック等のSNS上での発言である。

では、こうした人物らの発言を取り上げるのは一体なぜか。日本の性的少数者の権利運動の言説を例にとって敷衍したい。二〇一三年、性の多様性を謳ったイベントである「東京レインボーウィーク」の開催に関し、活動家である杉山文野はインタビューで以下のように発言した。

でもなんかこう、パレードっていうとなんかちょっと、あの、同性愛の人たちがやってる過激ななんかデモなんでしょう、ぐらいに、ちょっと僕は普通なんで違います、ぐらいにちょっと距離をとっていたというか、僕もそのなんていうかな、あの、食わず嫌いというかどっか遠い存在と思ってたんですよ。たまたまでもその二〇一二年のパレードが終わった後にもう少し、こう、皆が参加しやすい、あの、パレードにするにはどうしたらいいかなっていうアイディアからレインボーウィークっていうのを作ろうと。パレード一日だけではなくて、その、まあいろんな人たちが、まあ当事者、非当事者関係なく皆が参加しやすいイベントにしようということでゴールデンウィークをまるまるレインボーウィークっていうんでフェスティバルウィークにしようと。［ソフトバンク（SoftBank）2019］

杉山の発言は、「プライドを、以前のような一部の人々しか参加しない政治的に過激なものではなく、お祭りのような性質のものとすることを指向した」という趣旨のものである。こうした発言の背景には、「デモ行進で行われている特定の政治的主張は、日本或いは東京では一般的に受け入れられない」との杉山自身の見立てが存在する。こうした見立ては個人的であると同時に、一定程度、活動家の置かれた立場の文脈・背景となる社会構造を反映してもいる。(45) この発言を以て「デモ行進で行われている特定の政治的主張は、日本或いは東京では一般的に受け入れられない」と結論付けるのは早計であるものの、少なくとも活動家や運動の背景にある社会的文脈を理解するのには役に立つ。この意味において、こうした活動家や政治家或いは一般の人々の発言群は、運動の歴史や経験に基づいた、文化的に固有な言説である。この文化的に固有な個別の語りを分析することを通じ、運動を取り巻くイスラエル社会の文脈、とりわけナショナリズムとの繋がりを考察してゆく。

運動の歴史を組み立てるための一つ目の資料及びナショナリズムとの繋がりを考察するための二つ目の資料を質的な面から補うため、筆者は二つのインタビュー調査を実施した。一つは、二〇一九年三月から二〇二〇年一一月までの期間で行われた、イスラエル人の動物の権利活動家及びヴィーガン三六名に行った半構造化インタビューである。二つ目のインタビューは、二〇一〇年代以降の動物の権利をめぐる政治の状況とナショナリズムとの繋がりをより仔細に把握するために行われた。これらのインタビューはテル・アヴィヴやエルサレム、ハイファ、レホヴォット、ベエル・シェヴァのイスラエル国内の複数の都市で行われた。但し、COVID-19の流行に伴い、インタビューはZoomでも行われ、対面ではなくメールでの回答を希望した者もいた。インタビュー協力者は、筆者の個人的な繋がりからヴィーガンの知り合いにインタビュー協力を依頼し、その人からヴィーガニズムを実践していたり、動物の権利運動に携わる人を紹介してもらう形でスノーボール・サンプリングにより集められた。また、その過程で、あるインタビュー協力者はフェイスブックのエルサレム在住のヴィーガンのグループにインタビュー協力者を募る投稿をしてくれ、そこから調査協力者を得ることもあった。インタビューの質問内容は、年齢や出身地、居住地や民族的出自などといった基本的な情報を訊いたのち、いつからヴィーガニズムを実践するようになったのか、動物の権利運動との関わりはどのようであったか、近年のヴィーガニズムの変遷についてどのように捉えているのか、またヴィーガニズムが左派的だと思われていることについてどのように思っているのか、またパレスチナ問題をはじめとした他の社会問題についてどのように思うのか、個人の政治的な志向性はどのようなもので、なぜそう思うのか、といった政治的属性についても質問が及んだ。インタビューは半構造化されており、これらの項目についてはあらかじめ質問項目を用意したが、話の流れによって順番が前後した事例も、質問をしなかった項目もある。本書では第4章・第5章でこの資料を用いている。

もう一つは、二〇二二年三月から二〇二二年六月までの期間で行われた、一九九〇年代のSOGIをめぐる運動に積極的に参与していた活動家四名への半構造化インタビューである。このインタビューは二〇〇〇年代以降に比べ運動に関する資料が散逸している一九九〇年代の運動の様子と、当時運動が直面していた政治的状況・社会的雰囲気をより詳細に理解するために行われた。この二つ目のインタビュー調査は、一つ目のインタビューをしていたところ、その協力者のうちの一人が一九九〇年代のSOGIをめぐる運動にも積極的に参与していたことを知ったことから、のちに追加でインタビュー調査をお願いする形で始まった。残りの三名はその一人目のインタビュー協力者から紹介してもらい、その紹介してもらった協力者にさらに紹介してもらう形で知り合った。質問内容としては、初めに年齢や出身地、居住地などの基本的な情報を訊き、そこから一九九〇年代の運動に個人的にどのように関わっていたのか、当時の社会的状況や団体などが置かれていた状況をどのように捉えていたのかなどを訊いていった。一つ目のインタビューと同様に、これらについてはあらかじめ質問項目を用意したが、話の流れによって順番が前後した事例も、実際に質問をしなかった事例もある。本書では第1章・第2章でこの資料を用いている。

どちらのインタビューも主に英語で行われ、また補助的に現代ヘブライ語を用いた。筆者は二つのインタビュー協力者に対しいずれも、事前に筆者の身分、インタビュー調査の目的、匿名化の方針や情報の公開のやり方、さらに録音の可否について説明し、同意を得ている。また、答えたくない質問には答えなくてもよいこと、さらにいつでも録音や発言内容を撤回、中止することができることを伝えた。本書では、どちらのインタビューにおいても、協力者の個人情報保護のため、本人が本名の使用を強く希望した場合を除いて、全て仮名を用いている。これらのインタビュー調査は参考文献リストに一覧として掲載している。

三つ目に用いた資料は、シオニズムに関する文献である。これは、シオニズムが本格化する一九世紀終わりから現在に至るまで、膨大な蓄積が存在する。本書では現在の二つの権利をめぐる政治とナショナリズムとの繋がりを、シオニズムに遡って位置付ける。その際取り上げるのは、テオドール・ヘルツルや、マックス・ノルダウ、アハロン・ゴルドンといったシオニズムの代表的人物から、ダヴィド・ベン＝グリオン等のシオニズムを信奉した政治家らまで多岐に亘る。本書で用いているのは、これらの人々の発言録や演説録、著作である。シオニズムに関する著作は、ドイツ語やイディッシュ語、ロシア語をはじめ非常に多言語に亘るが、言語的な制約から、適宜原典に当たりつつも、主に現代ヘブライ語と英語に翻訳されたものを使用した。

本書の構成

本書は、序章と終章を除く6章から成り、さらにその6章を二部に分けた。それぞれ、第Ⅰ部「性の政治」、第Ⅱ部「動物の政治」という主題を扱っている。また、第Ⅰ部と第Ⅱ部はそれぞれ三章構成となっているが、第Ⅰ部と第Ⅱ部の各章をそれぞれ対応させて読めるように全体を構成した。そのうえで、近年の性的少数者の権利運動と動物の権利運動の二つの分野における社会的発展を検討するうえで欠かせない、三つの要素に基づいて全体を組み立てた。具体的には、第1章及び第4章を新自由主義経済との関係、第2章及び第5章をホモナショナリズム／ヴィーガン・ナショナリズムの擡頭という近年の政治的展開、そして第3章及び第6章を、それらを下支えするシオニズムの思想的背景という三つの視点から論じている。

本書を二部構成としたのには、二つの狙いがある。一つには、第Ⅰ部と第Ⅱ部の間の関係性である。先述した通り、本書は、批判的動物研究における先行研究の欠如という問題意識に立脚している。そのため、第Ⅰ部「性の政治」を経て第Ⅱ部「動物の政治」を考察することにより、ジェンダー・セクシュアリティ研究における議論を援用しながら動物の政治の範疇で起きている事柄をより一層明確に理解することができる。本書の構成を料理に喩えるなら、第Ⅰ部は第Ⅱ部のいわば「下ごしらえ」であり、第Ⅱ部がその「料理」の過程に当たる。

そして、もう一つの狙いは、両者の比較がしやすくなる点である。本書は性の政治と動物の政治という二つの領域を扱うため、自ずと「比較研究」の性格を帯びている。第Ⅰ部と第Ⅱ部の中の章立てをそれぞれ第1章‐第4章、第2章‐第5章、第3章‐第6章と対になるように構成することで、比較検討をしやすくしている。最終的に結論部では、この第Ⅰ部と第Ⅱ部での議論をそれぞれ対応させながら、全体の議論をまとめてゆく。その際、それぞれの部を横断して読むことで、本書で示したい両者の顕著な類似性或いは今後の議論に重要な両者の相違が浮き彫りになる。これにより、ジェンダー・セクシュアリティ研究の議論を援用する形で動物の政治を再検討することができ、批判的動物研究の問題点とそれを踏まえた筆者の主張をより明確に伝えることができる。

註

(1) 性的少数者については、用語解説「性的少数者」を参照されたい。
(2) プライドについては、用語解説「プライド」を参照されたい。
(3) LGBTについては、用語解説「LGBT」を参照されたい。
(4) 性的指向については、用語解説「性的指向」を参照されたい。
(5) 性自認については、用語解説「性自認」を参照されたい。
(6) SOGIについては、用語解説「SOGI」を参照されたい。
(7) 異性愛規範については、用語解説「異性愛規範」を参照されたい。
(8) シスジェンダリズムについては、用語解説「シスジェンダリズム」を参照されたい。
(9) 種差別については、用語解説「種差別」を参照されたい。
(10) 以後、イスラエルの政党については、用語解説「イスラエルの政党及び政党リスト」を都度参照されたい。
(11) オープンリーという表現については、用語解説「オープンリー」を参照されたい。
(12) ゲイについては、用語解説「LGBT」を参照されたい。
(13) 註記しておかなければならないのは、イスラエルにおいて、右派／左派の区別は独特の文脈で用いられており、多くの場合パレスチナ問題において領土的に妥協的かどうかが念頭にある［Pappé 2015］。イスラエル政治では右派／左派は政治家らによって自称されることも多い。その際、一般的には、右派という言葉はユダヤ民族主義に基づき、領土的妥協を一切或いは部分的にしか認めない考え方を支持する人々を指し示し、左派という言葉は、社会主義的理想主義に基づく平和や権利概念に照らし、領土的妥協と平和共存を重視する人々を指し示す。本書において引用の場合を除き特にイスラエル国内政治の文脈において右派／左派という語が用いられる際は、この一般的な政治的スペクトラムを参考にしている。
(14) ゲイ・フレンドリーについては、用語解説「ゲイ・フレンドリー」を参照されたい。

(15) これについては、それぞれ第2章、第5章で詳述する。

(16) 市川は、バーリンのナショナリズム（市川は西欧民族主義と訳しているが、原文ではnationalism［Berlin 2013：431］）の四つの定義を敷衍している［市川ほか 2008：11］。曰く、「（1）自分がある一つの集団に帰属し、集団の個性と一体化していると確信し、共通の領土・慣習・法・記憶・信念・言語・芸術表現・社会制度・生活様式等の枠組により確定される集団によって、人間自体が形成され、かつその目的・価値が形成されるという信念がある。（2）そうした共同体の生存類型は、生物学的有機体の生命類型に類比される。有機体の健全な成長に必要なものが、共同体成員に共通の目標であり、しかもそれらは究極の目標となる。これらの目標は、自然或いは生物学に依拠するゆえに、人為的に形成し得ない。（3）社会がある価値を受容するのは、普遍的価値のゆえではなく、その社会にとって特別な価値だからである。構成員がその社会に特別な信念を抱き、特別な目的に奉仕し、特別な生活を生きる理由は、それが自分の帰属する共同体に由来する特別な価値だからである。（4）ある有機体の必要を満足することが他集団の諸目的と対立するとき、必要ならば武力によってでも服従させるべきとするのが有機体主義（organicism）であり、有機体の欲求の満足こそが至上の目的となる。これは、有機体・忠誠・民族・民族的意思の世界観であって、啓蒙主義の画一性・非精神性・抽象性、根無し草の世界市民主義、浅薄な経験的実証主義党に敵対するものである」［同上：11］。本書でも市川の敷衍したバーリンのナショナリズムの定義を支持し、ナショナリズムをこのような態度或いはその表明と位置付ける。

(17) ＬＧＢＴフレンドリーという表現については、用語解説「ゲイ・フレンドリー」を参照されたい。

(18) 同性愛者については、用語解説「同性愛」を参照されたい。

(19) 「ピンクウォッシング」は、同性愛のシンボルカラーとされる桃色（pink）と、うわべを取り繕う、或いは覆い隠してごまかすという意味のホワイトウォッシュ（whitewash）という動詞を合わせた造語である。作家であるサラ・シュルマンは、この問題を早くから取り上げていた人物である［Schulman 2012］。

(20) クィアについては、用語解説「クィア」を参照されたい。

(21) ＢＤＳ運動とは、Boycott（不買）、Divestment（資本引き上げ）、Sanction（制裁）の三つの頭文字をとった、イスラエルに対する国際的・経済的な抗議運動のこと。

(22) シオニズムの分類やシオニズム内部の各潮流については、用語解説「シオニズム」を都度参照されたい。

(23) フェミニズムについては、用語解説「フェミニズム」を参照されたい。

(24) クィア理論については、用語解説「クィア理論」を参照されたい。

(25) ジェンダーについては、用語解説「ジェンダー」を参照されたい。
(26) セクシュアリティについては、用語解説「セクシュアリティ」を参照されたい。
(27) 例えば、米軍は、兵士が同性愛者であることを公言することを長らく禁止してきた。また、フェミニズムの研究の蓄積は、伝統的な愛国主義は再生産と「望ましい国民」の創造を通じて同性愛者を排除してきたことを明らかにしている。
(28) 異性愛については、用語解説「異性愛」を参照されたい。
(29) ホモノーマティヴィティとは、元々異性愛規範（ヘテロノーマティヴィティ）という言葉をもじって、性的少数者の権利運動の内部で用いられる言葉であった。この言葉は、性的少数者の運動の中には本来非常に多くのジェンダーやセクシュアリティのあり方があるが、中でも同性愛の問題が取り上げられがちであることを批判的に表している。
(30) DADT（Don't Ask Don't Tell＝「訊くな言うな」）とは、クリントン政権下で新たに採用された米軍の同性愛者の従軍に関する方針。それまで米軍では同性愛者が従軍することができず、同性愛であることを公表またはそれが発覚した場合除隊処分となっていたが、これに対する批判が高まっていたことから、この方針が新たに設けられた。この方針は、その名の通り、米軍側は軍内部の人間のセクシュアリティを訊いてはならない代わりに、同性愛者の側もまた、自らが同性愛者であることを公表してはならない、というもの。この方針は同性愛者に対する軍の差別を温存した形でのいわば折衷案であり、これが正式に廃止され、同性愛者らの従軍が可能になったのは二〇一一年のオバマ政権下での出来事である。
(31) レズビアンについては、用語解説「LGBT」を参照されたい。
(32) 家父長制については、用語解説「家父長制」を参照されたい。
(33) 同性愛嫌悪については、用語解説「同性愛嫌悪」を参照されたい。
(34) 生権力（bio power）及びその重要な一部である生政治（biopolitics）は、ミシェル・フーコーが一九七六年の『性の歴史Ⅰ』で示した概念である［フーコー 1986］。フーコーは、一七世紀の近代の成立以降の権力のあり方は従来のそれとは異なっており、この権力は死への脅しではなく、むしろ生きさせることを目的とする権力であると主張し、これを「生権力」と呼んだ。さらにフーコーはこの生権力の内訳を、監獄等において身体の規律・訓育を行う「解剖政治」と、出生・死亡率の統制、生殖のコントロール、公衆衛生、住民の健康への介入等を通じて人々の管理を行う「生政治」の二つに分類した。この生権力論で重要なのは以下の三点である。
① 権力のあり方は、法や制度、国家等による垂直的な抑圧或いは支配の形態というよりは、より微細な場面における人々の相互

の監視或いは自己の規律を通じて網目状に張り巡らされたネットワークのような形態であるということ。

② セクシュアリティに顕著なように人々の生の様々な側面が、生物学や人口統計学、医学といった知による管理の対象であること。

③ この生権力的支配の大きな役割を担ったのが「言説」であり、複数の人々の語りが、それぞれ矛盾し合いながらも総体としてある特定の方向に方向付けられ、それにより人々を規律し訓練すること。

(35) 性差別については、用語解説「性差別」を参照されたい。

(36) 但し、イスラエルのSOGIをめぐる政治について論じたいくつかの研究が二〇〇〇年代に既に存在していたことは註記しておきたい［Gross 2000; Kama 2000; Belkin and Levitt 2001; Boyarin *et al*. 2003］。これらの研究は個別の主題について扱った限定的なものが多いが、本書の主題に関わる重要な論考も中にはある。

(37) 交差性（intersectionality）はキンバリー・クレンショーが用いた概念である［Crenshaw 1989］。クレンショーによれば、人種的抑圧と性差別は互いに分かちがたい形で連関している。「黒人」の差別に着目する時に常に男性が想定されるがゆえに「女性である」ことが不可視化され、今度は「女性」の差別に着目する際には白人であることが想定されるために「黒人である」ことが不可視化される。社会的正義の問題において、ある一つの問題だけに着目した場合その差別の複合性（この場合は「黒人女性であること」）が無視されがちであることを指摘し、両者の交差に着目する重要性を説いた。

(38) 例えば、アリソン・ケーファーの *Feminist, Queer, Crip* という著作のタイトルにあるように、これらの領域では早くから交差的な研究と理論構築への取り組みがされてきたことは註記しておきたい［Kafer 2003; 2013］。

(39) 同時に、批判的動物研究では、「社会」という言葉そのものがそもそも動物を排除した集団であると批判的に検討されてもいることは註記しておきたい。

(40) よく誤解されていることに、フェミニズム・クィア理論が女性や性的少数者を対象にした研究であるという考えがある。しかし、フェミニズム・クィア理論はこれらの「当事者」に対象を絞るものではない。例えばイヴ・セジウィックのイギリスの男性貴族社会に関する研究［Sedgwick 1985］は、同性愛者が直接の研究対象ではないもののフェミニズム・クィア理論研究において重要な著作と見做されている。

(41) ある社会課題を解決しようとする運動が、人種やジェンダー、障害といった「他の」軸の社会問題に目を向けず、その課題「固有」の問題のみに焦点を合わせる戦略のこと。対義語としてマルチ・イッシューという言葉が用いられる。

(42) 例外主義という言葉で、アラウンは「ユダヤ人はホロコーストという例外的に未曾有の経験をしているため、他のどの民族／国民よりも動物の苦しみが分かる」という言説や態度を表現している。

(43) 一九世紀末に本格化したシオニズムは、ユダヤ人自身の改革を目指したユダヤ啓蒙主義や同化主義的な主張を含んでいたため、厳密にはナショナリズム運動と全くの同義とは言えない。しかしながら、このことはシオニズムの大部分がイスラエルという祖国建設、すなわちナショナリズムと密接に関わってきた事実を否定するものではないだろう。本書では、シオニズムをイスラエルにおけるナショナリズムの一つの固有の形態と捉え、より一般的な事柄を述べる時にはナショナリズムを、イスラエル固有の文脈を述べる時にはシオニズムを使うという形で、この二つの用語を使い分けている。また、シオニズムには数多くの系譜が存在する。この点に関しては、本書では多くの部分において、シオニズムの中でも、権利の問題が大きく重なる世俗的な系譜である政治的シオニズム、或いは修正主義シオニズムを多く取り扱わざるを得ないと想定している。この意味では、この流れから外れる宗教シオニズムは本書の考察の射程に入らないと言えるかもしれない。

(44) イスラエルの議会のこと。クネセトについては、用語解説「クネセト」を参照されたい。

(45) これに関しては堀川が詳細に論じている［堀川 2016］。

I　性の政治

第1章　「中東で最もゲイ・フレンドリーな街」——テル・アヴィヴの新自由主義

1　はじめに

本論に入る前に、第Ｉ部の議論の前提知識となる、イスラエルにおけるＳＯＧＩをめぐる政治の大まかな流れを記しておきたい(1)。

イスラエルでは、一九七五年に初の性的少数者の権利擁護を求める団体「Ha-'Agudah Li-Shmirat Zkhuyot Ha-Praṭ＝個人の権利の保護のための協会」(2)（以下、通称であるハ＝アグダを用いる）が設立され［Aguda n.d.］、この団体を中心にデモ行進が行われる等、草の根レベルで運動が始まった。この草の根レベルの動きが本格化するのは一九八〇年代後半から一九九〇年代にかけてである。一九八八年にイギリス委任統治領時代のいわゆる「ソドミー法」(3)の名残として残っていた男性同士の肛門性交を禁じた法律が正式に改正・撤廃された［Misrad Ha-Mishpaṭim 2019］(4)。さらに一九九二年には労働機会平等法の改正に伴い、職場における性的指向に基づく差別の禁止が明記された［Ha-Kneset 1992］(5)。他にも、一九九四年には最高裁判所によって(6)、同性カップルの事実婚の次元での異性カップルと同等の権利が確認された［Beit Ha-Mishpaṭ Ha-'Eliyon 1994］。これらのいくつかの重要な法改正に加え、運動の規模も拡大してゆく。一九九七年にはエルサレムで当事者支援のための施設運営を行う「Ha-Bait Ha-Patuaḥ B-Irushalaim Le-Ga'ayah U-Le-Ṣovlanut＝誇りと寛容のためのエルサレム・オープン・ハウス」（以下、通称であるエルサレム・オープン・ハウスを用いる）が発足した［Ha-Bait Ha-Patuaḥ n.d.］。翌年の一九九八年には、テル・アヴィヴ・プライドが初めて開催された［Ha-'Arets 1998］(7)。

二〇〇〇年代もこの拡大傾向は継続してゆく。二〇〇二年には、エルサレムでエルサレム・プライドが初めて開催された［Halavi *et al.* 2022］。他にも二〇〇一年からエイラト・プライド［Ma'amoṣ 2009］、二〇〇七年からハイファ・プライドが始まる［Ettinger and Lis 2007］等、各地でプライド・イベントが行われるようになった。さらに運動もそれぞれの分野に特化した団体に細分化・専門化されてゆく。二〇〇二年には若者支援に特化した「'Irgun No'ar Ge'eh＝プライド青年組織」（以下、通称であるイーギーを用いる）がハ＝アグダから分離して活動を始め［IGY n.d.］、さらに、シェルターの運営を行う「ベイト・ドロール」が設立された［Beit Dror n.d.］。二〇〇四年には教育分野における性の多様性に関する知識の向上を目指す「ホシェン」が設立された［Ḥoshe"n n.d.］。さらに、二〇〇五年にはユダヤ教内のレズビアン支援を行う「バット・コル」［'Irgun Lesbiyot Datiyot n.d.］、二〇〇七年には、ユダヤ教内の性的少数者に対する支援を行う「ハヴルタ」［Ḥavruta' Homo'im Datiyim n.d.］、二〇〇八年には同じくユダヤ教内の性的少数者支援を行う「ホッド」［'Irgun Ho"d n.d.］が設立された。

二〇一〇年代はプライド・イベントがさらに多くの都市で開催されるようになる等、全体として一九九〇年代以降の拡大傾向を踏襲している(8)。特に二〇一〇年代は、社会的影響の大きい分野で要職に就く性的少数者の人々の登場が顕著であった。二〇〇〇年代にはセクシュアリティを公表したクネセト議員として、メレツからウズィ・エヴェン（二〇〇二年初当選）とニツァン・ホロヴィッツ（二〇〇九年初当選）の二人が誕生していたが、これに続く形で新たに五人の「当事者クネセト議員」が誕生した(9)。また、司法面では、二〇一一年にゲイであることを公表した人物として初めてテル・アヴィヴ地裁判事にドリ・スピヴァクが任命された［Zarhin 2011］。また、二〇一八年には、シャロン・アフェクが、ゲイであることを公表している人物としては初めてイスラエル国防軍の序列第二位、大将に相当するアルーフの地位に任命された［Qubovits 2018］。

このように、一九九〇年代から二〇一〇年代に至るまで、イスラエルでは、全体として性的少数者の可視化が進んできた。(10) その運動の中心地として鍵となる役割を担ってきたのがテル・アヴィヴ市である。テル・アヴィヴ市は、二〇〇〇年代に性的少数者への積極的な支援の方針を明確にしはじめ、多様性を称揚する「ゲイ・シティ」としての発展を遂げることになる。二〇〇〇年代以降、テル・アヴィヴ市はいかに「LGBTフレンドリー」、もっと言えば「ゲイ・フレンドリー」な街として成立してきたのであろうか。本章ではこの歴史的過程を確認する。その際、このテル・アヴィヴ市の変貌には新自由主義的価値観とそれに基づく経済体制の移行の強い影響があったことを検証する。

本章では、まず、「第2節　新自由主義政策とテル・アヴィヴ市――SOGIをめぐる政治の進展と主流化」で、本章の鍵概念となる新自由主義について、概要を敷衍する。続く「第3節　「ゲイ・フレンドリーなテル・アヴィヴ」の成立――多元主義に基づく包摂とゲイ・ツーリズム」では、テル・アヴィヴ市の市議会等の委員会資料・アーカイヴを用いながら、新自由主義の進展と同時に、テル・アヴィヴが「ゲイ・フレンドリー」な街に変貌を遂げてゆくその歴史的過程を確認する。その後、「第4節　テル・アヴィヴ市の売り出し――東京レインボープライド2014パンフレットの事例から」では、東京レインボープライド2014で配布されたパンフレットを取り上げ、実際にテル・アヴィヴ市が「ゲイ・フレンドリー」な街として売り出されていく際に、どのような側面が強調されているかを確認したい。「第5節　おわりに」では、本章をまとめる。

写真2　2021年の全国（イスラエル占領地域）のプライド・イベントの様子

（註）2021年は、COVID-19流行の影響で、プライド・イベントが6月に集中した。2021年時点で全国50か所以上での開催となっている。

（出典）［The Aguda 2021］

2　新自由主義政策とテル・アヴィヴ市――ＳＯＧＩをめぐる政治の進展と主流化

一九八〇年代以降、「新自由主義」と呼ばれる経済体制が米国をはじめ西欧先進諸国に広がった。新自由主義的経済体制は、政府の財政政策による市場への介入を最小限に抑え、一方で規制緩和による自由競争を拡大することによって経済成長を達成しようという考え方を基調とする。この新自由主義経済体制の特徴は、フェミニズム研究者である菊地夏野によって以下の四点に簡潔にまとめられている［菊地 2019 : 3］。

① 民営化・資本主義の論理の拡大――金融規制緩和、競争・格差の増大、労働のフレキシビリティ
② 公共性の変質――福祉の契約主義、ワークフェア政策
③ 社会的連帯の喪失
④ 新保守主義の登場――反動ではなく補完

菊地が④で指摘したように、新自由主義経済体制の要点は、公共サービスや福祉政策の一部を民間に委譲することを目指すため、単なる法や経済の域にとどまらず、社会制度に広範な影響を与えることである。例えば、ジェンダーに関して言えば、国家が担うケアの委譲先として家庭といった既存の社会制度が再評価される。この意味で、新自由主義は、旧来の保守主義を一部踏襲しながら、それを国家の役割を補完するものと見做す。つまり、ここでは、保守主義は進歩的価値観を否定する専ら反動的で頑迷な価値観と見做されるのではなく、国家の役割を補完する重要な「機能」と位置付けなおされるのである。

同時に、新自由主義経済体制の下では、伝統的な価値観を重視する保守主義とは異なり、多文化主義に基づく市場の公平性が目指される。この市場の公平性は、従来の伝統的な価値観では排除され、活用されてこなかった人々の市場と機会を開拓するという観点から重要視される。新自由主義の人種をめぐる政治への影響を研究したウィル・キムリッカによれば、新自由主義に影響を受けた多文化主義、すなわち新自由主義的多文化主義は、「民族性が社会資本の源となり、社会資本が効率的な市場への参加を可能にし、そして政府がこの市場を強める社会資本を、正当なパートナーとして少数派を扱う多文化主義政策を通じて促進できることによって可能になる」［Kymlicka 2013：110］ものである。さらに、その新自由主義的多文化主義の特徴は、「人種的アイデンティティや附属物（attachments）が市場のアクターに対する利点と見做され、それ故に新自由主義的国家によって正当に支持されうるという考え方」［*Ibid.*：109］であると述べている。新自由主義に影響を受けた多文化主義が従来の保守主義とも従来の自由主義的な多文化主義とも異なるのは、マイノリティに「固有の要素」が経済成長に有益なもの、もしくは少なくとも悪影響を与えないものである限りにおいて正当化されるという点である。

新自由主義的経済体制を採用することによって引き起こされる社会的な影響は、人種的マイノリティにとどまらず、様々なマイノリティの問題とも交差することが既に指摘されている。例えば、菊地の「女子力」の研究はその典型である。「女子力」という言葉は「美や家事能力の向上を目指して日常的に自発的に管理されようとする心身のあり方」［菊地 2019：123］であると菊地は分析している。菊地によれば、「女子力」という言葉の登場は、マイノリティであっても（むしろそのマイノリティ性を競争力に変えることで）市場と競争に参入することを促す、新自由主義的価値観が日本において発現した好例である。つまり、新自由主義的価値観は、ある種のマイノリティの特殊性を市場に有益なものと描き、再評価するという傾向をその基本方針のうちに内包する。

本章で取り扱う、新自由主義とSOGIをめぐる政治の繋がりを考察した研究としては、リサ・ドゥガンの「新しいホモノーマティヴィティ」の議論が代表的なものとして知られている［Duggan 2003］。一九九〇年以降に本格化する米国の新自由主義の、ＳＯＧＩをめぐる政治に対する影響のドゥガンの分析は、このようにまとめられる［*Ibid.*］。

Ⅰ　既存の制度の否認ではなく補完

アイデンティティ・ポリティックス(11)に基づく運動が、文化戦争を通じて分断され、人種やジェンダー等の交差性をより重視した左派的な連帯が喪失していく。その結果、婚姻制度の解体ではなく同性婚を通じた包摂を、軍隊に対する反対ではなく同性愛者の従軍を求めるよう、運動の主張の焦点が収斂してゆく。

Ⅱ　下向きの再配分を伴わない「多文化主義」による包摂

新自由主義の影響によって公／私の区分が再編され、公的領域が縮小してゆく中で、ＳＯＧＩは私的領域における問題とされ、差別の解消や公的な介入を必要とする要素とは見做されなくなる。一方で企業イメージを向上させるマイノリティとしての「ＬＧＢＴ」の表象が増加し、市場・経済に有益なものと見做される。

Ⅲ　性的少数者側の保守化

称揚される「ゲイ・カルチャー」のように、私的領域における承認に充足することで、より急進的な平等の達成や差別の解消を求めなくなる。

新自由主義経済体制は、レーガン政権下及びクリントン政権下の米国や、サッチャー政権下の英国、或いは小泉政権下の日本等の事例が一般的に知られている。しかし、新自由主義はいわば一種のパッケージのように様々な国の政策に導入され、各国の経済政策に影響を与えている。その「新自由主義」の指示内容と内実は、ある程度の共通性を有しつつも、それぞれの国によって異なる。そのため、まず簡単にイスラエルにおける新自由主義経済体制の発展についておさらいしたい。

イスラエルでは、建国以来、労働シオニズムの思想に影響を受けたシオニスト左派らに支持された労働党政権の下で、社会主義的な経済発展が目指されてきた。社会主義の理念の下、イスラエル経済は、キブツを基軸とした農業生産を中心に据え、ヒスタドルートと呼ばれる独自の労働者組織を通じた社会福祉と保険制度の充実に注力し、経済発展を遂げてきた。(12)(13)

しかし、この社会主義的な経済体制が転機を迎えるのが一九八〇年代である［Maron and Shalev 2017; Mandelkern and Shalev 2018］。一九八〇年代にイスラエルではそれまでの社会主義的な開発モデルから、いわゆる「新自由主義モデル」への移行を遂げたが、これは、一九七〇年の石油危機と一九七三年戦争の軍事費の膨張に由来するスタグフレーションと経済危機に対する金融安定化策に由来する［Mandelkern and Shalev 2018: 657］。一九九〇年代には、ヒスタドルートが急速に規模を縮小する結果となり、一九九四年に健康保険制度の改変によって保険制度が民営化され、ヒスタドルートの衰退が決定的となった［*Ibid.*: 660］。

ヒスタドルートの衰退に伴い、労働市場における高熟練労働者と低熟練労働者の間の生産性の格差が広まった［*Ibid.*: 656］。ヒスタドルートの衰退と流動化した労働市場、さらに同時期の政府による積極的な投資政策は、軍事産業に由来するサイバー・セキュリティをはじめとしたハイテク産業の成長及びスタートアップ国家としての擡頭に結実することとなる［*Ibid.*: 665］。ウリ・ラムによれば、一九九〇年代に起きたイスラエル経済における変化はこのように説明されている［Ram 2005: 31］。

一　ポスト工業化革命――労働集約型産業から知識集約型産業への移行。
二　ブルジョワ層の革命――一九八〇年代に擡頭した新興の資本家層による本格的な資本主義の発達。
三　消費者革命――社会主義的な集団主義から離れ、個人の消費に根差した消費主義の繁栄。

その際、特に一の知識集約型産業への移行を牽引したのが情報通信技術分野で、このハイテク産業及びスタートアップ国家を志向する経済成長の中心地となったのが、テル・アヴィヴ市であった［*Ibid.*: 33-39］。一九九八年に当選し、二〇二四年八月現在までテル・アヴィヴ市長を務めるロン・フルダイは、初当選後、テル・アヴィヴ市の今後の開発に向けたプロジェクトを立ち上げた。このプロジェクトとは、まず「市の横顔」で市の現状を描写し、それを基に「市のヴィジョン」を一般公開、そのフィードバックを基に、開発計画を実行に移すというものである。二〇〇五年にようやく日の目を見たこの「市のヴィジョン」を見ると、テル・アヴィヴ市が新自由主義的経済体制の中心地として成長してゆく様が見て取れる。

まず、「市のヴィジョン」では、市の四つの戦略に基づくことが確認される。その戦略とは、「経済と文化の中心」、「全ての住民のための市」、「市民向けの顔を持つ政府」、「魅力的な市の環境」の四つである［'Iriyat Tel 'Aviv-Yafo 2005: 53］。

このうち「経済と文化の中心」の方針の説明欄では、まず、「イスラエル経済の中心」、「国家の金融の中心地」［*Ibid.*: 34］としての立場の強化が確認される。そこでは、「株式市場、保険、投資銀行業、大法律事務所、労働団体、大使館、国際機関の代表、広告事務所、主導的な出版事務所、オークションハウス」等が、低いコストで市に経済利益をもたらす潜在能力の高い分野と位置付けられている［*Ibid.*: 34］。さらに、市は「特にバイオテクノロジー産業等の知識集約型産業を引き寄せるために行動する」ことを目指すと書かれている［*Ibid.*: 34］。このように、一九九〇年代以降のテル・アヴィヴ市の経済発展の計画では、明確に金融やテクノロジーといった知識集約型産業に主軸が置かれていることが分かる。

さらにこの後「文化の中心地」と「高等教育の中心地」の項目が続く。この「高等教育の中心地」の項目の説明では、テクノロジーに関する教育に重点を置くことが確認される［*Ibid*.: 35］。注目すべきは、この高等教育が、前の「知識集約型産業」の育成戦略に紐づけられている点である。ここで大学や高等教育に対する投資と連携が市の経済成長戦略と同じ部分で説明されているのは、知識集約型産業に高等教育を受けた人材の育成が不可欠だからである。

「市のヴィジョン」の四方針の「経済と文化の中心」の次には、「全ての住民のための市」が続く。この二つ目の方針では、「居住に魅力的な市」、「全ての生活のための市」、「質が高く、平等な教育」、「機会の平等と格差の解消」、「共同体性の強化」、「多元主義の醸成」の六つの小項目が立てられている［*Ibid*.: 64］。ここでは、テル・アヴィヴ市が平等や多元主義といった基幹的な価値観に基づき、生活の質を高める戦略が説明されている。ここで注目すべきは、このテル・アヴィヴの住民に対する平等主義的・多元主義的アプローチが、経済発展と結び付けられているという点である。例えば、六つの小項目の直後の頁には、「居住可能性は、多様で安定した住人を引き付けるために、そして市の社会的発展に必要な条件であり、経済発展を助ける条件である」という標語が載せられている［*Ibid*.: 66］。この標語に顕著なように、多元主義や平等といった価値観は、高等教育の重視と同様、知識集約型産業の中核を担う人材の確保という点で、経済政策に結び付けられている。さらに読み進めてゆくと、この方針の中で「機会の平等と格差の解消」という表現も見受けられる。この「機会の平等」という言い回しは、市における市民間の経済的平等及び格差の解消それ自体が目標なのではなく、むしろ格差の解消によって市の経済に貢献するのに望ましい人材を発掘し、その機会を様々な市民に平等に与えることが最終目標と位置付けられ、そこでは、格差の解消が経済発展のための手段となることを端的に表している。

さらに、続く三つ目の方針「市民向けの顔を持つ政府」では、行政の効率化が述べられる［*Ibid.*: 117］。ここではまず「顧客向けの市行政」の項目が立てられていることから、市民に向けたサービスの提供に資本主義的原理が導入されることが確認できる。この項目では、この市民サービスの質は、サービスの民間への委託を含む「アウトソーシング」によって質が担保されることが強調されている［*Ibid.*: 118］。さらに、この市行政の民間への委託は、「住民の（行政）参加」によって、強化される［*Ibid.*: 118］。ここでは、行政サービスの民間委託によって、市場経済を取り入れた市行政の実現を目指す方針が確認される。この市の行政サービスの民間委託は、新自由主義の典型的な方針で、先述の菊地のまとめた要点のうちの民営化に当たる。

これまで見てきたように、二〇〇五年の「市のヴィジョン」では、随所に新自由主義的価値観が反映されていることが確認できた。ここで確認したテル・アヴィヴ市の行政戦略の特徴は、以下の通りまとめることができるだろう。

1　周辺地域を巻き込んだ大都市経済及びイスラエル経済における中核都市として、金融やハイテクノロジー産業、スタートアップ産業を軸に経済成長を促進し、そのために知識集約型産業に向けた人材の創出を重視していること。

2　「多元主義と平等の原理に基づき、全ての人に開かれた大都市を目指す」という市の原則が、経済発展との関わりにおいて重要な役割を担っていること。

3　行政サービスに市場の原理を取り入れ、民間セクターとの活発な交流を目指していること。

3　「ゲイ・フレンドリーなテル・アヴィヴ」の成立
——多元主義に基づく包摂とゲイ・ツーリズム

前節では、テル・アヴィヴ市が二〇〇〇年代に新自由主義的経済の中心地としての基本方針を定め、その経済政策を推進してきたことを確認した。この基本方針に基づく経済成長の傍ら、テル・アヴィヴは、イスラエルの性的少数者の権利運動の中心地の一つとしても成長してきた。テル・アヴィヴ・プライドの成長がその好例である。一九九八年には、テル・アヴィヴ・プライドがイスラエル初のプライド・イベントとして発足した。COVID-19流行の影響で活動の縮小を余儀なくされる直前の二〇一九年のテル・アヴィヴ・プライドには、実に二五万人もの人々が行進に参加したとされ、四〇万人程のテル・アヴィヴ市の人口規模を考えると驚くべき数字である[14]。しかし、現在のこのテル・アヴィヴ市「一強」の状態は、常に自明のものであったわけではない。一九九〇年代にはエルサレムも、性的少数者の権利運動の中心地の一つであった。例えば、エルサレムでは、性的少数者の権利運動を行う団体のコミュニティ・センターが一九九七年に設立されているが、これは二〇〇八年にテル・アヴィヴに設立される一〇年以上も前のこととなる。しかしながら、一九九〇年代後半から二〇〇〇年代になると、徐々にこの二大都市における性的少数者の権利運動は対照的な軌跡をたどることとなる。

エルサレムは、イスラエル最大のユダヤ教超正統派[15]人口を抱え、その人口比は、市の六二%を占めるユダヤ人人口のうち凡そ三五%で、単純計算で二〇%程になる［Ha-Lishkah Ha-Merkazit Li-Ṣtatisṭiqah 2022］。さらにその合計特殊出生率の高さから、宗教化が進んでいるとされている。ユダヤ教超正統派コミュニティからの強い逆風に晒され、性的少数者の権利運動に対する風当たりは年々厳しさを増している。エルサレムでは、二〇〇五年にエルサレム・プラ

写真３　エルサレム・プライドに対する反対運動

（註）　横断幕には、「これは誇りではない、異常だ」や「あいつらに子供をやるな」などと書かれている。他にも、「エルサレムはソドムではない」などの文言も散見される。
（出典）　2021 年 6 月 3 日に筆者撮影。

イドにユダヤ教超正統派の人物が乱入し、刺傷事件を起こし、負傷者を出した。これ以降エルサレム・プライドは警察の厳重な警備と、バリケードによる封鎖の中行われるようになった。この犯人は一〇年の禁固刑を終えた二〇一五年に再びエルサレム・プライドに乱入、一名が死亡する刺殺事件を起こした。さらに、二〇〇五年には、ワールド・プライドというキャンペーンと連動し、エルサレムでワールド・プライドを行おうとしたところ、エルサレムのユダヤ教超正統派コミュニティをはじめとした宗教コミュニティからの強い反対に遭い、二〇〇六年に一年間延期され、二〇〇六年のイスラエルのレバノン侵攻により兵士の数が不足、結果的に安全性と治安が保てないとの理由から、中止が発表された［Lis 2006］。最終的に、その代わりに一一月に規模を縮小した行進イベントが開催された［Etinger *et al.* 2006］。この他にも、毎年行われるエルサレム・プライドは、主にユダヤ教超正統派や宗教派と呼ばれる人々からの反対運動に晒され、開催には現在も常に緊張感が漂う。

　筆者がインタビューを行った活動家のバルズィヴによれば、一九九〇年代のエルサレムでの活動は宗教色の強い現在の都市の性格に比べ寛容な雰囲気で、活動がしやすかったと述べている。

一九九〇年代のエルサレムは［今と］全く異なっていました。より開かれていて、ずっとリベラルで、今ほど宗教的でなく、料簡が狭くなく、右翼志向ではありませんでした。エルサレムはそういう特徴を全て持っていたのです。人々はこの最も栄えたナイト・ライフから遠ざかっていきました。私と同じ世代[16]のリベラルな人はほとんど――一つの学校のことを言っているのではなく、全体として何千という人々が――エルサレムを去りました。［Barziv 2022］

さらにバルズィヴは、二〇一九年にエルサレムでのユーロヴィジョンの開催が断念され、代わりにテル・アヴィヴで行われたこと[17]を引き合いにしながら、エルサレムの宗教化に伴う、活動に対するユダヤ教超正統派からの逆風を説明している。

例えば一九九九年のユーロヴィジョン・ソング・コンテストはエルサレムで行われました。しかし二年前の二〇一九年のユーロヴィジョン・ソング・コンテストはテル・アヴィヴで行われたのです。一九七九年の時もエルサレムでした。その時［二〇一九年にかけて[18]］、エルサレムはより宗教的になり、より料簡が狭くなってきたからです。なので、私がカミングアウトしたのは一二歳と非常に若かったのですが、私には他にも同様の友人がいました。我々は、もちろん初めの数か月間は「村で唯一のゲイ」のように感じましたが、それは非常に短い期間で、孤立こそしていませんでした。［*Ibid.*］

これらの都市の人口学的な変化とそれに伴う宗教化に加え、二〇〇〇年代にエルサレムは第二次インティファーダの対象地域の主要な都市の一つとなった。エルサレムでは刺殺事件や自爆攻撃が頻発することとなった。先述のバルズィヴは、本人も活動ができなくなり、さらに住んでいることも難しくなったため、テル・アヴィヴに移住したと述べる。

一九九〇年から自爆攻撃、テロ攻撃がエルサレムで［増え］、二〇〇〇年代にはテロ攻撃があり、エルサレムは非常に住みにくかったです。人々は次第に［エルサレムでの］仕事をやめ、仕事を見つけるのも難しかったのです。そうです、仕事がないという状態でした。（中略）このようなエルサレムの治安状況から、人々がエルサレムを離れるようになったのです。［*Ibid.*］

このエルサレムにおける緊張の高まりとは対照的に、テル・アヴィヴ市は、一九九〇年代後半以降、性的少数者に開かれた都市としての性格を先鋭化させてゆく(19)。本節では、この軌跡をたどりながら、テル・アヴィヴ市の新自由主義的経済成長といかにゲイ・フレンドリーさが交差してゆくのかを確認してゆきたい。

テル・アヴィヴ市のゲイ・フレンドリー化に直接的に影響を与えてきたのが、いわゆる「当事者議員」らである。一九九八年に、テル・アヴィヴ市議会議員選挙で、レズビアンであることを公表した人物としては初めてミハル・エデンが当選し、これ以降、複数の当事者議員がテル・アヴィヴ市議会に当選してきた。ミハル・エデンは、当選後早速、「ピンク調査」と題したイスラエルで初めてとなる性的少数者の困りごとやニーズに対する調査を行い［Misgav 2019: 549］、性的少数者の存在とそのニーズを満たすような市政の実現の素地を作った。さらに翌年の一九九九年には、テル・アヴィヴ市はテル・アヴィヴ・プライドを後援することを決定している［Gross 2015: 110–111］。

二〇〇〇年代に入ると、さらにそのLGBTフレンドリーな市の姿勢が明確化してゆく。二〇〇二年に市によって作成された「市の横顔（profil ha-ʻir）」の文書はその市の方針を明確化した最初期のものである。['Iriyat Tel'Aviv-Yafo 2002: 132]。この「市の横顔」には、「中心的課題」の欄が設けられ、市の多様な側面が強調されている。そこでは、市がハイテク産業及び商業の中心地であることを説明した「大都市圏及び国家における市の中心性——脅威と課題」という欄に続き、「大都市における生活の特徴——多様な住民、多元主義と寛容、孤独と疎外感」と題されたコラムの中で、同性愛者らが言及されている。

テル・アヴィヴ＝ヤッフォ市は西側世界の大都市圏の中の中心都市と同様、特徴的な人口・社会的傾向に特徴付けられ、多様な人間の構造の創出に寄与しています——
（中略）
市にリベラルで寛容な雰囲気をもたらすゲイ・レズビアンの住人は、［その人口が］大きくなっており、活発なコミュニティの生活を生み出しています。[*Ibid.*: 134–135]

この文書から読み取れるように、同性愛者らは、リベラリズムや多元主義、寛容といった市の価値観を特徴付ける人々と位置付けられるようになっている。

リベラリズムや多元主義、寛容等の価値観の下、同性愛者を包摂するというテル・アヴィヴ市のこの基本方針は、二〇年以上に亘るロン・フルダイ市長の市政でさらに促進されてきた。テル・アヴィヴ市が運営する公式ホームページには、市の打ち出す価値観に、五つの項目が挙げられている。その五つとは多元共存主義（多文化主義、違いを受け入れ促進すること）、開放的であること（全ての人がありのままでいられれば、その場はより良いものであると市は信ずる）、自由（思想、表現、選択及び創造性の自由――ありのままでいられる自由）、刷新（イスラエル社会の顔を形成する全ての側面において先を行く市）、都市の創造的原動力（全ての人がありのままを表現する場所）である［Tel Aviv-Yafo Municipality. n.d.a.］。テル・アヴィヴ市の公式ホームページを読み進めると、この価値観の説明の項目の下に、多様性の象徴的存在として同性愛者が登場する。

テル・アヴィヴのゲイの雰囲気

「止まらない都市」は、住人にとっての誇りの源泉であるだけでなく、全ての住人を――彼ら彼女らの宗教、人種、ジェンダーもしくは性的指向が何であれ――誇りに思っている。その都市［テル・アヴィヴのこと］で署名されたイスラエル国の独立宣言の精神を尊重し、テル・アヴィヴは「止まらない都市」であり続けるために、全ての人間を、全ての種類の愛を、そして全ての形態の生活様式を受け入れる郷里でなければならない。［*Ibid.*］

宗教や人種、ジェンダーの尊重という多文化主義的な価値観に対する言及と共に取り上げられているのは虹色に塗られた横断歩道の画像と、性的指向の文言である。前節で確認したように、テル・アヴィヴ市は知識集約型産業を促進する人材の確保の必要性から、多元主義を標榜するようになってきた。同性愛者らは、その多元主義を体現するマイノリティと位置付けられていることが確認される。二〇〇二年の「市の横顔」では単にマイノリティの一つのバリエーションとしてしか性的少数者が取り上げられていなかったのに対し、このホームページが制作されたと思われる二〇一〇年代後半には、テル・アヴィヴ市の多元主義の中核的役割を担うようになるまでに重要性が増していることが分かる。

テル・アヴィヴ市が、市としての積極的なＬＧＢＴフレンドリーの姿勢を表明する決定打となったのが、二〇〇八

写真４　テル・アヴィヴ市によって建てられたLGBTセンター

（註）　市の中心部、メイル公園の中に設立されている。一階はカフェ、二階はセンターの事務所となっている。なお、2018年に建物の拡張工事のための改修工事が行われた。
（出典）　2016年7月24日に筆者撮影。

年のＬＧＢＴセンターの設立である。二〇〇三年にハ＝アグダの代表を務めていたイタイ・ピンカスがテル・アヴィヴ市の市議会議員に就任すると、このＬＧＢＴセンターの設立計画を推進した。市長支持派の与党から当選したピンカスは、ＳＯＧＩに関する市長アドバイザーに就任し、再度性的少数者のニーズに関する調査を主導した。その後、そのニーズに応じる形で、性的少数者の権利運動を支援するためのＬＧＢＴセンターの設立を計画した［Misgav 2015b: 184］。

このＬＧＢＴセンターは、テル・アヴィヴ市の予算によって設立されたという点で他に類を見ない。このＬＧＢＴセンターは設立以来、コミュニティの中心地として、情報発信、セーフスペースの運営、ＨＩＶ／ＡＩＤＳ対策或いは会議室の貸し出し等、活動の場所提供を行っているだけでなく、性的少数者の権利運動にも深く参与している。特に年に一度行われるテル・

アヴィヴ・プライドは、先述のハ＝アグダと、このＬＧＢＴセンターが主催団体となっている。テル・アヴィヴ市によれば、「テル・アヴィヴ・プライドは市が運営に関わる世界で唯一のプライド」であり、世界的に見ても異例である［Tel Aviv-Yafo Municipality n.d.b.］。エヤル・グロスは、この性的少数者の権利運動とテル・アヴィヴ市の親密性を「ホモミューニシパリズム」という言葉で表現している。ホモミューニシパリズムという概念を用いながらグロスが強調するのは、この相互の関係性がある種の取引によって成り立っていることである。その取引とは、性的少数者の権利運動の担い手にとっては、市の後援を得ることによって運動が行いやすくなる一方で、市はその積極的な支援を、対外的な広報宣伝や市のイメージ向上に用いることができる、ウィン・ウィンの関係性のことを指している［Gross 2015：145–148］。

テル・アヴィヴ市が運動への積極的な支援の姿勢を打ち出すのと表裏一体の形で、テル・アヴィヴ市はゲイの観光に力を入れるようになる。イーギーの元代表で、テル・アヴィヴ市議会議員に二〇〇八年に当選し、オープンリー・ゲイの議員のヤニヴ・ヴァイツマンは、市のゲイの観光に関するアドバイザーとなり、市のマーケティング戦略推進の一翼を担った。アドバイザーとなったヴァイツマンは、二〇〇九年にテル・アヴィヴ市後援の下、ＬＧＢＴ向けのテル・アヴィヴ・ツアーを開始した。その際、現代ヘブライ語メディアの経済誌のインタビューにこのように答えている。

観光業界では、ＬＧＢＴの旅行者がトレンドを席巻していることが知られています。（中略）テル・アヴィヴが流行りの市として認識されれば、ＬＧＢＴの旅行だけでなく、若者の旅行や旅行一般をも引き付けるでしょう。イスラエルへの観光は主に宗教的なものです。巡礼者やユダヤ人等で、国家的規模ではその大多数に従っているため、他の層に投資しようとする気は多くありません。そのため、市へのＬＧＢＴの観光を推進することはＬＧ

BTコミュニティの推進という社会的な意味で私にとって有意義でもあるのですが、経済的な考慮事項でもあります。市のビジネスが花開くでしょう。［Gil 2009］

さらに、「テル・アヴィヴはゲイ・フレンドリーだと長年思われてきたが、なぜ今それをブランド化するのか」と訊かれたヴァイツマンは、このように答えている。

これまで、ゲイ・フレンドリーな街としての市のイメージを我々は享受してきましたが、しかし一度も正式にそれを支援してはきませんでした。我々はこのテーマを精査した結果、金を投資するに値するという結論に至りました。［*Ibid.*］

ヴァイツマンは、経済的な観点からのLGBTコミュニティへの着目を肯定的に評価しながら、世界的なゲイ・ツーリズムの潮流に上手く乗ってゆく必要性を説く典型的な人物である。

さらに、二〇〇九年に国際ゲイ・レズビアン観光連盟（通称IGLTA）の年次大会がテル・アヴィヴで開催された際には、ヴァイツマンはイスラエル側のホストの一人を務めている。ヴァイツマンはこの時、「テル・アヴィヴは国際的なLGBTツーリズムに食い込んでいける非常に大きな潜在能力を有している」と発言し、官民一体となってのゲイ・ツーリズムに力を入れる姿勢を見せている［Qotler 2009］。さらに二〇一〇年にはTel Aviv Gay Vibe(20)と呼ばれるキャンペーンを、ドイツやフランスといった西欧諸国のゲイ・レズビアンを対象に開始した［Rayman 2010］。

このテル・アヴィヴ市のゲイ・ツーリズムに重点を置いた観光誘致作戦は、二〇一七年に改訂された「市のヴィジョン」ではより鮮明に現れる。二〇〇五年から強化された二〇一七年の「市のヴィジョン」では、二〇〇五年版を踏襲する形で四つの戦略が立てられる。そのうち一つ目の「大都市——国家の文化及び経済の中心及び世界都市」の中の四つ目の小項目には、「更新を続け、都市住民を尊重した都市観光の先進的な旅行先」と題された、観光戦略についての情報が載せられている。この観光戦略では、「テル・アヴィヴ＝ヤッフォでは、大都市及び国家のビジネスと文化の中心地であることから、またその世界都市としての特徴ゆえに、多様で強く、独創的で、質の高い観光とホテル産業が成長を続けている。それは市の生産と住民の雇用、レクリエーションやレジャー産業の開花、さらには市の文化施設と活発な市のペースに重要な寄与をもたらすだろう。市は、大都市圏及びイスラエル国の、リベラルで、革新的で活発、海岸沿いに位置する中心としての市の独特な特徴に基づいた観光体験を提案する都市の観光活動の中心地であるだろう」［'Iriyat Tel 'Aviv-Yafo 2017: 42］と説明される。さらにこの項では、テル・アヴィヴ・プライドの様子を写した写真が載せられており、テル・アヴィヴ・プライドが「大都市圏及びイスラエル国の、リベラルで、革新的で活発、海岸沿いに位置する中心としての市」の観光戦略に上手く当てはまる事例と見做されていることが分かる［Ibid.: 47］。

また、テル・アヴィヴ市が二〇一九年に打ち出した二〇三〇年までの観光ヴィジョンからは、テル・アヴィヴ市の観光政策の中核に性的少数者向けの観光が位置付けられていることが分かる［'Iriyat Tel 'Aviv-Yafo 2019］。この冊子では、市長らの挨拶と基本的な観光に関するデータの説明、潜在的な観光資源の説明の後、具体的な項目が設けられている。その初めの項目「観光地としてのテル・アヴィヴ＝ヤッフォ」には、テル・アヴィヴ・プライドで大きなレインボー・フラッグが掲げられる様子を写した写真が載せられ、直後の説明ではこのように述べられる。

活発な都市性：テル・アヴィヴは独特な特徴を備えた活発で活力のある都会空間である(21)：文化や芸術、ナイト・ライフ、食事、安全で魅力的な公共空間：活発なストリート・ライフ：十人十色のスピリチュアル・宗教的ライフ：国民の歴史における、そしてシオニズムの遺産における特異な重要性：市を特徴付ける世界的重要性を有する建築流派（「バウハウス」）：繁栄するLGBTコミュニティ：多元主義と平等の価値観：文化的多様性及び多言語性・多宗教性：テクノロジーとスタートアップ、科学の発達に重点を置いた集中的な起業家的環境：金融と革新分野における中心性に根差した国際的なビジネスの中心：遊歩を促進するコンパクトさと平たんな空間：一年の多くの日を占める心地よい気候：特徴的な民族的・文化的多様性を有した地区。これらの特徴は、市のマーケティングとプロモーションの錨を構成し続け、将来の観光ベンチャーの多くはこの特徴に根付いたものとなるだろう。［*Ibid.*：21］

ここでは、LGBTコミュニティの存在が、都市建築といった従来観光資源と見做されてきた要素と並んで列挙され、テル・アヴィヴの観光資源の重要な位置を占めていることが分かる。

二〇一〇年以降のイスラエル政府機関のPR作戦は枚挙にいとまがないが、これまで見てきたようにテル・アヴィヴのLGBTコミュニティは多様性やリベラリズムを体現する存在として観光資源に位置付けられ、さらにそのターゲットはイスラエル人というよりは、むしろフランスやドイツといった海外、もっと言えば西欧先進諸国である。

この背景には、ゲイ・ツーリズムやピンク・マネー等の言葉に代表されるように、同性愛者らの経済力に着目する言説の登場がある。西欧先進諸国では、一九九〇年代から二〇〇〇年代初頭にかけて、エイズ危機に際する主流社会からの強い同性愛嫌悪と排除から、次第に大手企業の広告への性的少数者らの起用等、性的少数者を取り巻く環境が急速に変化していった。その中で取り上げられるようになったのが、「ピンク・マネー」である。

ローズマリー・ヘネシーは、高まりつつあるピンク・マネーへの社会的な関心の高まりをいち早く取り上げ、ゲイ文化が消費文化に浸食されつつあることを指摘した［Hennessy 1994-1995］。また、ジョン・ビニーは、一九九〇年代のオランダのアムステルダムや英国のソーホーといった、男性同性愛者が多く住む都市の事例を取り上げつつ、性化された特定の空間と資本主義の関係を論じている〔Binnie 1995〕。(22)ビニーによれば、経済主体として立ち現れつつある性的少数者の称揚の陰に存在する男女の賃金格差及び人種間格差の存在を指摘している〔Ibid.: 176〕。また、ファーティマ・エル＝タイエブは「都市において誰がゲイであることを許されるか」という問いを立て、英国の男性同性愛者が多く住む地区では、セクシュアリティのみならず、階級・人種といった要素を通じて排除が既に行われていることを指摘している〔El-Tayeb 2012〕。また清水晶子は、東京渋谷区における多様性の称揚と野宿者の排除が同時に起きていることを指摘しながら、都市空間において「どのような場で、どの身体が、どのようなあり方で、その存在を許されるのか」という問いを立てている〔清水 2013: 145〕。清水の問題意識は、都市空間において、同性愛者やある種の障害者が新自由主義の多様性の特徴的な受益者として称揚される一方で、ホームレスや野宿者といった、経済に還元されない存在を排除する政治が同時に働いているところにある。これはある種の都市浄化の一端を担っており、性的少数者の中でも同性愛者、とりわけゲイといった、経済的な裕福さ、(23)すなわち都市にとって経済的に有用な一部の人々にしか恩恵を与えないものであると指摘している〔Ibid.: 151-152〕。

都市に有益な人々としてゲイを描くこの傾向は、DINKsと呼ばれる、(24)主に同性カップルの経済力への着目として現れることとなった。同性カップルは、DINKsの典型であり可処分所得が多いと見做され、中でも男性同士の同性カップルは裕福で、市場に対する貢献度が高い人々であるとしてその経済的側面に着目されるようになった。DINKsであるような同性カップルをターゲットにした商材として登場したのが、「ゲイ・ツーリズム」である。ゲイ・ツーリズムは、同性愛者に固有の経験を提供することを主とする。その旅行内容は、今や世界的に有名となったストーンウォール・インを擁するニューヨーク市や、世界最大のゲイ地区として知られるカストロ地区を擁するサン・フランシスコ市等、運動の歴史的地点や、コミュニティを目的地とするものが有名である。ジャスビル・プアによれば、このゲイ・ツーリズムでは、背景にある主流社会の異性愛規範的な抑圧と排除の存在が押し出し要因となっており、ゲイ・コミュニティを訪れることによって得られる、その抑圧と排除からの一時的な解放の体験が旅行の目的地の引き込み要因となっている［Puar 2002: 103］。

テル・アヴィヴ市は一九九〇年代後半から二〇〇〇年代にかけて本格化するこの国際的な潮流に沿うように、ゲイ・ツーリズムを促進してきた。スネリングスは、このテル・アヴィヴ市の積極的な変遷を「ゲイ化（gayfication）」と表現している［Snellings 2019］。二〇一五年から二〇一八年にかけてのテル・アヴィヴ・プライドのテーマ設定は、性的少数者の中でもとりわけゲイ男性に対するテル・アヴィヴ市の強い関心を逆説的に示している。二〇一五年には、「トランスジェンダーの可視化」(25)、二〇一六年には「変化を求める女性」、二〇一七年には「バイセクシュアルの可視化」(26)がわざわざテーマに掲げられ、期間中には関連するイベントが増えた。これらのテーマ設定からは、テル・アヴィヴにおけるSOGIをめぐる政治において、むしろ過度にゲイ男性が可視化されてきたことへの内省的態度が読み取れる。裏を返せば、運動に関わる人々に意識される次元で、ゲイ・ツーリズムへの着目とゲイ・シティへの変貌が顕著であるということでもある。

ここまで見てきたように、テル・アヴィヴ市がゲイ・シティとしての変貌を遂げる変遷には、新自由主義的経済の中心地としてのテル・アヴィヴ市の成長が密接に関わっている。テル・アヴィヴ市は、一九八〇年代以降の経済の自由化に伴う知識集約型産業へ移行に伴い、知識集約型産業を担う人材の獲得に注力する形で、多元主義を標榜するようになった。この多元主義の旗印の下、積極的に擁護されるようになったのが、同性愛者の権利であった。また、テル・アヴィヴ市のゲイ・シティ化に伴い、テル・アヴィヴ市は官民一体でゲイ・ツーリズムに注力することになる。但し、このテル・アヴィヴ市のゲイ・ツーリズムのターゲットはイスラエル国内ではなく西欧等の海外旅行に絞られており、国際的なピンク・マネーへの着目という国際的な潮流に乗った戦略であったということが分かった。

4　テル・アヴィヴ市の売り出し
——東京レインボープライド2014パンフレットの事例から

前節では、テル・アヴィヴ市において、同性愛者らが新自由主義的な多元主義や多様性といった価値観を体現する人々として包摂され、さらに、とりわけゲイ男性らがテル・アヴィヴ市への観光政策に結び付けられてきたことが確認できた。本節では、実際の広報宣伝資料から、性的少数者に関連するイスラエル政府の広告及び広報の中で、特定の言説がどのように動員されているのかについて分析を行う。

本節で取り扱うのは、東京レインボープライド2014で配られた、公式パンフレットである。二〇一四年に東京・代々木公園で開かれた東京レインボーウィークというイベントの公式パンフレットには、このイベントの後援団体に名を連ねる在日イスラエル大使館の広告が掲載されている(27)［Tokyo Rainbow Week Executive Committee 2014］。この広告にはイスラエル大使館による広報宣伝に典型的な特徴が詰まっている。東京レインボーウィークの中心イベントである東京レインボープライド2014は、パレードの参加者と会場への来場者を含め一万五〇〇〇人程の動員数を誇っており、性的少数者に関するイベントとしては日本最大である［特定非営利活動法人東京レインボープライド n.d.］。公式パンフレットは、東京レインボープライド2014に前後して配られ、表紙を含め三二頁から成る(28)。その比較的薄い読み物のうちの見開き二頁、計四頁に亘り、イスラエル大使館の広告が掲載されている。広告の初めの二頁では、「LGBT×TRAVEL ゲイシティテルアビブの魅力」という見出しの下、多くの写真と共にテル・アヴィヴが紹介されている。三頁目には地元の料理やドラァグ・クイーン(29)、砂浜、洋服等テル・アヴィヴに関連する九枚の写真が載せられ、四頁目には短めのコラムが載せられている。

写真５　IGLTA年次会議で提示された広告写真

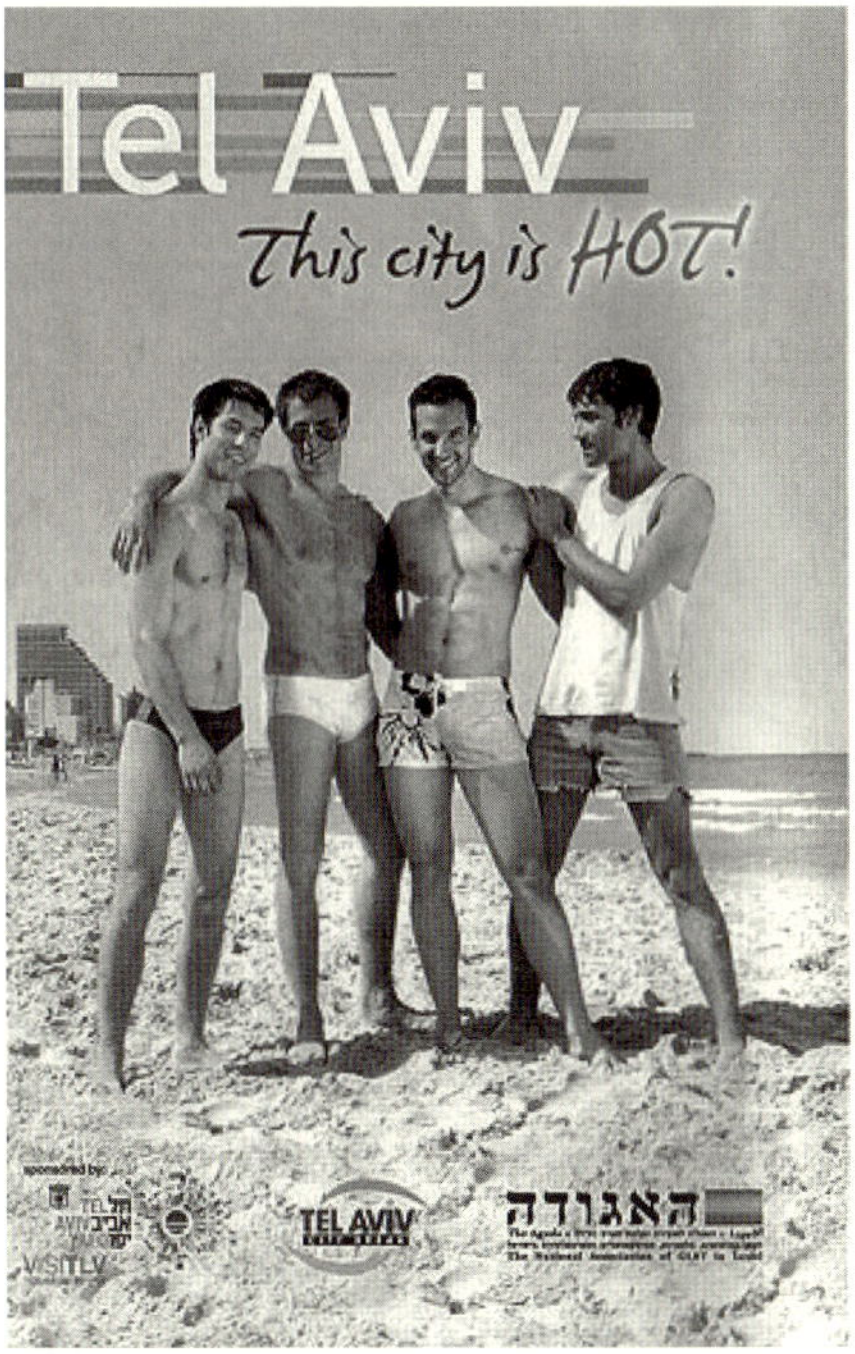

（註）　ポスターには、４人の男性がテル・アヴィヴのビーチと共に写っている。左下にはテル・アヴィヴ市のロゴが見える。
（出典）［Sadeh 2009］

まず、この広告の読者としてどのような人々が想定されているかを確認しておきたい。この公式パンフレットは東京レインボープライド２０１４の会場で配られるものであるため、想定される読者は一般の読者とは異なり、東京レインボープライド２０１４の来場者ということになる。東京レインボープライド２０１４はセクシュアリティに基づき参加者を限定しているわけではないが、その来場者は性的少数者に該当する人々或いは、性的少数者の権利の問題に一定の関心のある者であることが多い。その現状を考慮すると、性的少数者もしくは、性的少数者の権利の問題に一定の関心のある者が広告のターゲットに想定されていると推測できる。

　このパンフレットを詳しく見てゆくと、テル・アヴィヴの広告には三つの特徴があることが分かる。一つ目に、

「ゲイ・コミュニティ」への訴求である。この広告の中では、性的少数者の中でもゲイ男性に主眼が置かれている。例えば、広告の二頁目には「ちょうどファッション・ウィークが開催されていた時期だったこともあり、街にはスタイリッシュなLGBTがたくさん。兵役が義務付けられているだけあって、アーミーで鍛えられたガッチリ体型の兄貴たちはもちろん、ワンピースを着たトゥインク[30]や、サイドを刈り上げたビアン[31]

のカップルや、カフェにはもっさりとしたヒゲを蓄えたベアーたちもいる」と書かれている。ここでは、「トゥインク」、「ベアー」等のゲイ・バイ男性の文化に固有の表現が用いられることで、トランスジェンダー等多様なセクシュアリティよりも、むしろゲイ男性に焦点が合わせられている。とりわけ、ここでは兵役の存在を肯定的に評価しながら、それによる筋肉の美しさに裏付けられた理想的なゲイ男性の身体像を強調している。[32]

このゲイ男性への着目は、二〇〇九年にIGLTAがテル・アヴィヴでの観光に関するイベントで披露したポスターの広告の特徴とも重なる。このポスターはIGLTAの国際会議がテル・アヴィヴで初めて行われるのに合わせて、テル・アヴィヴ市とハ＝アグダが共同で制作したものである。このポスターには"Tel Aviv This city is HOT!"という標語が大きな文字で書かれている。そしてこの標語に似合うように、晴天と海・ビーチを背景にした水着姿或いはタンクトップ姿の男性四人が写っている。この"HOT"の単語には二つの意味が重ね合わせられている。テル・アヴィヴが気候的に暑いこと、それから広告に写るテル・アヴィヴの男性が性的に魅力的であることとである。ここに登場する男性らは、お互いに身体が接触していることによって性的な意味を含意しながら、鍛えられた身体を披歴している。これは、主に英米圏のゲイ・バイセクシュアル男性の文化の中で称揚されてきた理想的なゲイ男性像が強く意識されたものである。このポスターの事例や、先述のパンフレットの事例では、ゲイ・マッチョ・スタイルへの訴求という側面と、「兵役」や「アーミー」といった言葉で示唆される、イスラエルの軍事主義及びシオニズムにおける理想的な男性性の系譜の一致が見られる。[33]

二つ目に、この広告では、テル・アヴィヴ全体が開放的な雰囲気であることが強調されているという点である。この広告には「ゲイ・ストリートというものも存在しないらしい。一つの場所にコミュニティを作る必要がないからなのだとか」と書かれ、テル・アヴィヴが特定のゲイ・スポットの必要性がないほど全体としてリベラルな雰囲気を有していることが強調されている。この宣伝の仕方は、プアの分析にあるような、（旅行者の）押し出し要因が「普通の」社会からの排除を含む一方でゲイの地を引き込み要因として描く一般的なゲイ・ツーリズムの観光地の打ち出し方とは異なる［Puar 2002：103］。つまり、いまや世界的に有名にもなった一九六九年のストーンウォール事件の起きた場所を擁するニュー・ヨーク等の事例とは異なり、ある特定のゲイ・ツーリズムの観光資源やゲイの聖地と呼ばれる場所に赴くことで特定の経験を得られることをイスラエル大使館は謳い文句にはせず、むしろそれを必要としないほどリベラルで寛容な、そしてユートピア的な都市の雰囲気をここでは売り出している。

都市と同性愛者の親和性を構築する言説に関し、ジャック・ハルバースタムはメトロセクシュアリティ、メトロノーマティヴィティという概念を用いて説明している［Halberstam 2005：36-37］。ハルバースタムによれば、都市におけるセクシュアリティの言説では、都市と田舎の二項対立を、近代的／伝統的、西洋／非西洋といった二項対立と巧みに重ね合わせながら、開放的な雰囲気が作り出されている。この広告では、一貫してテル・アヴィヴが取り上げられていることを鑑みれば、テル・アヴィヴは、「田舎の保守性から解放された、同性愛嫌悪のない都市」を代表する役割を担っていることが確認される。

三つ目に、この広告では、中東という地域性が巧みに利用されている点である。この広告でイスラエル政府は、テル・アヴィヴが中東に位置することを明確に打ち出している。この傾向は、例えば広告中にある「中東にありながらもリベラルな」とか、「ヨーロッパの居心地と中東のエキゾチックが共存」といった文句に表れている。ここでは、他のゲイ・ツーリズムの有力な候補地に数えられるオランダのアムステルダムや、英国のロンドン、米国のニュー・ヨークといった主要な都市と、テル・アヴィヴ市との差異化が試みられている。その一方で「ヨーロッパの居心地」、「まるでヨーロッパにいるみたいだ」という言葉に表れているように、今度は中東と対置して自らをヨーロッパと同一化している。ここで強調されるのは、イスラエルが、その中身（ユダヤ・キリスト教的な民族的ルーツや気質、国民性、シオニズムといった起源が想起される）においてはいかにヨーロッパ的であるかということである。

ギリ・ハータルとオルナ・サッソン＝レヴィによれば、テル・アヴィヴ市の広報宣伝には、自らを「先進的なオリエント」と位置付ける言説的戦略が見受けられる［Hartal and Sasson-Levy 2021］。これは、一方でヨーロッパの主要なゲイ・ツーリズムの主要観光地との差異化のために「中東らしさ」を強調し、また一方で「中東」のイメージに伴う「同性愛嫌悪」や「後進的」といったイメージを払拭する狙いがある。特に、「エキゾチック」といった言葉で強調されるのは、ヨーロッパで体験することのできないアラブ系の音楽や人々、気候といった点であり、その背景には、テル・アヴィヴのゲイ文化をポップ・カルチャーから支えてきたミズラヒームの人々の存在がある。(34)(35)

進歩史観を利用したこの巧みなブランディングは、先述の公式パンフレットの二二頁から二三頁目にかけての「テルアビブに学べ！　こうすれば東京は変わる！」と題した記事の論理に非常によく表れている。記事のこの部分では、テル・アヴィヴと東京、そしてアムステルダムという三つの都市が比較される形で引き合いに出されている。ここでは、昔はさほど注目される存在ではなかったテル・アヴィヴが、今やアムステルダムにほとんど劣らないほど、性的少数者、とりわけ男性同性愛者に寛容で、性に開放的な男性同性愛者の文化を楽しめる都市にまで急成長したことを強調している。それに対し、東京もそのような世界市民的な都市を目指すことをこの記事では促している。これらの主張には「進んだ西洋」と、「遅れた東洋」の二項対立を利用した形での、東京よりも文明化したテル・アヴィヴという含意が込められている。

ジョセフ・マサドは、西洋を近代化の頂点とし、称揚する認識論は、その客体だけでなく主体をも生み出すとしている［Massad 2015：222-223］。マサドは、「オクシデンタリズムは常に既にオリエンタリズムである。オクシデンタリズムは、オリエンタリストが常に（空想化された東洋と反対に）西洋を性的自由とジェンダー平等の、社会的経済的正義の、発展と進歩の、民主主義と自由の、それからその他もろもろの素晴らしい場所として眼差すそのやり方である」［*Ibid.*：264］と指摘している。ここで登場するテル・アヴィヴや東京は、西洋の価値観を頂点に仰ぎ、それに追

写真６　東京レインボーウィーク公式パンフレットに掲載された広告

（註）　東京レインボーウィーク 2014 に前後して配られたパンフレットのイスラエル大使館による広告。計４頁に亘り、ゲイ・リゾートとしての魅力を紹介している。

（出典）［Tokyo Rainbow Week Executive Committee 2014］

従するオクシデンタリズム的な主体を例示している。そして、この競争原理に基づき、テル・アヴィヴが東京よりも先を行く「先進的なオリエント」の先達であるということを仄めかす。こうして東京の読者層の関心を掻き立てる構造となっているのである。

5　おわりに

本章では、テル・アヴィヴにおいてSOGIをめぐる政治が、いかに人権や政治的課題というよりは、新自由主義経済に望ましい主体と扱われてきたかを、市のアーカイヴや先行研究を用いながら確認してきた。テル・アヴィヴ市では、市の高熟練労働者や教育水準の高い人材の確保の視点から、多元主義を前面に押し出した政策が推進されてきた。さらに、そこでは性的少数者らは、多元主義という市の価値観を体現してくれる理想的なマイノリティであると見做され、テル・アヴィヴ市は、その積極的な包摂に舵を切ることになった。これを主導したのが、性的少数者の権利運動に携わる団体出身の、いわゆる「当事者議員」であった。この当事者議員らとの結び付きを活用しながら、市は二〇〇八年のLGBTセンターの設立以降運動への積極的な後援と関与を行う代わりに、市のブランディングにそれを積極的に用いるというある種のウィン・ウィンの関係を築いてきた。

この時、性的少数者の中でも男性同性愛者は、テル・アヴィヴ市への観光誘致に積極的に用いられるようになった。第3節で確認したように、二〇〇八年以降とりわけテル・アヴィヴ市がゲイの楽園のように扱われるようになった。その宣伝とブランディング政策の背景には、ゲイ・ツーリズムに対する国際的な関心の高まりと行政的取り組みが存在することが確認された。第4節では、日本の東京レインボープライドでの広告を事例にしながら、国際的なゲイ・ツーリズムの流れに乗りながらも、西洋と非西洋の二項対立を利用し、自らの都市をブランディングするイスラエルの巧みな宣伝戦略が確認できた。

註

（1）SOGIをめぐる政治の歴史は、巻末資料の運動略史年表に記したので適宜参照いただきたい。

（2）二〇二四年八月現在は「Ha-'Agudah Lema'an Ha-Lahaṭa"b Be-Yisra'el（イスラエルにおけるLGBTのための協会）」に正式名称を変更している。

（3）ソドミー法については、用語解説「ソドミー法」を参照されたい。

（4）この法律の撤廃は、運動の蓄積の結果というよりもむしろ青天の霹靂のような出来事であったことをインタビュー協力者の一人アミットが語っている。アミットによれば、この法改正にはフェミニストであり、早くから性的少数者の権利について関心を持っていたクネセト議員シュラミット・アロニの活躍が大きい［Amit 2022］。

（5）これについては、第2章で詳述する。

（6）イスラエルでは、婚姻制度にユダヤ教超正統派の影響が非常に強く二〇二四年現在まで同性婚が認められていない。その代わりに事実婚の次元でのカップルに対する権利保障が進んでいる。イスラエルの婚姻制度や事実婚については、Merin［2005］; Einhorn［2008］; Lifshitz［2008］; Triger［2012］等に詳しい。

（7）これ以前にもテル・アヴィヴでは草の根のレベルで行進イベントが行われていたが、テル・アヴィヴ・プライドとして組織化されたのはこの時が初めてであったと言われている。例えば、二〇一八年のテル・アヴィヴ・プライドはプライド発足の二〇周年をテーマに掲げており［Mako 2018］、一般的には一九九八年がテル・アヴィヴ・プライドの開始年として知られている。

（8）写真2を参照されたい。

（9）二〇一三年に労働党からイツィク・シュムリ、二〇一五年にリクードからアミル・オハナ、二〇一九年に青と白からエイタン・ギンズベルグ、イェシュ・アティードからイダン・ロール、ヨライ・ラハヴ＝ヘルツァヌが当選している。

（10）厳密に言えば、市の正式名称は、南部の旧市街地域を含めた「テル・アヴィヴ＝ヤッフォ市（Tel 'Aviv-Yafo）」であるが、本書では、直接引用の部分を除いて基本的には「テル・アヴィヴ市」と表記する。

(11) アイデンティティ・ポリティックスとは、個別のアイデンティティを措定し、それに基づき主張を展開する運動の手法である。ジェンダー・セクシュアリティの分野では一九七〇年代に本格化するゲイ解放運動の手法に対して最もよく用いられる。アイデンティティ・ポリティックスとは以下の二つの特徴を持っている。

一　性的指向はアイデンティティの一部であり、その人を構成する重要な要素であると主張する。

二　同化主義ではなく、セクシュアリティに基づいた差異を強調する。

このアイデンティティ・ポリティックスはその後の運動にもある程度引き継がれ、今日の運動においてもその影響は大きい。このアイデンティティの自明性を否定し、交差的に連帯を広げる方針が「クィア・ポリティックス」と呼ばれる。

(12) キブツについては、用語解説「キブツ」を参照されたい。

(13) ヒスタドルートについては、用語解説「ヒスタドルート」を参照されたい。

(14) 例えば、同年二〇一九年に行われた東京レインボープライドの参加者は二〇万人であり［東京レインボープライド 2019］、日本最大の動員数を誇るイベントとはいえ、一三〇〇万人程度の東京の人口の二%にも満たない。一方、世界最大の動員数を誇るニュー・ヨークのプライド・イベントには二〇一九年に五〇〇万人程が参加したとされる［Allen 2019］が、凡そ八〇〇万人のニュー・ヨーク市の人口の六〇%程となる。都市圏の広がりや都市圏の外からの参加者を加味すると単純な比較はできないものの、テル・アヴィヴ市はその人口比に対する参加者の比率で言えばニュー・ヨーク市のプライド・イベントのそれに匹敵することになる。

(15) ユダヤ教超正統派については、用語解説「ユダヤ教超正統派」を参照されたい。

(16) バルズィヴは当時一〇代で、学校や教育機関等を中心に活動を行っていた。

(17) 一九九八年にトランスジェンダーであることを公表しているダナ・インターナショナルがユーロヴィジョンで優勝すると、翌一九九九年にエルサレムでユーロヴィジョンの大会が行われた。一方二〇年後の二〇一八年にネッタがユーロヴィジョンで優勝した翌年の二〇一九年のユーロヴィジョンは、エルサレムのユダヤ教超正統派コミュニティからの強い反発により、エルサレムではなく、テル・アヴィヴで開催された。ユーロヴィジョンはゲイ文化或いはクラブ文化との繋がりの深さ及び、世俗的な催しであることから、ユダヤ教超正統派コミュニティからは反発が大きかった。

(18) カミングアウトについては、用語解説「カミングアウト」を参照されたい。

(19) ヌリット・アルファスィとトヴィ・フェンスターは二〇〇五年の論考で、テル・アヴィヴ市とエルサレム市の性的少数者に対する態度の違いについて論じている。それによれば、テル・アヴィヴ市が国家の統治方針とは独立した形で世界都市としての政策を進展させることができたのに対し、エルサレム市は、東エルサレムの占領とパレスチナ問題、それから宗教的聖地の問題という政治的理由から市行政に国からの強い関与があり、それによりユダヤ人の均質な国民的・伝統的規範に縛られた統治方針が採られている。性的少数者に対する両市の態度の違いもこの違いに起因するものであるという［Alfasi and Fenster 2005］。

(20) この記事で述べられているように、テル・アヴィヴ市の観光戦略では主な顧客のターゲットとしてゲイとレズビアンが想定され、トランスジェンダーがそこから外れている［Rayman 2010］。

(21) 原文では mi-kol qtsot ha-qeshet という表現が用いられており、直訳すると「虹の全ての端からきた」となるが、性的少数者のシンボルであるレインボーが意識されている。

(22) ここで出てくる性化された空間とは、ある空間が性的な空間と見做されること。例えば男性同性愛者が多く集うことで広く、或いは一部の人々に知られている公園は、その空間自体が性的な空間と見做され、その空間自体が性的なものを想起させるようになる。この場合、その公園は性化された空間であると言える。

(23) この点に関し、テル・アヴィヴの新自由主義的なゲイ・シティとしての再編が様々な検問所による囲い込み、経済的階層関係によって既に人種化されていることが指摘されている［Ritchie 2015; Yacobi and Tzfadia 2019］。

(24) DINKsについては、用語解説「DINKs」を参照されたい。

(25) トランスジェンダーについては、用語解説「LGBT」を参照されたい。

(26) バイセクシュアルについては、用語解説「LGBT」を参照されたい。

(27) ここで「イスラエル大使館の広告」と書いたが、実はこれが誰によって、どのような経緯で、そしてどのような意図をもって掲載されているのかはこの公式パンフレットでは明示的に書かれているわけではない。しかし、このパンフレットに広告効果が見込まれているのは一目瞭然である。まず、冒頭では「LGBT×TRAVEL　ゲイシティテルアビブの魅力」と題され、「旅行好きで知られるLGBT」に向けた「世界トップクラスのLGBTシティへと急成長したテルアビブ」を紹介するという構成で始まる。さらに、このパンフレットにはSOGIに関する「負」の動きやそれに関する情報が何一つ書かれていない。先述した通り、イスラエルでも性的少数者を標的にした暴行や殺害事件は二〇〇〇年以降何度か起きているが、これらの出来事への一切の言及がなく、いかにテル・アヴィヴが先進的であるかを強調していることから、この読み物は、単なる世界のSOGIをめぐる動きの情報提供というより、テル・アヴィヴへの旅行誘致を目的としていると見做すことができる。

(28) このイベントには、在日アメリカ大使館、在日デンマーク大使館等も後援を行っているが、このように広告を掲載しているのはイスラエル大使館だけである。

(29) ドラァグについては、用語解説「ゲイ・コミュニティで用いられる用語」を参照されたい。

(30) トゥインクについては、用語解説「ゲイ・コミュニティで用いられる用語」を参照されたい。

(31) 日本語では「レズ」という言葉が差別的意味合いを含んでいることから「ビアン」と略して呼ぶのが一般化している。レズビアンについては、用語解説「LGBT」を参照されたい。

(32) ベアーについては、用語解説「ゲイ・コミュニティで用いられる用語」を参照されたい。

(33) シオニズムにおける理想的な男性性の系譜については、第3章で詳述する。

(34) ミズラヒームについては、用語解説「イスラエルにおける人種区分」を参照されたい。

(35) ユーロヴィジョンで優勝したダナ・インターナショナルをはじめ、テル・アヴィヴのゲイ文化・クラブ文化は、ミズラヒーム系ユダヤ人によって牽引されてきた側面がある。例えば、ゲイのモデルとして初期の頃から活躍したミズラヒーム系ユダヤ人の人物にエリアド・コヘンがいる。コヘンは、短髪の黒髪に鍛えた体に体毛をまとった、まさにミズラヒーム系出自であることを武器にゲイのモデルとして二〇〇〇年代から国際的に活躍した人物である。他にも、ミズラヒーム系音楽の歌手として知られ、二〇二一年にレズビアンであることを公表したサリット・ハダードは中東初を謳う中東系クラブ・イベントの「ARISA」と共同で、楽曲「Qirqas」を制作した。楽曲には地中海音楽の要素が取り入れられ、ミュージック・ビデオにドラァグ・クイーンを多数起用したこの曲は大ヒットとなり、テル・アヴィヴ・プライドでも使われている。但し、このような事実があるからといって、イスラエルのLGBTコミュニティ全体でミズラヒームが支配的な役割を担ってきたとは言えない［Gros 2013: 114］。イタイ・ハーラップはイスラエルのテレビ等のメディアを分析し、同性カップルの表象において、アシュケナジーム（アシュケナジームについては、用語解説「イスラエルにおける人種区分」を参照されたい）が可視化される一方、ミズラヒームが不可視化されやすいことを指摘している［Harlap 2017］。

第2章　再配備されるゲイの権利とホモナショナリズム

1　はじめに

前章では、一九九〇年代後半から二〇一〇年代に至るまで、イスラエルの性的少数者の権利が、テル・アヴィヴを中心に発達したイスラエルの新自由主義経済を促進する重要な一部と位置付けられてきたことを確認した。そこでは、国際的に注目されてきたゲイ・ツーリズムの購買層に訴求しようとするテル・アヴィヴ市及びイスラエル政府の欲望が読み取れた。本章では、これらのSOGIをめぐる政治の経済的側面に加え、二〇一〇年代に顕著な政治的右派の擡頭という側面に焦点を合わせる。

序章で述べた通り、先行研究では既にイスラエルのSOGIをめぐる政治が「対テロ戦争」という政治的問題と結び付いてきたことが確認されている［Gros 2013; Byrne 2013; Gross 2015; Ritchie 2010; 2015］。グロスによれば、イスラエルにおけるホモナショナリズムの擡頭のターニング・ポイントは、二〇〇九年にテル・アヴィヴのイーギーの事務所に何者かが侵入し、銃を乱射した事件である［Gros 2013; Gross 2015］。この事件では、性的少数者の権利の擁護に従来から賛意を示してきた左派政治家だけでなく、例えばリクードのクネセト議員等右派を自認する議員も犯人を非難し、これをテロリズムと位置付けたという点で顕著な事例であった。これから見てゆく通り、グロスの指摘は二〇〇九年が「対テロ戦争」に位置付けられるようになったターニング・ポイントであったという点では正しいものの、二〇〇九年以前にも、ナショナリズム及びイスラエルのシオニズムの文脈を強調する言説が、イスラエルのSOGIをめぐる政治の中では、常に存在してきた。そのため、本章では、二〇〇九年以前、特に一九九〇年代に遡って、そこから現在までのSOGIをめぐる政治とナショナリズムとの繋がりを検討してゆきたい。これにより、現在の政治的状況に至る歴史的経過を組み直すことができる。

本章で用いた主な資料について説明する。筆者は一九九〇年代の資料を入手するために、エルサレムのコミュニティ・センターを運営する団体「エルサレム・オープン・ハウス」に赴き、その団体が保有する運動や関連雑誌・新聞等のアーカイヴを利用した。また、欠落した資料等を補うため、ハイファ・アーカイヴ・プロジェクトに連絡をし、「ハイファ・コミュニティ・ハウス」に赴き、資料を収集した。また、クネセト資料や議事録等の資料については、オンラインで入手できる公式のアーカイヴを使用した。

本章の流れを簡単に説明する。本章ではまず、第2節「「望ましい国民」としてのゲイ・レズビアン——一九九〇年代の変革とその限界」で、イスラエルでSOGIをめぐる政治が興隆してきた時期に当たる一九九〇年代において既に、ナショナリズムと呼応する言説が存在していたことを明らかにする。第3節「ネタニヤフ政権とホモナショナリズムの擡頭」では、SOGIをめぐる政治が対テロ戦争の文脈に「再配備」されてゆく二〇〇九年から現在に至るまでの過程を見てゆきたい。イスラエルにおいては仮令左派的とされた運動の初期に当たる一九九〇年代であっても、ナショナリズムがその影を落としていたことが確認される。

2 「望ましい国民」としてのゲイ・レズビアン――一九九〇年代の変革とその限界

本節では、イスラエルにおいてＳＯＧＩをめぐる政治が興隆してゆく一九九〇年代において、既にナショナリズムの萌芽が見られることを確認する。ここで取り上げるのは、一九九二年の労働機会平等法の改正に関する議論、一九九三年のイスラエル国防軍の同性愛者の従軍規定に関する議論の二つである。いずれもＳＯＧＩをめぐる政治の転換点となった重要な出来事である。

まず一九九二年の職場における労働機会平等法の改正に伴う議論だが、これは、一九八八年に成立した職場における労働の機会を保障する法律の改正案で、クネセト内に設置された厚生労働委員会において主に議論がなされた。

ここでは主に二点の修正点が示され、一つ目として、当該法律の第一項「定義」の条項に、『個人の地位』＝独身であるもしくは婚姻している、離婚している、寡婦・寡夫であること」という定義を付加するという案が挙げられた。二つ目には、当該法律の第二項「差別の禁止」の条文「雇用主は、その雇用者もしくは求職者間において、その性別を理由に、もしくは婚姻していること、親であることを理由に差別してはならない」という条文のうちの「婚姻していること、親であることを理由に」という表現を「性的指向或いは個人の地位、親であるということ」に変更するという内容であった。前者は比較的「技術的なもの」であり［Divrei Ha-Kneset 1991：793］、この修正案における最大の焦点は、後者の「性的指向」の文言を条文内に組み込むかどうかであった。

この修正案は、ハ＝アグダの政治部門の下部組織として設立された「オツマ」の提案に従い、ラッツのモルデハイ・ヴィルショヴスキ、マパムのハイム・オロン、労働党のナヴァ・アラドとアブラハム・ショハット、シヌイのアブラハム・ポラズ、リクードのルーベン・リヴリンらの超党派の世俗派議員により提出された。この法案が議論されるに至った背景には、「イスラエル社会で性的指向に基づく差別の話題がだんだん語られるようになってきた」[Ibid.: 795] 経緯があり、そのためこの改正案の骨子は、「ゲイとレズビアンらが、この審議中の社会関連法が与える保護を獲得できるようにすること」[Ibid.: 793] であった。(1)

法案提出の代表者であるモルデハイ・ヴィルショヴスキは、以下のように法案の意義を強調する。「この(法案の)拡大によって、我々は、そのライフスタイルがおそらく一般的な規範とは異なるような一部の人々——これらの人々は非常に多くいるけれども——に自らの心・精神の指向に基づいて生きる権利を与えるのです。さらに我々は皆を完全な市民と見做し、法制化により公が与えうる完全な保護を与えることを求めています」[Ibid.: 793]。

このように、修正案の審議においては、近年イスラエルでも同性愛者の権利の問題が語られるようになったことを受けて、普遍的な権利概念に基づいて、他の市民らと変わらない平等な権利を与えるというこの法案の意義が繰り返し説明されている。この他にも「リベラリズム」や「平等」、「民主主義」、或いは「寛容」といった普遍的とされる価値観に基づき法案の基本的な重要性を擁護する発言が三つの審議過程を通じて他の議員らからも踏襲され、委員会の中で共有されていた [Ibid.: 794-796](2)。

一方、平等や民主主義或いはリベラリズム等、普遍的とされる価値観に基づいてこの法案を擁護するのではなく、同性愛者の「良き」市民としての側面を強調する語りも見受けられる。シヌイのアムノン・ルビンシュタインは、モルデハイ・ヴィルショヴスキに続き法案の重要性を強調する際に、一九八八年に撤廃されたソドミー法に触れながら、「彼らは、民主的・文化的な社会の合意された秩序を傷つけることなく、つまり老年者或いは未成年に対する不適切な影響と圧力を与えることなく、自らのやり方でこの性的指向を実現したい(だけなの)のである」と述べている [Ibid.: 795]。ルビンシュタインの語りの中では、民主的な社会への脅威ではなく、一般的な市民と変わらない「良き」市民としての同性愛者らの側面が強調されている。

この「良き」市民としての側面をさらに強調したのが、修正案の提出者の一人に名を連ねていた、リクードのルーベン・リヴリンである。

議長、生活の糧を稼ぐという人間の権利とは、何にも譲れない権利であります。この意味においても、イスラエル国建国直後に、最高裁判所が、バルマン裁判で司法長官に向けて「生活の糧を稼ぐ権利は、仮令それが明文化されていなくても人間に与えられた基本的な権利である」と述べたことと同様です。我々には、良い市民と悪い市民がおり、我々には有益な市民もいれば、寄生的な市民もいます。法を守る者もいれば、法を破る者もいます。しかし、他人に押し付けるのでない限り、彼らのしていることや、求め享受する指向を基に、我々が［権利を］剝奪することのできる人々はおりません。我々は、その性行為についても、保護者ではありません。もしある人が自らの尊厳を認めるよう求めるのならば、彼の尊厳は認められるのです。もし彼の友人が同じ要望を彼のために頼むならば、彼らの望むことができるのです。彼らの心の指向を原因にした［権利の］剝奪は、［同性愛行為と］同様のこと全てが闇の中で行われるという結果しかもたらさないと私は述べなければなりません。このことは、［同性愛でない］人々が同じ指向に傾き、享受しはじめ［同性愛者にな］るようなお墨付きを与える、もしくは［そのような］文化を創り出すということではありません。ここで話されているのは、人間が生まれ持ち、内にある間に発達させた指向についてです。どんな社会的制約も彼らを止めることができないでしょう。そしても し彼らが望む通り行動することを求めるならば、他人に強制するのでない限り、民主的な社会や啓蒙された国家において、我々は、彼らの望む全てのことを可能にする他ないのです。そのため、我々には、他の人と同じように法を守る市民に、他と変わらない有益な市民に向かって、どの職場であれ、どの指向であってもそれが原因で差別されるよう求めるいかなる権利も有していないのです。［*Ibid.*: 796］

リヴリンは、他の議員とは異なり、同性愛に対する嫌悪感を隠さない。しかしリヴリンは、仮に同性愛がリヴリン自身にとって受け入れられないものであったとしても、他人に危害を加える者でない限りは、「民主的な社会」或いは「啓蒙された国家」の中では差別されてはならないと主張する。(3) 注目すべきは、リヴリンのこの発言の中では、同性愛者らが、異性愛者と変わらない「有益な市民」と描かれていることである。特に、本修正案が「生活の糧を稼ぐ」という最も基本的な権利に関わる事柄のため、リヴリンは「寄生的な市民」との対比を強調している。ここでは、この「寄生的な市民」に対置するものとして、国家や社会にとって「有益な市民」の一部に同性愛者らが位置付けられている。

リヴリンのこの発言は、国家や社会にとって有益かどうかという点を権利擁護の理由付けにしている点で、普遍的な人権概念から同性愛者の権利を擁護しようとする他の議員らとは異なっている。ここでは、普遍的に賦与される権利の主体としてより、むしろ国家に望ましい主体としての同性愛者らの側面が強調されている。

この修正案は、ユダヤ教超正統派政党の議員からの反対によって審議が騒然としたものの、最終的に無事に成立した。しかしその法案が成立した翌年一九九三年にも再び、これに関連する話題が取り上げられることとなる。それが二つ目に分析する、イスラエル国防軍における性的指向に基づく差別禁止規定をめぐる論争である。

一九九二年の労働機会平等法の修正案は、イスラエル国防軍も例に漏れずその対象にしている。この修正案を受け、一九九三年にイスラエル国防軍は、軍の規定を変え、同性愛者の除隊規定を撤廃した。しかし、同年七月にイスラエル国防軍内部の組織であるナハル(4)に所属する兵士であったヨスィ・ミカイトンが、軍の制服のまま性的少数者の権利に関連するテル・アヴィヴのイベントに参加し、メディアの取材を受けたことが事件を引き起こす。ミカイトンの写ったメディアの写真が流布すると、それを理由に、ナハルはミカイトンを除籍処分とする決定を下した。これに対して、イスラエルのゲイ・コミュニティや活動家らは大きく反発した。さらにこの一件は、当時クネセト議員であったヤエル・ダヤンが同じく当時国防相兼首相であったイツハク・ラビンに向けて公開質問状を送るという事態にまで発展した。

ここでは、この一連の出来事における、『マガイーム（Maga'im）』[5]の論調を取り上げたい。マガイームは、一九八七年に創刊されたゲイ・バイ男性をターゲットとした月刊誌で、本格的な商業誌としてはイスラエルで初めてのものであった。マガイームは、海外の事情や政治、文化等男性の同性愛に関わる幅広いトピックやコラムと魅力的な男性モデルの写真等で構成されている。また、巻末には「ルアフ・マガイーム（luah maga'im）」と名付けられた読者の個人情報欄が載せられている。これは、雑誌を通じて読者同士が繋がるよう設計された機能で、SNSやインターネットが発達する以前のゲイ・コミュニティでは、孤立しがちな当事者らの出会いと繋がりを支援する重要な機能を担っていた[6]。この個人情報欄は、例えば同時期の一九八〇年代後半から発行されていた雑誌である『クラフ』にはないものであり、政治に関心を持たず、出会いを目的として講読する層にもマガイームの読者層が広がっていたことがここから推測できる。

マガイームは、一九九三年のイスラエル国防軍の従軍規定の変更を、いくつかの巻に亘り詳細に報じている。一九九三年五月の四七号では、イスラエル国防軍の参謀総長が、従軍する同性愛者が差別されることのないよう命じる決定を下したことを報じている。この決定は、先述のヤエル・ダヤンが議長を務める委員会での質疑の結果、イツハク・ラビン首相（当時）がイスラエル国防軍の従軍規定における差別禁止を要請したことに由来する。さらにこの従軍規定の変更を請願したのが、ハ＝アグダであった［'Ari'el 1993a: 11］。

同年七月の四九号でマガイーム編集部は一〇人のクネセト議員に対しこのイスラエル国防軍の規定の変更についての見解を求めるインタビュー記事を掲載している。インタビューを受けたクネセト議員は共産主義系左派のハダシュから、ユダヤ教超正統派のトーラー・ユダヤまで、イスラエル政治の様々な立場の政党に所属していたが、半数以上の六人がインタビューにまともに応じない、もしくは否定的意見を述べていた［'Ari'el 1993b: 8］。興味深いのはこの頁の見開きのもう片方の頁には、そのような意見を一蹴するかのように、「真のシオニスト」という題の特集記事が掲載されている点である。この特集記事では、アラブ人のオープンリー・ゲイの男性がイスラエル国防軍に志願した同国初の事例について報じられている［*Ibid.*: 9］。この特集記事は前頁のインタビュー記事と直接的な関係があるわけではないが、反対意見の多いイスラエル国防軍への同性愛者の従軍に対する懸念を払拭する効果があるように読める。そこには、同性愛者であっても、アラブ人であっても国家に自身を捧げ、国家に貢献する「良き」市民は、「真のシオニスト」であるとのメッセージが込められていたと考えられる。

マガイームはこれより後の号でも、一九九三年にイスラエル国防軍が差別禁止を定めたにも拘らず、兵士らから不満や差別の報告が相次いでおり、イスラエル国防軍が平等に向けて軍のあり方を真剣に顧みているのかを問いただす記事を載せている［'Ari'el 1993c: 9］。一九九三年に軍規を変えたにも拘らず相変わらず同性愛嫌悪的な組織体制なのではないかとの疑いの目がイスラエル国防軍に対して向けられている中で起きたのが、ヨスィ・ミカイトンのナハルからの除籍処分の事件である。この事件について、マガイームは、同年一一月の五三号で、ヤエル・ダヤンに宛てたイツハク・ラビンの応答に対し、解説を載せている。イツハク・ラビンは、応答文でミカイトンの除籍理由を、軍の許可なくメディアの取材を受けたことによる軍規違反だとイスラエル国防軍を正当化しているが、この記事では、ラビンのこの正当化は理に適っておらず、さらにミカイトンを「通常とは異なる」個人的・医療的要素を含むと表現している点で同性愛者に対して差別的であると指摘されている［'Ari'el 1993d: 10–11］。

さらに、マガイームは、この件に関し、ヨスィの従軍の正当性を補強するために、一二月の五四号でヨスィの母ダフナへの単独インタビュー記事を載せている［'Ari'el 1993e: 10–11］。このインタビューのタイトルは、「誇り高き母親」と題されている。このタイトルには二つの意味が込められている。一つはセクシュアリティに関する誇りすなわち、プライドの表明である。性的少数者の権利運動では、しばしばプライドという言葉がセクシュアリティを肯定するために用いられてきた。そのため、ここでもセクシュアリティに対するプライドの意味が込められているものであると推測ができる。そして二つ目に、イスラエル人としての誇りである。従軍し、国家に仕えるイスラエル人、すなわち「良き国民」である息子を擁護するというメッセージと読めるのである。

インタビューの冒頭で、彼女は、「全面的にヨスィを支持しています。ヨスィは、勇気があり、理想主義的で、信じたもののために最後まで戦う人物だと思います」[*Ibid.*: 10] と述べる。ここでダフナは、息子のヨスィの人物像を、「勇気のある」や「理想主義的である」さらには「最後まで戦う」と描写することによって、軍務に何ら支障がないだけでなく、むしろ軍にとって望ましい人材である点を強調する。さらに、ナハルから除隊されたヨスィが軍隊で現在何をしているかを問われたダフナは、ヨスィの軍人としての才能が無碍にされていると主張する。曰く、「どこかの倉庫で、物を移動させる仕事をしています。これは本当にひどい仕打ちです。こんなに潜在能力のある青年が、運送屋のように働いている」[*Ibid.*: 10]。ダフナはさらに、「ヨスィは自分がゲイだと口にするのを憚らなかったことでナハルを首になりました。軍の機密を暴露したとかそういうことではありません」[*Ibid.*: 10] と続け、息子に降りかかった不当な軍の処遇を強調している。

このインタビューでダフナは、「軍の機密を暴露」する兵士と対置する形で、自らの息子がイスラエル国防軍にとって望ましい兵士であることを強調している。さらに、ナハルでの従軍が叶わないことが、単にヨスィにとって不利益であるだけでなく、有能な人材を生かせないという点でイスラエル国防軍にとっても損失であると主張している点も見逃せない。ダフナの語りの中で一貫しているのは、同性愛者であることが国家にとって有害でないだけでなく、むしろ国家や軍隊にとって何ら支障がなく、他の兵士らと変わらず国家にとって有益であるという論理である。

マガイームは、一九九四年五月の五八号でもさらにこの件の取材を続け、除隊したヨスィ・ミカイトン本人へインタビューを行っている。「良き青年」と題されたこのインタビューでは、「もしヨスィ・ミカイトンを二単語で定義しなければならないなら、私は『良き青年』と言うだろう、そしてこれは一般的な含意［皮肉］を込めているのではない、つまりヨスィ・ミカイトンは本当にいい青年なのだ。それ以外にも、彼は無垢でもあり、夢見がちであり、お世話焼きで、衝動的で、敏感で、そして聡明である。言い換えるなら、誰もが結婚したがるような人間である、ナハルの司令官メナヘム・ズトルスキ准将以外は」［'Ari'el 1994 : 8-9］。ここでも、明示的ではないものの、ミカイトンがイスラエル国防軍にとって理想的な兵士であったということをシニカルに強調している。このように、イスラエル国防軍の同性愛者嫌悪に関する一連の議論は、同性愛者がイスラエル国防軍に貢献する良き兵士であることが一貫して強調されていることが分かる。

一九九〇年代の性的少数者の権利運動では、現在の性的少数者の権利運動に比べ、アナーキスト的で反主流化路線を採る活動も活発であったことを複数の活動家がインタビューで証言している。例えば、一九九〇年代から性的少数者の権利運動に携わってきた、活動家のハイームは、インタビューでこのように答える。

おそらく、一九九〇年代までは、ゲイであることやレズビアンであること、同性愛の活動家であることそれ自体、アンダーグラウンドで、常識や主流に抗い、そして当然ながら左翼的な立場を取り、そして反覇権的な思想で溢れたものと見做されていました。そこから、突然より主流化しはじめました。［SOGIに関わる］主な団体が非常に主流化［を指向］しました。そして、ゲイ革命が、(7)――名前を忘れましたが、後にクネセト議員になった――カミングアウトする軍の将校によって特徴付けられるようになりました。（中略）ウズィ・エヴェンですね。ウズィ・エヴェンがその象徴的な人物だったと考える人もいます。（中略）彼がカミングアウトする前は、彼は軍隊の核に関するプロジェクトか何かの一員で、彼はステレオタイプ的なゲイには見えず、なかなか［社会の］主流をゆく人でした。(8)［Haim 2022］

ハイームは、一九九〇年代までの運動が軍事主義や男性中心主義と距離を取り、フェミニズムやパレスチナといった問題との交差性をより重視していたと述べている。これは、一九九〇年代初頭のイスラエルにおける性的少数者の権利運動にフェミニズムの影響が大きかったことにも表れている。イスラエルで初めてのコミュニティ・ペーパーを発行していたのは、クラフ（Qehilah Lesbit Feministit＝「レズビアン・フェミニスト共同体」の略）と呼ばれるフェミニストの団体であった。さらに、一九九〇年代同性愛の問題を積極的にクネセトで取り上げた先述のヤエル・ダヤンはメレツから当選し、フェミニストを自称する人物であった。一九九〇年代にハ＝アグダを中心にした活動家らの主流化路線に対する反発は徐々に強まり、二〇〇一年には「ブラック・ラウンドリー」が結成されることとなった。この団体は二〇〇一年から二〇〇三年の間に活発に活動を行っており、アナーキストを自称し、SOGIに基づく差別だけでなく、家父長制の解体、パレスチナ人の人権の尊重を標榜し、明確な形で交差性を重視するイスラエルで初めての「クィア系」団体であった。このブラック・ラウンドリーは、例えばハ＝アグダの活動の目の前で抗議行動を行い、テル・アヴィヴ・プライドの行進を意図的に止め、「占領にプライドなし」のスローガンを掲揚する等、直接的に対決する姿勢を表していたことも、重要である［Ziv 2010］。

この活動に参加したハイームは、ブラック・ラウンドリーの活動をこのように形容する。

ブラック・ラウンドリーは、アナーキスト的でした。正面からものを言い、異なる問題との相互作用を重視し、洗練され、創造力豊かで、視覚的・音楽的な影響を受け、文化の影響を多大に受け、そのほとんどはレズビアンによって行われていました。それはコミュニティの主流の問題だけでなく、経済の問題とも［関わっていました］。私が覚えているのは、［ブラック・ラウンドリーの］活動の後期にテル・アヴィヴで、ヒッピーのように、経済的に豊かすぎる人々に対する大きなデモンストレーション［に参加したことです］。（中略）私が覚えているのは、テル・アヴィヴのプライドで、プライドのテーマは家族とか子供とかそのようなものだったと思いますが、我々ブラック・ラウンドリーは、そこで小さな兵士のぬいぐるみを作って肩に乗せ——肩だったかあまり覚えていませんが——、抑圧的な制度について批判的に話しました。イーギーに対するデモンストレーションもありました。イーギーの活動の一つに、徴兵の前に軍隊に行くというイベントがありました。我々はイーギーの前で、「ハグをする航空券」を配り、デモンストレーションをしました。［Haim 2022］

このように、一九九〇年代から二〇〇〇年代初頭にかけては、現在の主流化路線だけではない、複数の性的少数者の権利運動の手法を採る動きが活発であった。しかし、一方で、ゲイやレズビアンを、異性愛者と変わらない存在と位置付け、「良い国民」と描く傾向は、とりわけ法的な権利を獲得してゆく一九九〇年代の過程では顕著に表れていた［Gros 2000; Kama 2000］。一九九〇年代に運動に携わり、ブラック・ラウンドリーにも参加した活動家であったヨタムは、一九九三年のミカイトンの件について話す際に、このように述べている。

［ミカイトンの件では、軍は自らがいかにLGBTフレンドリーかの宣伝にそれを利用しなかったが］実際これは、今日ホモナショナリズム等と言われているものの始まりでした。その時実際同時に二つのことが起きていました。［カップルの］どちらかの、或いは両方の子供を承認することについての社会的・法的なレズビアンの闘争、それとイスラエル占領軍[9]における同性愛者の平等への闘争です。個人的な考えではそれは偶然ではありませんでした。

両者は一九九〇年代の初めに起こったわけで、その時起きたことは、女性は兵士を妊娠し産むことができること、そして男性は兵士になるべきだということ［価値観の現れ］です。それは、LGコミュニティ――当時ゲイ・レズビアンと呼ばれていましたので、LGBTですらなくLGに限って――を正常化することの始まりでした。それが我々を生産的な国民の一員へ正常化する移行の始まりだったと思います。女性が子供を産み、子供が兵士になるべきという［価値観を持った］生産的な国民の一員として振る舞うことが、我々に割り当てられた任務でした。［Yotam 2022］

一九九〇年代の運動の中心的役割を担った団体であったハ＝アグダで活発に活動を行っていたアミットはこのように述べる。

私は仕事や活動、著作において、とてもリベラルですがクィアではありません。［運動の］成果のほとんどは、――いや、ほとんどではなく全てと言いましょう――リベラルによってなされたのであって、急進的なクィアによってなされたのではありません。（中略）いつも小さなクィアの集団がいました――自分のことをクィアとは呼んではいなかったですが――、ゲイの新聞の中にも、［一九九三年に同性愛者が軍に就けることになったことについて］憤慨している記事がありました。「我々は軍隊には反対だ、だからその一部になりたくなどない、ウズィ・エヴェンがしたことは間違っている。我々はこの変化の一部でありたくなどない」と憤慨している小さな集団がいつもいました。(10) 常にではありませんが、一九九〇年代にはたしかにいたのです。でも我々は依然としてイスラエル国防軍、軍隊を所有しており、この状況を変えられない。今やゲイのパイロットがいます。(11) どうすればよいというのでしょうか、急進派の人たち。軍隊を廃止すると言いますがイスラエルでは軍隊を廃止できないでしょう。もしかしたら一〇〇年後なら平和が訪れているかもしれませんが、ね、分かりません。そう、そういう小さな集団は常にいました。[Amit 2022]

さらに、筆者が、この方針を戦略的に取っていたのかについて尋ねると、アミットは、この主流化路線を振り返ってこの方針を擁護している。

全くそうです。ある時私に憤慨している新聞記事がありました。私が同性愛者らを、テープを付けて「かわいらしく装飾をして」売りだしている、と。私はこの比喩を聞いてとても嬉しかったし、いつも物を書く時はその比喩を使うのですが、ほとんど、いいえ全ての活動家は、過去も現在も同性愛者ら、現在はＬＧＢＴＱたちを、テープを付けて自らを受け入れてもらうために売り出しています。もちろんクィアの人たちは、社会への統合というこの考えには反対ですよね。しかし、歴史上の全ての我々の闘いは統合だったのですよ。確か二〇年前のある時、私が本の一章を書いた時、私は「誇りをもって主流へパレードする」と名付けました、これが総じてＬＧＢＴコミュニティが望んでいたことです。主流の一部になること、つまり、軍に行き、子供を養子に取り、結婚し、他の人と変わらないようになることとです。[*Ibid.*]

このアミットのイスラエル社会における既存の制度への変更を求めることなく主流化を目指す方針は、一九九〇年代に一貫して取られていた。グロスによれば、一九九四年にヨナタン・ダニロビッツが国営航空会社であるエル・アルを同性カップルの権利の侵害について訴えを起こした際も、[12]異性愛者と変わらないカップルとしての権利獲得の方針が踏襲されていた [Gross 2001]。

「良き」市民として同性愛者を描くこの一九九〇年代の傾向は、ジェンダー化されてもいた。ミカイトンの件に顕著なように、男性同性愛者の場合、軍隊に就き、兵士となることがイスラエル社会において重要である一方、女性同性愛者に関しては、とりわけ母親になること、子供を育てることが重要視された(13)。

この傾向は、クネセトの「女性の地位の向上とジェンダー平等に向けた委員会」におけるレズビアンの権利擁護に関する議論で顕著に表れている。この委員会は、イスラエルが国連の女性差別撤廃条約を第一二回クネセトで批准したことから、クネセトに常設の委員会として設立された。この初代委員長に就任した労働党所属のヤエル・ダヤンは、クネセトで初めて同性愛の問題を取り扱った議員として知られている。

この委員会で初めて同性愛の問題が主要な議題として取り上げられたのは、一九九三年の六月二八日であった。この日は、「国際プライドの日」(14)として知られており、委員会での議論はこれを記念したものであった。しかし、以降しばらくの間同性愛の問題が主要な議題として取り上げられることはなかったが、一九九六年に再び同性愛の問題が議題に上ることとなる。

一九九六年の一月三一日に行われた委員会では、「母親になること、妊娠、出産・健康サービス、中絶を選択する母親、不妊、養子縁組、同性の母親であることとカップルであること、レズビアニズム(母親であること)」と題された主題が議論された。ここでの議論を引き継ぎ、同年の七月二二日には、「カップルであること及び母親であることのレズビアンの権利」と「ゲイ-レズビアン文化」が議論された[Protoqol Yeshivah 4 1996]。この委員会には、ハ=アグダや先述のオツマ、それからレズビアン・フェミニスト団体を名乗るクラフからいくつかの代表者が招聘され、それぞれの経験から発言を行った。

ここでは、女性固有の問題として子を持つことに関する問題が取り上げられ、母親になることが重要課題であると委員会に出席した人々には共有されていた。特に、この委員会での議論を通して同性愛者とりわけレズビアンが母になることが人権と位置付けられ、子を持つうえでレズビアンをはじめとした同性愛者が困難に直面することが強調されていることが確認できる。この委員会の議論では、直接的に子供を産むことによって国家への貢献を述べる者はいなかったものの、母親としてのレズビアンの権利を擁護することが重要な政策課題として語られていることが確認できる。

イスラエルは出産奨励主義的な社会として知られている［Peritz and Baras 1992；Friedlander and Feldmann 1993；Portugese 1998；Remennick 2000］。レムニックによれば、イスラエル社会のユダヤ人の中では、ユダヤ教伝統の独特な立場、アラブ人口との人口学的競争、軍事衝突による子供の喪失への不安から、出生率は比較的高く維持されてきた［Remennick 2000：822］。上で挙げた一九九〇年代の重要な社会的変化に関する議論の事例から分かるように、イスラエルにおける一九九〇年代のSOGIをめぐる政治では、イスラエルの出産奨励主義に沿うように主張が展開され、ここでは国家の生殖に参与する「良き」市民或いは「良き」兵士としての側面が強調されていた。アマリア・ズィヴが既に述べているように、一九九〇年代のSOGIをめぐる政治では、イスラエル国防軍における同性愛者が異性愛者と変わらず国家に奉仕できること、同性カップルが親になること、とりわけ女性の場合は母親になることの三点にコミュニティの関心が中心化されていたのである［Ziv 2010：539］。すでにグロスが指摘しているように、イスラエルにおける一九九〇年代以降の運動は既存の社会経済秩序を脅かさない範囲におけるホモノーマティヴなものであり［Gross 2013；Gross 2015］、この点に関してイスラエルの事例は米国や他の国とも大きく変わらない。しかし、イスラエルでは、一九九〇年代のLGBTコミュニティの中心的課題は、経済の促進や消費を通じてというよりは、より直接的に「良き」市民として国家に奉仕できる存在と見做されるかどうかであったのである。

3　ネタニヤフ政権とホモナショナリズムの擡頭

二〇〇九年八月一日、テル・アヴィヴのハ＝アグダの下部組織である「バル・ノアル（Bar No'ar）」[15]の事務所に向け、何者かによって銃が乱射される事件が起きた。この銃撃事件では、二人が死亡、少なくとも一五人が負傷する大惨事となった。この事件は国内の大手メディアでも報道され、性的少数者のコミュニティだけでなく、イスラエル社会に大きな衝撃を持って受け止められた。この事件は、単に犯罪行為への非難だけでなく、犯行の動機が果たして同性愛嫌悪に基づくものだったのかという問いや、被害者の実名使用を伴う報道のあり方[16]、コミュニティによるデモンストレーション、さらに政治家のこの事件への意見表明等、様々な影響を引き起こした。特に、この事件の影響は普段ＳＯＧＩをめぐる政治に関心を示さない政治家らもこの事件に言及するほどであった[17]。

当時教育相であったギドオン・サアルは、この件が若者に対する殺人事件であったことから、この犯罪を非難する声明を出している。サアルは「指導者らや公人らは、自由な社会としてのイスラエルのイメージと将来を守ることに参与しなければならず」、「そのためには、性的指向に基づく差別と暴力から個人を守らなければならない」と発言している［Gross 2015: 113］。

さらに当時首相であったビンヤミン・ネタニヤフは、事件のあったハ＝アグダの事務所を、教育相（当時）であるギドオン・サアルと治安相（当時）のイツハク・アハロノヴィッチ等の大臣を連れて事件の五日後に公式に訪れた。イーギーの代表であり、テル・アヴィヴ市議会議員であるヤニヴ・ヴァイツマンと面会したネタニヤフは、この事件に寄せて以下のような発言をしている。曰く、「若者のクラブに入り、複数の殺人を犯すということは、テロ攻撃の兆候を有しています」、さらに「我々は皆神の姿に形に生まれました。我々は皆基本的権利を有しており、そしてその第一のもの［権利］とは、尊敬を持って他者に扱われ、そして同じ尊敬を他者に与えることです」［Bender 2009］。このようにネタニヤフは自らの基本姿勢をはっきりと述べたうえで、「イスラエル社会では寛容に向けた進歩があったが、寛容をさらに前に進めることができる」とし、「これはゲイ・レズビアン・コミュニティに対する攻撃であるだけではなく、イスラエルの若者とイスラエルの社会に対する攻撃なのである」と社会の連帯を訴えた［*Ibid.*］。ネタニヤフはその語りの中で、イスラエル社会が寛容に向けて進歩してきたことを確認し、尊重されるべき民主主義的な価値観を強調する。さらにネタニヤフの発言に特徴的なのは、この一連の事件をはっきりとLGBTコミュニティに対する憎悪犯罪と位置付け、さらに「テロ攻撃」であると見做していることである(18)。

さらに、当時の大統領であるシモン・ペレスは、事件直後のデモンストレーションに出席し、演説を行った。ペレスはネタニヤフの発言に呼応するように、「今週の初めに起き、ゲイ・コミュニティを直撃した銃撃(19)は、我々皆を直撃しました。民族として。ユダヤ人として。イスラエル人として。ニル・カッツとリズ・トゥルベシに向けられた銃は、あなたたち全員にも、我々全員にも、つまりあなたにも、私にも向けられたのです。我々のうちに銃を持った人間がいてはいけないのです」と述べる。さらに演説ではこう続けられる。曰く、「性的指向による人間の差別はあってはなりません。全ての市民は平等な権利を持った市民です。全ての人間は生まれながらにして平等であり、全ての市民は、あるがままでいる自由があります。異なり、誇りを持っていることへの許可は当然与えられるべきものです。法と秩序を守っている限り、他人の生を妨害するいかなる権限も我々は持ち合わせていません。その権限を行使するのは、独裁体制における専制君主だけなのです」［Somfalvi 2009］。

このペレスの演説では、ネタニヤフの発言と同様に、イスラエルが平等や民主主義といった価値観に基づくという原則が確認される。しかし、ペレスはさらに、この事件の憎悪をユダヤ人の民族に対する暴力と重ね合わせている点で特徴的である。ここではっきりと、民主主義と独裁体制という二項対立が重ね合わせられ、独裁体制がイスラエル社会に対する敵と見做されている。

エヤル・グロスは、この二〇〇九年の事件とそれに関連する一連の政治家の発言がイスラエルにおけるホモナショナリズムの出発点であったと述べている［Gros 2013：110］。確かに、ここまで見てきたように右派政治家らの一連の発言からは、以下の二つの点で、ホモナショナリズムの特徴が読み取れる。

一　同性愛者の権利は、民主主義的という価値観の下、擁護されるべきものであり、宗教的憎悪は専制と独裁というイスラエル国家にとって相容れない価値観である。

二　同性愛者らは国家に包摂されるべき市民であり、市民に対する攻撃はしたがってテロ攻撃と見做される。

グロスの言うように、二〇〇九年のこの事件は、国家規模で同性愛者の権利が対テロ戦争の文脈に位置付けられるようになる契機であった。さらに、これと並行するように二〇一〇年以降、イスラエルが中東で唯一同性愛者に寛容な国であると位置付ける語りが顕著に表れてくる。二〇一二年、世界的なプライド月間の最中である六月一一日に、イスラエル国防軍は、ハマースに対する宣伝工作やイスラエル国防軍兵士の日常の様子を写した多数の写真が掲載されている自身のフェイスブックのアカウントに一枚の写真を公開した［Israel Defense Forces 2012a］。

イスラエル国防軍の制服を着た男性二人が手を繋いでいる様子を写したこの写真には、「イスラエル国防軍が全てのイスラエル兵士らを平等に扱っていることをご存知でしたか？」という一文が添えられている。その他にも二〇一五年には、イスラエル国防軍はフェイスブックで、ＨＩＶ陽性者が他の隊員と同等に軍務に就けること、子供を持つ同性カップルが子育てをしやすい環境作り、女性のみによって構成された部隊の編成、トランスジェンダーを公言した隊員の処遇等、性的少数者に関連する取り組みの成果を強調している［Israel Defense Forces 2015c］。

写真７　イスラエル国防軍のフェイスブックに載せられた写真

（註）　写真の中央に手を繋いだ男性二人を映している。二人ともイスラエル国防軍の制服を着ており、右側の男性は銃を背負っている。
（出典）［Israel Defense Forces 2012a］

LGBTフレンドリーなイスラエル国防軍というイメージによって仄めかされる国家の先進性は、例えばイスラエルの右派市民団体によって、パレスチナにおける人権抑圧を強調し非難する際に用いられている［Elia 2012］。反ユダヤ主義と闘い、親イスラエルを標榜する右派団体で、主に英語圏で活動を行うBlueStarによるポスターはこの典型的な例である［BlueStar n.d.］。

ポスターには、「中東のどこで、ゲイの士官が国に仕えることができる？　イスラエルだけだ」と大きな文字で描かれている。さらに「民主主義においては、指導的地位や政治的役職は、人種や宗教、性的指向に拘らず全ての市民に開かれている。イスラエルの独立宣言は、全ての市民に対し、信条・良心・言語・教育・文化の自由と、聖地への平等なアクセスを保障している」という説明文の後に、「民主主義を支持しよう、イスラエルを支持

写真８　イスラエル国防軍による SOGI に関する広報宣伝

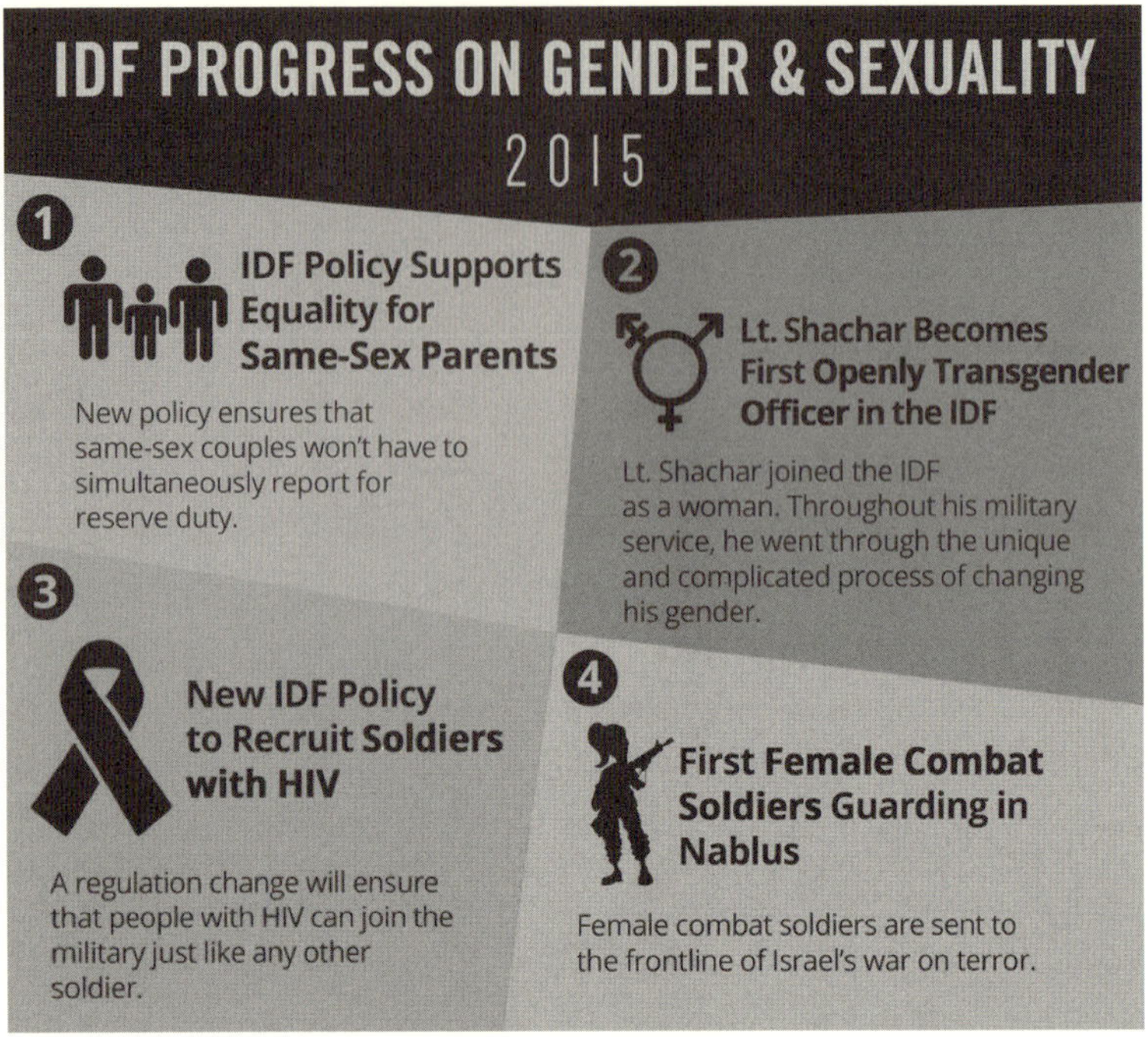

（註）　2015 年に行われた SOGI に関連するイスラエル国防軍内の改革をアピールしている。それぞれ、①子供を持つ同性カップルの権利、②トランスジェンダーの性別移行、③ HIV／AIDS に関する新方針、④女性戦闘部隊の結成についてである。

（出典）　［Israel Defense Forces 2015c］

しよう」と、イスラエル支持を呼びかける文言が続いている。ここではイスラエルが中東において唯一のゲイ・フレンドリーな国であり、民主主義国であるという点で際立っていることを強調していることが確認できる。他にも、フランクによれば、世界の反ユダヤ主義と闘うことを掲げる米国の親イスラエル団体であるStandWithUsもまた、この典型的な論理を用いており、二〇〇〇年代初頭から既に中東で唯一のゲイ・フレンドリーな国という修辞が形成されつつあった［Franke 2012: 14］。

二〇〇九年のネタニヤフ政権発足以降、このホモナショナリズム的論理をはっきりと表明してきた政治家が首相（当時）であるビンヤミン・ネタニヤフと、リクード所属のオー

写真９　イスラエルと近隣諸国との対比事例（その１）

（註）親イスラエル団体によって作成された広報宣伝ポスター。イスラエルが中東で唯一ゲイ・フレンドリーな軍隊を持っていることを強調している。
（出典）［Bluestar n.d.］

プンリー・ゲイのクネセト議員であるアミル・オハナの二人である。ネタニヤフは、二〇〇九年の国連の演説で、イランの核開発の脅威について、以下のように発言している。

このイランの体制は、何世紀にも亘る休眠期間を経て三〇年程前から世界に突如現れた極端な原理主義によって突き動かされています。過去三〇年間、この狂信性は、際限のない殺人的暴力と、その被害者に誰を選ぶかにおいて冷徹なまでの見境のなさを伴って一世を風靡しました。それは冷淡にもムスリムやキリスト教徒、ユダヤ人やヒンドゥー教徒、そして他にも多くの人々を殺してきました。それ

写真10　イスラエルと近隣諸国との対比事例（その2）

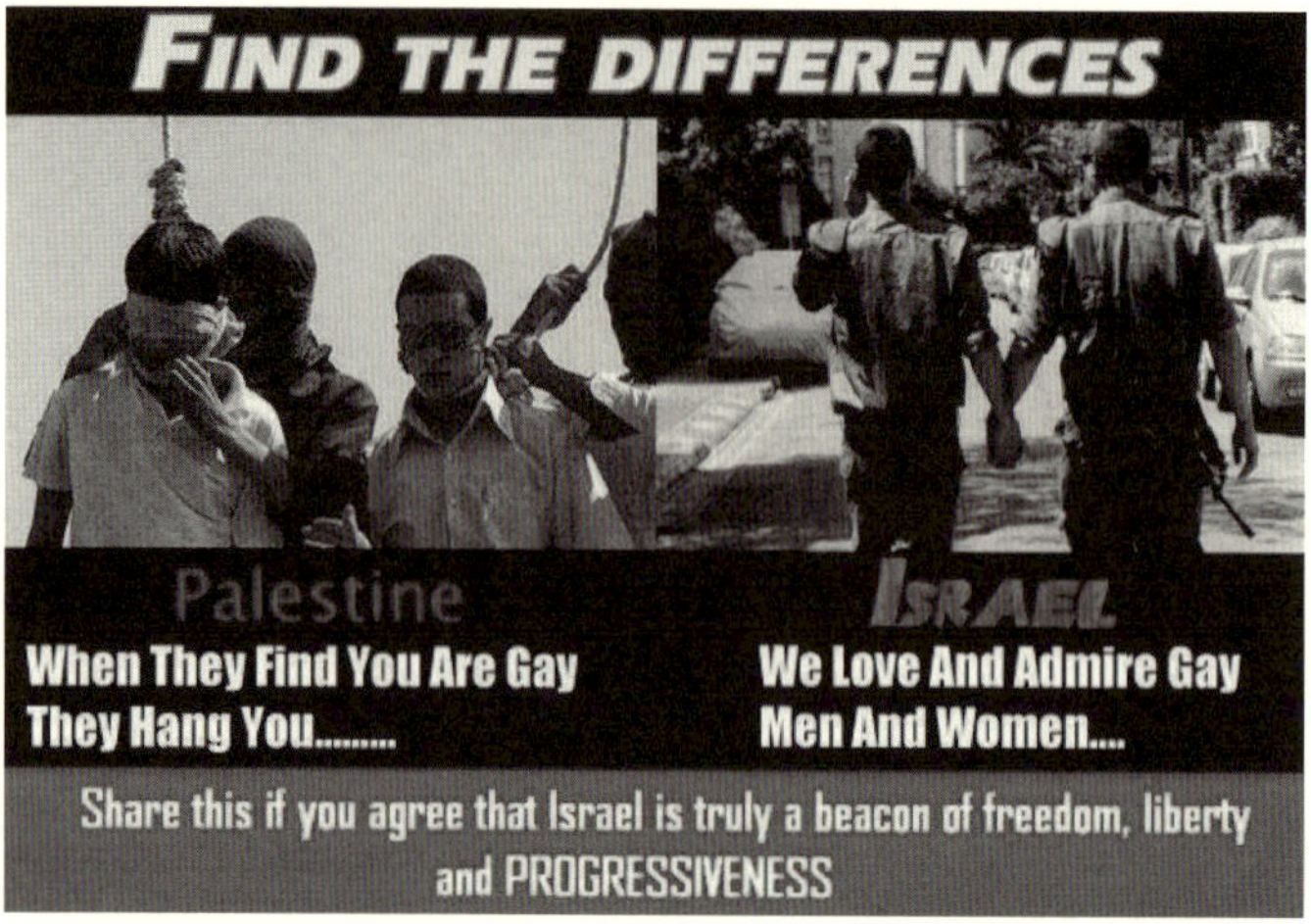

（註）　親イスラエル団体によって作成されたポスター。イスラエルの性的少数者に対する寛容さを、パレスチナ社会の同性愛嫌悪と対比させて描いている。なお、左側の写真はパレスチナでのものですらなく、正確にはイランで行われた公開処刑の写真である。

（出典）［A Paper Bird 2014］

「その狂信性」は異なる多様な派閥から構成されているけれども、「原理主義に共通する」この容赦のない信念は、人類を中世の時代に戻そうとしています。彼らは、それができうる場所ならどこでも、後進的な統制社会を押し付けており、そこでは女性や少数派、同性愛者ら、或いは真の信者と見做されない人は誰でも、ひどく虐げられています［Prime Minister's Office 2009］。

このように、二〇〇九年の時点でネタニヤフは同性愛者や女性への抑圧を、イランの宗教的狂信性と後進性に結び付けて非難している。

さらにネタニヤフは二〇一六年に米国フロリダ州のオーランドで起きた、同性愛者らが多く集まるバーを狙った銃乱射事件[20]に際して以下のメッセージを送っている。

オーランドでは、ナイトクラブにテロリストが入り込み、五〇人近くを殺害しています。息子たち娘たち、兄弟姉妹らは冷酷にも殺されました。彼ら彼女らは何ら悪いことをしたのではありません。彼ら彼女らは友人らと踊り、愛する者と共に音楽を楽しんでいたのです。どうしてテロリストは彼ら彼女らを殺したのでしょうか。それは彼が狂信的なまでの憎悪に突き動かされていたからです。彼は彼ら彼女らが邪悪であるという信念からＬＧＢＴコミュニティを標的にしました。もはや、その殺人犯は独りではなかったのです。世界中の政府とテロ組織は無情にもＬＧＢＴコミュニティを迫害しています。シリアではＩＳＩＳが屋根の上から同性愛者らを突き落としています。イランでは政府が重機で同性愛者らをつるし上げにしています。あまりにも多くの人々がこのひどい迫害を前に沈黙を保っています。今週の射殺事件はＬＧＢＴコミュニティに対する攻撃であるだけではありません。それは我々全員に対する攻撃であり、自由と多様性、選択という我々に共通する価値観への攻撃なのです。（中略）性的指向、人種、民族に拘わらず全ての人間が尊敬と尊厳に値するという信念の下、我々は団結し、毅然としていなければなりません。［McCormick 2016］

銃乱射事件の二日後に自身のフェイスブックに英語で発されたこの短い声明は、事件に対する糾弾とＬＧＢＴコミュニティの団結を意図したものである。ここでは、二〇〇九年の発言と同様、この事件を憎悪犯罪ではなく「テロリズム」と表現している。さらにこの声明は、この事件を偶発的な個別の事例として哀悼を表明するのではなく、イランやシリアといった他の様々な場所で起こる同性愛者に対する中東の国・地域による刑罰ないし差別的扱いを引き合いに出しながら、この事件がその延長線上にあるものと見做している。ここでは、ＬＧＢＴコミュニティに対する憎悪犯罪の原因を、イランやシリアといった「政府」や「テロ組織」の狂信性、すなわち宗教及び信念の相容れなさに帰している。ここでは、「信念」や「価値観」といった表現から、直接的な言及はないものの、イスラエルの民主主義や先進性と対置する形での宗教・社会・国家体制への批判が読み取れる。

ネタニヤフはさらにこの年、エルサレム・プライドの開催にあたり以下のような声明を英語で出している。

今日はエルサレムのゲイ・プライドの日です。このパレードをめぐっては議論がありました。そのため私は私の見解を共有したいと思います。誰かを愛することが命の恐怖やテロを意味することがあっては絶対になりません。あまりに長きに亘り、世界中のＬＧＢＴコミュニティは暴力と脅しに直面してきました。数週間前、ＬＧＢＴコミュニティの多くの人が狂信的な思想を持ったテロリストによってオーランドで射殺されました。我々は皆ＩＳＩＳが同性愛者らを屋根から突き落としている恐ろしい映像を見てきました。そしてイラン体制が公共の広場でクレーンから彼らを吊るし上げるのを。このことは狂気以外の何物でもありません。我々を取り囲んでいるのはゲイであることで文字通り人を殺す体制です。イスラエルではＬＧＢＴコミュニティは誇りをもって闊歩しています。全ての人が平等に創造されているというのが私の固い信念です。この平等の原則は去年一六歳のシラ・バンキ(21)がパレードで歩いた理由でもあり、何千もの人が今日歩く理由でもあります。シラは憎悪にまみれた過激主義者によって殺害されました。そしてこの憎悪はイスラエル社会のどこにもあってはなりません。我々はいつでもこれと闘います。残念ながら我々の社会のいくつかの集団は未だにＬＧＢＴコミュニティを受け入れる準備ができていません。私は全てのイスラエル市民に対する尊厳を育むことを今日固く約束します。闊歩するのが今日であろうとなかろうと、私はＬＧＢＴコミュニティの我々の同胞と団結することを求めます。我々は憎悪に受容を押し流させません。尊厳・尊敬・受容。これらこそが勝利する価値観なのです。［IsraeliPM 2016］

このネタニヤフの演説には、ＬＧＢＴコミュニティへの支持とそれと対置されるテロリストの狂信性という要素の他に、進歩史観的な時間性が見受けられる。声明の中では、前年の二〇一五年に刺殺事件が起きたことを念頭に、これらの人々は「まだ」受容の準備ができていない人々であるとし、尊厳・尊重・受容という価値観によっていずれその人々の考えが変わることが約束される。プアは、このような進歩史観によって国内の同性愛嫌悪的な出来事を例外と見做す考え方もホモナショナリズムの特徴であるとしている［Puar 2006：68-69］。ここでは、第1章で論じたようにテル・アヴィヴ市がある種の先進的な都市として紹介される一方で、エルサレムで起きる同性愛嫌悪的な出来事を、進歩史観に則りながら「一部の人々」の例外と見做すようなプアの分析に典型的な語りが見受けられる。

さらに、二〇一八年に行われた国連総会でのネタニヤフの演説では、より明確にイスラエルの民主主義と先進性が強調されている。ネタニヤフは、演説の中で、イランによる核開発に対する非難と敵意の表明に多くの時間を割いているが、その演説の中で、同性愛者や女性の権利にも言及する。「女性が、しばしば所有物と見做され、少数派が迫害され、同性愛者らが絞首刑にされている中東において、イスラエルは、自由と進歩の輝かしい模範として、際立っています。皆さん、私は私の国、イスラエルを代表していることに、これ以上ない誇りを感じています」［The Times of Israel 2018］。ネタニヤフの発言は、中東においてイスラエルが自由や進歩を尊重する唯一の国であることを強調している。

国際的なオーディエンスに向けた積極的な性的少数者の権利の擁護の姿勢とは裏腹に、国内政治では、ネタニヤフのこの権利擁護の姿勢はトーンダウンしている。特に二〇〇九年の連立政権発足以降は、連立内閣内にユダヤ教超正統派政党や宗教シオニズムの流れを汲む政党を抱えており、ネタニヤフが性的少数者の権利擁護に向けた国内法の整備等を積極的に進めることはなかった。この国内外での乖離は、国内の性的少数者の活動家から「現在の政府と首相は、国外ではイスラエルで同性愛者が享受する自由を英語で自慢する一方で、家に帰った時にそのことをヘブライ語で宣うことはない」と批判されている［The Times of Israel 2016］。例えば先述のエルサレム・プライドの際のネタニヤフの声明も、国内のイベントの開催にも拘らず現代ヘブライ語ではなく英語で行われている。このことを鑑みれば、言語の選択によってネタニヤフがどの層に向けて発信したいのかを使い分けていることが分かる。

二〇一八年の代理母出産に関する法改正では、ネタニヤフの性的少数者に対する権利擁護の姿勢に対しさらなる疑義が突き付けられることになった。ネタニヤフはこの法改正において、当初の予想を裏切りゲイ男性の代理母出産を含めない改正案に賛成票を投じた。このことは、この法改正に反対するテル・アヴィヴ市での大規模なデモンストレーションに発展した。その際も、ネタニヤフの賛成票は性的少数者の権利を侵害する裏切り的な行為だとの批判に対してネタニヤフは、自身の原則的な姿勢を崩さず、「世界で最も開かれ、自由な民主主義の国家の一つである」イスラエルは、「人種や宗教、ジェンダー、性的指向に拘わらず全ての市民に市民の平等と市民の権利を一貫して支持する」と述べている［Peled 2018］。ネタニヤフの語りでは、国際的なオーディエンスやイスラエルで多数派を占め、自身の支持基盤でもある比較的世俗的なイスラエル人に向けてはこの自らのリベラルな立ち位置を主張しつつ、実際の施策においては極めて「守り」の姿勢を取っているのである(22)。

もう一人、イスラエルにおけるホモナショナリズムを非常に上手く体現した政治家が、アミル・オハナである。オハナは、リクードに所属し、同性愛者であることを公言しているクネセト議員である。オハナはイスラエル国防軍出身であり、テロリズムに対する強硬な発言で知られてもいる。イスラエルでは、二〇一五年のアミル・オハナの当選以前にも当事者議員が三人登場しているが、この三人とオハナの異なる点は、自らが政治的に右派に位置することを公言することを憚らない点である。

オハナは二〇一五年の初当選直後のクネセト演説で、このように述べる。

議長、ありがとうございます。大臣の皆さん、クネセト議員の皆さん、そして言い遅れて申し訳ありません、何よりもイスラエル市民の方々、私、モロッコから国家建設のために帰還したエステルとメイル・オハナの息子はここにいます。親愛なる、私の大切なアロンと共にここにいます。小さなエラとダヴィドの父としてここにいます。エラの谷でゴリアテに勝ったダヴィド[23]のように、全ての予想に反してここにいます。私の人となり全てと共にここにいます。私が選択してきたもの、選択してこなかったもの、どちらにも誇りを持っています。ユダヤ人であり、イスラエル人であり、ミズラヒであり、ゲイであり、リクード党員であるような私を。今日は親愛なる首相、私を大切にしていただきありがとうございます。

防衛を重んじる者であり、リベラルであり、自由経済を支持する人間である私を。どれが優先されるか。全てが重要です。「ユダヤ人を殺せ[24]」と叫びユダヤ人を迫害する者がいる時、私は何よりもまずユダヤ人です。撃ち殺し、ボイコットし、標的にし、追放する者がいる時、私は入植者です。その文化を曖昧にしようとし、過小評価し、無視する者がいる時、私はミズラヒです。イスラエル国防軍を悪くいう者がいる時、私は兵士です。地区全体が以前と変わってしまい、お年寄りの女性が孤独と恐怖におびえて余生を暮らさなければならない時、私は南テル・アヴィヴの住人です[25]。人間の外見がその人を憎み、地区や雇用から遠ざける正当な理由になる時、私は畏れることのないユダヤ教超正統派[26]です。家族と共に生きたまま幼児を焼き殺す者がいる時[27]、「アラビア語を用いて」私はあなたたちと共にいます。そして愛と寛容の行進で若い女性を刺し殺す者がいる時、私はゲイです。私は、その日が来るのをただ願うのではなく、立ち上がって引き寄せるゲイです。我々が背負うレズビアン、ゲイ、トランス、バイの旗が、単色なのではなく、多色でＬＧＢＴコミュニティにフレンドリーな虹の色の旗であるということを理解するゲイです。

単一にして唯一の、太古であり更新を続ける、小さくそして特別なイスラエル国は、他に類を見ない奇跡です。二〇〇〇年を経て、建設し、自らをたくましくし、生きるために――再び全ての予想を裏切り――生まれ繁栄した場所である起源に帰還した民なのです。[Divrei Ha-Kneṣet 2015: 49-51]

オハナは、パートナーや二人の子供を議会に連れ、ゲイであるというアイデンティティを就任直後から表明する。その一方で、アラブ人への敵意をはっきりと表しており、アラブ人を揶揄するような表現を用いていたことから、早速アラブ系議員からのヤジや反発を引き起こした。

オハナは当選後早速リクードにおける性的少数者の権利の擁護を推進するための団体「Ga'ayah Ba-Likud（直訳でリクードの中の誇り、以下通称であるリクード・プライドを用いる）」を立ち上げた。二〇一六年のLGBTの権利の日とされる日にクネセトの委員会の場で、性的少数者（とりわけ同性愛者）の置かれた状況の改善を求め、オハナは以下のような見解を示している。「彼ら彼女ら（イスラエル人の同性愛者ら）は自分の国では結婚も、（代理出産を通じて）子供を産むことも、パートナーが亡くなった場合パートナーの相続人になることもできない。そしてそれは彼ら彼女らが国家に敵対的だったり、軍務に就かなかったり税を払わないことが理由なのではない。彼ら彼女らがゲイかレズビアンであるからだ」[Harkov 2016]。

ここでオハナの論理に着目したい。オハナは、具体的な国家に対する脅威とゲイ・レズビアンを対置している。オハナの語りの中では、もはや同性愛者は、国家を脅かす存在或いは国家から排除された存在ではなく、むしろ国家に包摂されるべき「良き」市民であるという意思表明がなされている。この場合、「軍務に就かない」という言葉によって、兵役義務のないイスラエル・アラブやパレスチナ人が強く意識されており、性的少数者の包摂の言説は明確に対テロ戦争の文脈に位置付けられている。

オハナは、当選後、ネタニヤフの側近の一人として政治的地位を固めてゆく。中でもオハナは、国民国家法(28)を成立させるための委員会の委員長に就任し、国民国家法の制定を進めるべく議論を主導した。この時オハナはインタビューでこのように述べている。

オハナ　ユダヤ・サマリア[29]を祖国イスラエルから切り離すのは不可能です。もし私が人生で一度もそこに行ったことがないでしょう、返してあげなさい、そうすればもう平和になるでしょう、という人がいるとしましょう。では、そもそももしあなたがキリヤット・ガット[30]に行ったこともないとして、キリヤット・ガットを返すのですか？　二つ目に、ここにどんな平和があると言うのですか？　六七年以前[31]のような？　いつもテロには理由があります。磁気センサーを設置したら、ハラミーシュ[32]でテロがありました。磁気センサーの前には何がありましたか？　占領云々と続きます。文化的殺人性[33]のようなものがここにはあるとは言わないだけです。

質問者　文化的殺人性とは？

オハナ　直近五〇年の世界の殺人行為と虐殺行為の責任は誰にあるでしょうか。ムスリムたちです。一〇〇％ではありませんが、確かに九〇％以上の圧倒的多数がそうです。ここには文化的殺人性があるのです。人種主義的に聞こえる恐れから我々はそれを言うのを憚っているのです。それぞれの文化を文化的に特徴付けるものがあります、良いですか？　我々がここで見ているその文化的特徴の一部は、裏切り者を殺す必要がある、というような家族の名誉やジハード戦争等です。ではそのようなものから目を逸らさなければならないのか？　「いいえ、それが我々です」と言うのですか？　仮にイスラエルが世界から撤退したとしても、中東では戦争が起こるでしょう、お互いを殺し合うでしょう。アラブ人らは国家の［独立］宣言を受け入れませんでした。その最初の瞬間から、戦争をしてその［国家の］復活を転覆しようとしましたし[34]、現在もそうしようとし続けています。今日でも、親愛なるアーイダ・トマ・スレイマン[35]——ハニン・ゾアビではないですね——はこう言いました。「私はパレスチナ人国家の設立について戦いますが、パレスチナ人国家ができた後でもイスラエル国が全ての市民のための国家になるように戦います」。これが、なぜ国民国家法が必要なのかというあなたの問いへの答えです。
[Hekht 2017]

オハナの論理では、イスラームには、名誉殺人やジハードといった「文化的殺人性」があり、その「文化的殺人性」によって引き起こされるテロ行為から国家を守るため、国民国家法の制定が必要となる。

さらに、このインタビューの続きでオハナは自らのゲイであるアイデンティティと右派であるというアイデンティティについてこのように語っている。

質問者　右派のゲイとして、何があなたを特徴づけますか。
オハナ　ゲイであることは、私が誰であるかの全体性において一定の要素を構成しますが、それは支配的な要素ではありません。八〇%ではなく二〇%です。
質問者　右派の中には我々が知っている、或いは考えているよりも多くのLGBTの人たちがいるのですか。
オハナ　はい。本当に問うべきは、一体どれだけ多くのゲイたちが、パーソナリティにおいてゲイであることを支配的な要素であると見做すかです。こういう人々［ゲイであることを支配的な要素であると見做す人］は、自らを右派と思わないのでしょう。[*Ibid.*]

オハナの論理はこうである。現状大多数のゲイの人々の政治的考えは、自らの性的アイデンティティ(36)に影響されすぎており、それ故に、平等や解放を志向する左派を自認するようになる。そして、オハナのように自らの性的アイデンティティが自らのアイデンティティのうちの支配的な要素ではないと考える人がゲイの右派になり得るのである。この直後に、オハナは「右派であること」と、「ゲイであること」が決して矛盾するものでないということを強調する。

質問者　右派のゲイたちに向けられた心理学的説明(37)を知っていますか？

オハナ　はい、被虐待女性症候群等ですよね(38)。そんなことよりも、左派よりも右派のゲイたちの方が多くなるだろうということの方が重要です。なぜなら、左派は既に出来上がっていますが、右派はもっとやるべき仕事があるからです。私の考えでは、左派のゲイたちよりも右派の中にいるゲイたちの方が自分のことを愛していると思います。なぜなら彼らにとって［右派の人々の］考え方を変えるのが重要だからです。さらに、貴重な人権を持ち、LGBTの権利について話さない人間が、「はい、二二番目のアラブ国家［パレスチナ人による国家のことを指している］の設立は、LGBTのパレスチナ人に対する答えになるでしょう、なぜならもちろん二二番目のアラブ国家は二一の他の国家とは劇的に異なるからです」などと言えるのか、私には分かりません。でたらめです。いかに偽善的で、誤りだらけか。目を覚まして鏡を見てみなさい。[*Ibid.*]

オハナは、ここで、当時イスラエルの左派のゲイらの間でまことしやかに語られた前提について語っている。この前提とは、「右派であること」と「ゲイであること」が本来矛盾するものであり、その矛盾に気づかない「右派のゲイ」には、何かしらの心理的な問題があるはずだ、というものである。オハナはそういった「心理学的説明」が語られていることを承知しつつも、それを一蹴するのである。そして、「右派であること」と「ゲイであること」は矛盾するどころか、むしろ親和的であると強調する。その文脈で出てくるのがパレスチナにおける同性愛嫌悪である。オハナの論理の中では、「パレスチナのLGBT」は、他のアラブ諸国と同様文化的殺人性のあるパレスチナ国家が樹立されることによって、その権利が脅かされることとなる。よって、パレスチナ国家を認めない「右派であること」は、同性愛者にとっても良いことであり、矛盾するものではないという論理構造になっている。オハナの語りは、同性愛者らが人権を唯一享受することのできる国家としてのイスラエルと、同性愛者が迫害されるパレスチナという二項対立を用いながら、テロとの戦いの文脈の中にSOGIをめぐる政治を位置付けようとする点で、典型的なホモナショナリズム的言説であると言える。

4　おわりに

本章ではまず、労働機会平等法にまつわる議論、それからイスラエル国防軍における同性愛者の処遇にまつわる議論、レズビアンの生殖に関わる議論という、一九九〇年代において重要と見做されてきた事例を用いながら、これらの議論ではいずれも同性愛者が国家に有益な「良き」市民と描かれていることを確認した。その後、二〇〇九年のバル・ノアルでの銃乱射事件をきっかけに性的少数者らの人権が対テロ戦争に明確に位置付けられるようになった。特に二〇一〇年代以降積極的にSOGIの問題に発言した右派政治家ビンヤミン・ネタニヤフやアミル・オハナらは、この言説を上手く体現している。これらの政治家らの発言は、パレスチナやその背後のイスラーム社会の性的少数者、とりわけ同性愛者に対する抑圧と対置する形でイスラエルを中東で唯一の民主主義的でリベラルな国家と位置付け、対テロ戦争に対する強硬的な政策を正当化するという点で、ホモナショナリズムの枠組に上手く当てはまる。

しかし、本章で確認できたように、対テロ戦争という明確な形ではなかったとはいえ、性的少数者の権利運動が開花し可視化してゆくその初期に当たる一九九〇年代に既に、同性愛者らが国家に有益な「良き」市民、すなわち国家に仕えるシオニストとしての側面が強調されていた。そのため二〇〇九年以降の対テロ戦争における同性愛者らの権利を用いたナショナリズムをホモナショナリズムだけを以て説明することはできないだろう。なぜなら兵役に就く、或いは経済や生殖に参加するといった「良き」市民としての同性愛者らの権利の獲得過程は、既存の制度に対する変更を要求することなく、むしろそれに積極的に参入してゆくという点で暗黙裡にナショナリズムを前提としているからである。つまり、イスラエルにおける二〇〇九年以降の対テロ戦争への同性愛者らの権利の利用は、突飛なものでも、偶発的なものでもない。それは、むしろ性的少数者の権利運動が活発化した一九九〇年代から連綿と続くナショナリズムとの繋がりを土台に完成した「再配備」と呼ぶに相応しいだろう。

註

(1) 原文では、「homoseqsu'alim」の語が用いられているが、現代ヘブライ語でこの語は男性形で用いられることで、しばしば男性の同性愛者を示す。そのため、ここでは元々の語感に近い「同性愛者」よりも、直後の「レズビアン」の語との対比を重視し、「ゲイ」の訳語を当てた。

(2) 興味深いことに、この時、労働党のシェヴァハ・ワイスは、「その振る舞いが理由でナチズムが徹底的に反対した全ての集団に私は隠すことなく彼らとその振る舞いに賛成の意を表します」、さらに続けて「同性愛者らは銃口を向けられた最初の人々であった」[Divrei Ha-Kneșet 1991: 796] と述べ、法案に反対するユダヤ教超正統派コミュニティを支持層とする宗教政党を説得するため、同性愛者の権利を擁護する文脈でナチズムに言及していた。イスラエルでSOGIに基づく差別の解消を訴える際に、ユダヤ人の集合的記憶が参照されることに関しては、続く第3章で詳述したい。

(3) アロン・ハレルは、このリヴリンの発言に顕著なように、一九九〇年代のいくつかの重要な法制度の改変が成功した背景には、同性愛の積極的な受容というよりは、むしろ民主主義や個人の自由を尊重する国家としての義務という観点からの正当化があったと主張している［Harel 2000］。

(4) ナハル（Naha"l）は、イスラエル国防軍の部隊の一つで、入植地・農業開拓を行うことを主な軍務とし、社会福祉活動等も行う。

(5) 直訳で「接触」となる。

(6) 例えば、日本のゲイ・バイ男性向け雑誌でも同様の個人情報欄があり、繋がりたいと思う読者を見つけた場合は、編集部に連絡をすることによってその個人の連絡先を入手することができるという構造になっていた。

(7) ハイームのように、一九九〇年代のイスラエルにおける一連の法的・社会的な変化をゲイ革命と呼ぶ人も多い。

(8) ウズィ・エヴェンは元々物理学者であり、軍の核に関する部門に所属する研究者であった。

(9) ヨタムはイスラエル国防軍に対して批判的なため、このような表現を用いている。

(10) ウズィ・エヴェンは一九九〇年代の活動に携わっていた人物で、一九九三年の軍の同性愛者の従軍禁止規則改訂の立役者の一人となった。二〇〇二年にオープンリー・ゲイとして初めてクネセト議員となった人物でもある。

(11) アミットは、このインタビューの前の部分で、二人のゲイのパイロットのカップルに声をかけられ、彼らが、アミットらが一九九〇年代に行った活動の歴史すらも知らずに権利を享受していることを、驚きと羨望、それから半ば怒りを交えながら語っている。

(12) ダニロビッツは、エル・アルで働く従業員であったが、従業員の異性パートナーに与えられる無料の航空券が、自身の同性パートナーに与えられないのは、上述の一九九二年成立の改正案の職場における性的指向に基づく差別禁止に反するとして、エル・アルを訴え、勝訴した。この判決を契機に、イスラエルでは同性カップルの事実婚の次元での権利が認められると見做されるようになった。

(13) この点に関し、ヤエル・ベン＝ツヴィは、一九九八年に既にレズビアンのシオニストとしての側面が強調されてゆく様子を、トランス女性のクィア性と対置しながら論じている［Ben-Zvi 1998］。さらに、女性であることに関して、アナト・ハーブストとオルリ・ベンジャミンは、一九九〇年代のシングル・マザーに関するフェミニズムの活動手法を取り上げ、女性が母親になることでシオニズムに貢献できることを強調していったことを明らかにしている［Herbst and Benjamin 2012］。他にもイスラエルのジェンダー研究の多くが、イスラエルのフェミニズム運動はシオニズムの影響を強く受けてきたことを指摘している［Halperin-Kaddari and Yagdar 2010］。

(14) 六月二八日は、「世界初の同性愛者らの反乱」として知られる一九六九年のストーンウォール事件が米国のニュー・ヨークで起きた日付である。この事件を追悼したデモ行進が翌年から行われるようになったが、これがプライド・イベントの起源となった。

(15) バル・ノアルは、「バル」とあるようにクラブを模したイベントを主催し、主に性的少数者の若者の繋がり創出支援を行う組織で、当日もイベントを行っていた。

(16) 被害者の実名報道が被害者のＳＯＧＩのアウティングやプライバシーの侵害に繋がってしまう等の批判が起きた［Bernhaimer 2009］。アウティングについては、用語解説「アウティング」を参照されたい。

(17) クネセト議員として発言した者の中には、メレツからニツァン・ホロヴィッツ、ザハヴァ・ガル＝オンや、ハダシュのドヴ・ヘニン、労働党からシェリ・ヤヒモヴィッチ、ツィピ・リヴニがいた他、この件を非難するデモンストレーションでは、前クネセト議員のヤエル・ダヤンが演説を行った。さらに首相（当時）であるビンヤミン・ネタニヤフ、大統領（当時）であるシモン・ペレスもこの件を非難する発言を行った。本文にもあるように、リクードからは教育相のギドオン・サアルと、文化スポーツ相のリモール・リヴナットがこの件について発言した。［The Jerusalem Post 2009; Gross 2015: 112-113］

(18) さらに、ネタニヤフは単に思い付きで発言したのではなく、イーギーの代表でネタニヤフの面会に応じたヤニヴ・ヴァイツマンの側がこの事件を「テロ攻撃」と表現することを請願していた。ヴァイツマンは、ネタニヤフが「テロ攻撃」とはっきり言明したことに満足している［The Jerusalem Post 2009］。

(19) この事件で亡くなった二人の被害者の名前。

(20) 二〇一六年に起きたこの銃乱射事件は五〇人近い死者を出し、米国で起きる銃犯罪としては近年稀にみる被害の大きさとなった。

(21) 二〇一五年にエルサレム・プライドの刺殺事件で亡くなった参加者の名前。

(22) グロスは、ネタニヤフの語りに見られるように自らを宗教派と異なりリベラル派の一員と積極的に位置付けるような政治を「インナー・ピンクウォッシング」と呼んでいる。グロスは対外的なピンクウォッシングと違い、イスラエル国内の世俗派の人々に向けて、進歩的でリベラルな印象を与えるような効果のことをこの言葉に込めている［Gros 2013: 113］。

(23) 旧約聖書に登場する、イスラエル王国を建設したダヴィデ王のこと。

(24) アラビア語の定冠詞「アル」を用いて、ユダヤ人を迫害しているのはアラブ人であると仄めかしている。

(25) 南テル・アヴィヴは近年治安の悪化が著しい地区として知られている。オハナは南テル・アヴィヴに住んでいる。

(26) 現代ヘブライ語のユダヤ教超正統派は、直訳で「畏れる者」であり、ここでオハナはそれをかけている。

(27) 二〇一五年に起きたエルサレム・プライドでの刺殺事件のことを指している。

(28) 国民国家法は、イスラエルの憲法に当たる基本法の一部で、二〇一八年に成立した。この修正案では、国歌や国旗等の基本的な情報が明文化された他、「イスラエルはユダヤ民族の国民国家である」という文言や、入植を推進する文言が追加され、同時にアラビア語が国語から公用語に格下げされた。この法案は、パレスチナ人やイスラエル・アラブからはもちろん、ドゥルーズ等の少数派からの強い反発を呼び、大きな議論を引き起こした。

(29) ユダヤ・サマリア（Yehudah ṿe-Shomron）とは、一九六七年の第三次中東戦争の際、ヨルダン領であった部分をイスラエル国防軍が占領した地域から、東エルサレムを除いた行政区画の呼称。ヨルダン川西岸地区を指すものとして、現代ヘブライ語メディアで頻繁に用いられる。

(30) イスラエル南部の都市。ガザ地区とエルサレムのちょうど真ん中に位置する。

(31) ヨルダン川西岸地区の占領が始まった一九六七年のことを指している。

(32) 二〇一七年にイスラエル当局がエルサレム旧市街の神殿の丘の入り口に武器の有無を調べる磁気センサーの設置を決めたが、エルサレム旧市街の現状の変更及び占領の一層の強化であるとして東エルサレムに住むパレスチナ人から大きな反発を呼んだ一連の事件を指している。

(33) ラーマッラー北部にあるヨルダン川西岸地区内イスラエル人入植地のこと。

(34) アーイダ・トマ・スレイマン（ʻĀida Tūmā Sulaymān）は、統一リスト（当時）所属のアラブ系のクネセト議員。

(35) ハニン・ゾアビ（Ḥanīn Zuʻabī）は、統一リスト（当時）所属のアラブ系のクネセト議員。

(36) 性的アイデンティティについては、用語解説「性的アイデンティティ」を参照されたい。

(37) 一般的に性的少数者らは平等や解放を標榜する点で左派と親和的と見られているにも拘らず、オハナ等右派を自称する人々が存在感を増しつつあることについて、いかにこの「自己矛盾」と向き合い整合性を取っているかを説明しようとした心理学的説明がイスラエルで話題になった出来事を指している。オハナはここで、こうしたことが話題になっていることは承知しつつも、「ゲイであること」と「右派であること」は決して矛盾しないと強調する。

(38) 右派を自称するゲイ男性に対する心理学的理由付けの一つが「非虐待女性症候群」とされていた。つまり、ゲイの人々が右派に抑圧されすぎたが故に、もはや何が正しいことか分からなくなってしまい、抑圧の根本である右派を支持してしまうのだという説明である。オハナはそのようなまことしやかに語られる「心理学的説明」に批判的に言及している。

第3章　シオニズムにおけるクィア性の系譜

1 はじめに

第2章では、新自由主義経済に好ましい形で称揚されてきたゲイ・フレンドリーさが、今度はナショナリズムに用いられる様を確認してきた。二〇〇九年以降のこのナショナリズムの高まりは、対テロ戦争と、パレスチナ社会の同性愛嫌悪という対比を鮮明にした点で新しいものである。しかし、第2章で確認された通り、イスラエルでは、性的少数者の権利運動が本格化する一九九〇年代に、既にその萌芽が見られる。特に、法や既存の制度による包摂を求める際には、同性愛者らが望ましい国民であること、イスラエル社会の一員である面が強調されてきた。イスラエルでは、二〇〇九年以降見られるようなホモナショナリズム的二項対立とは異なるものの、国家に包摂されるべき同性愛者のシオニストとしての側面を強調する形で同性愛者の主体が可視化され、その過程には、パレスチナ人主体がその他者・影として常に存在してきた。そのため、それまではナショナリズムと無関係だった左派運動が二〇〇九年以降ナショナリズムに回収されたという解釈には、問題がある。この理解ではイスラエルにおける今日のホモナショナリズム的言説の登場が、二〇〇九年に突如現れた現象ではなく、運動の初期から続くシオニストとしての包摂という運動の特徴と繫がっていることが見逃されてしまうからである。つまり、イスラエルの今日のホモナショナリズム的言説の登場は、少なくとも一九九〇年代から連綿と続く「望ましい国民」としてのゲイ・レズビアンという主体の立ち上げから地続きの現象であり、その意味では「再配備」であって、脈絡もなく突如として現れたものではない。

それでは、このイスラエルのホモナショナリズム的な現在の様相の「起源」はどこに見いだせるのだろうか。第2章までの考察が正しければ、ホモナショナリズム的な現在の状況を分析するには、シオニズムの系譜においてSOGIをめぐる政治がどのような意味を持つかを考察する必要性がある。本章では、一八世紀に現れた異性愛/同性愛という二つの主体が、いかにシオニズムにおける理想的な国民像に影響を与えてきたかを確認し、今日のSOGIをめぐる政治においてユダヤ性とクィア性がいかに表れているのかを論じる。この考察を基に、第I部の締めくくりとして、第1章や第2章での議論を踏まえながら、プアのホモナショナリズム論とイスラエルのナショナリズムの合流について再考したい。

本章で取り上げるのは、テル・アヴィヴのLGBTセンターにあるピンク・トライアングルである。[(1)] この事例を取り上げる理由は、それが性的少数者の権利運動に関わる事例であるというだけでなく、ジェンダーやセクシュアリティという枠を超え、イスラエルの文化政治にも関わる言説を含んでいるという点で、文化的に顕著な事例でもあるからである。筆者は、これらの分析を通じ、ホモナショナリズムの枠組では見逃されがちなイスラエルにおけるシオニズムの思想的文脈の存在を改めて主張する。

なお、本章で取り扱う事例は、二〇一六年八月一日に行われたテル・アヴィヴのLGBTセンターでのインタビューの際に予備的に行われた実地調査及び、二〇一八年六月一日に筆者がテル・アヴィヴ・プライドの際にテル・アヴィヴを訪問し、行った実地調査の際に得られた一次資料を基にしている。これら一次資料の分析のため、イスラエル現地紙である『ハ＝アレツ』紙をはじめとした新聞記事や、後述のリクード・プライドという団体のフェイスブックでの活動報告等、SNSやインターネット上での性的少数者の権利運動の活動団体のアーカイヴを補助的に用いている。また、これらの分析及びシオニズムとの関連性を検証するために、後述するテオドール・ヘルツルやマックス・ノルダウといった代表的なシオニストらの著作と関連テクスト、及びそれらに関する先行研究を用いている。

2 ユダヤ性と異性愛／同性愛

主体概念に基づく近代の成立は、誰・何が主体に相応しいかに関する議論を生んだ。一八世紀以降のヨーロッパでは、カントやデカルトの言うような倫理と論理によって自己を規律した自己、「主体」概念があらゆる社会構成の基本単位と見做されるようになった。その影響は啓蒙思想から近代法の形成にまで波及し、この近代主体の概念に基づき、個人の概念や権利の対象等が整理されていくようになった。さらにミシェル・フーコーによれば、近代ヨーロッパにおけるこの主体概念の形成に大きな役割を担ったのが精神医学体制であり、主体に相応しくない要素が精神的な「病理」或いは「倒錯」と悉く見做されるようになった［フーコー 1975］。

一方、フェミニズム研究は、近代主体が男性を排他的に表すものであると批判してきた。女性は生理による痛みによって論理的な思考ができないものとして、長きに亘り西洋哲学から排除されてきただけでなく、これらの偏見によって女性性が主体概念にとって邪魔なものと見做されるようになった[2]。さらに、この西洋近代主体は、女性性に限らず、障害性やクィア性といった様々な要素を排除する形で形成されることとなり、人種もそれに強く結び付けられることとなった。その結果、ヨーロッパの他者と位置付けられたユダヤ人はその近代主体にそぐわない人々と見做されるようになったのである。

サンダー・ギルマンのユダヤ人の身体に関する文化誌的研究は、このユダヤ性がいかに近代主体にそぐわない存在と見做されていたかを物語っている。ギルマンは、(とりわけ男性の)ユダヤ人はヨーロッパの表象において、あらゆる側面において「病理」と見做されていたことを明らかにしている[Gilman 1991: 2]。ユダヤ人の身体的特徴に込められた反ユダヤ主義の特徴とは以下のようなものである。

Ⅰ　ユダヤ人の声　とりわけ正統なドイツ語でないイディッシュ語(3)を話すユダヤ人は、堕落した人々であり、ヨーロッパ人の理解の範疇の外にある存在であり、ゆえにスパイのように暗躍する他者であるという論理。

Ⅱ　ユダヤ人の足　ユダヤ人の平たく、巨大すぎる足は、都市生活に慣れたユダヤ人の異常な人種的・身体的成長を表すものであり、正常な歩行に適していないため、社会制度、とりわけ軍隊といった身体の訓練を必要とする機関に相応しくない人々であるという論理。

Ⅲ　ユダヤ人の頭脳　ユダヤ人は長きに亘る精神的堕落により、真の美学的創造性に欠けるが、一方でフロイトのような少数のユダヤ人の天才らは、反対にユダヤ人の過剰な知性の発達と頭のおかしさを物語っているという論理。

Ⅳ　ユダヤ人の鼻　ユダヤ人の人種的他者として特徴的な鉤鼻は、男性器のように見え、病的なセクシュアリティを視覚的に表すものであるという論理[*Ibid.*]。

ヨーロッパにおけるユダヤ人への敵意や排除は近代に突如として始まったものではないが、ギルマンの研究は、近代主体の成立に伴い、それが単なる宗教的敵意ではなく人種及び血統の問題と見做され、身体化していったことを示している。さらに、ユダヤ人の身体が「病的」なものと見做されていたことから分かるように、ユダヤ人の身体表象は障害化されてもいたのである。

このユダヤ人の身体表象には、女性性とクィア性との交差も見受けられる。ギルマンによれば、一九世紀の終わりには、「ユダヤ人男性は去勢された男性であり、女性的である」という風に女性に特徴的なヒステリーと関連付けられていた［*Ibid.*: 63］。一九世紀後半に梅毒が流行した際には、梅毒の流行の原因がユダヤ人に帰せられ、都市の堕落した異常なセクシュアリティと外来性、売春と病という要素がユダヤ人に重ねられていた［*Ibid.*: 96-102］。

ユダヤ人はヨーロッパの他者であるだけでなく、性的な他者とも見做された。ユダヤ史研究者であるダニエル・ボヤーリンは、ヨーロッパのユダヤ人表象と女性性・クィア性の交差を指摘した最初期の人物である。ボヤーリンは、近代主体がヨーロッパで形成され、理想的な国民に相応しくないユダヤ人像が作り上げられてゆく際に、とりわけ男性性が問題とされていたことを指摘している。曰く「キリスト教ヨーロッパ（及びおそらくムスリムのアフリカ・アジアも同様）の反ユダヤ主義的な想像において、ユダヤ人男性であることは伝統的に女性的と表象されてきた」［Boyarin 1997: 11］。さらに、「［ユダヤ人］女性が外部世界と付き合う際に活発さ或いは攻撃性さえ［伝統的ユダヤ教が］醸成してきたことと同様に、男性の振る舞いに対しそのような［＝ヴィクトリア朝文化的な男性性の］規範が適用されたこと、『男らしい』振る舞いに対し伝統的ユダヤ教が拒絶したことは、当然ながら、（女性と男性の）ユダヤ人を、規範的なセクシュアリティの領域の外にあるもの、つまり、クィアで、性的に食い物にするもの、もしくは完全に非性的なものとステレオタイプ化することに繋がった」［*Ibid.*: 3］。ボヤーリンによれば、ユダヤ教における知識人重視の姿勢は、近代に立ち上がりつつあったヨーロッパの男性性にそぐわないものと扱われるようになった。ヨーロッパのユダヤ人の間では、「メンチ」(4)という言葉で代表されるように、ユダヤ教の知識を備えた知識人はひとかどの男性として、称賛されるものであった。しかし、このメンチの歴史はヨーロッパでは近代化が進み、むしろ国家に仕えるために身体を鍛えた筋骨隆々の男性が理想とされてゆく過程にはそぐわないものとされた。この両者の齟齬は、ユダヤ人が国民国家を持つに相応しくない、なよなよしていて女性的な人々だというステレオタイプの形成に次第に繋がっていった。

一方で、近代化の過程では、身体的な訓練による筋骨隆々の男性性が称揚されていくだけでなく、異性愛が生殖を通じて国家及び国民の繁栄をもたらすものとされ、異性愛／同性愛というセクシュアリティの二項対立がその人物の特徴を表すアイデンティティとして確立した。それに伴い、近代ヨーロッパにおいて同性愛はある種の精神疾患であり、同性愛者は治療の対象であるとする見方が一般化した。こうしたセクシュアリティにおける階層化が形成されてゆく中で、人種的他者でなよなよし、女性的と見做されたユダヤ人は次第に病理化されたクィアな存在と見做されるようになったのである。

3 「新しいユダヤ人」の創出と、マックス・ノルダウの「筋肉的ユダヤ人」

一九世紀末に登場したシオニズムは、ユダヤ人（男性）がなよなよして女性的であるがゆえに、身体的な訓練にそぐわない劣等人種であり、近代主体とは見做されず、国家を持った国民に相応しくないという当時のこの偏見に直面することとなる。シオニストらは、このようなユダヤ人の不名誉なレッテルにいかに対処してきたのだろうか。

このヨーロッパにおける近代主体をめぐる規範の影響を受けて登場したのが、シオニズムにおける「新しいユダヤ人」の創出である。シオニズムは単なる国家の創出運動としてではなく、ユダヤ啓蒙主義の影響を受け、ユダヤ人の身体及び精神の向上を目指す側面をも内包するものであった。[5]「新しいユダヤ人」は、その言葉通り、これまでのステレオタイプ的なユダヤ人像から脱却し、将来生まれる国家に相応しい、新しく生まれ変わったユダヤ人像を作り出す一連の動きである。歴史家であるアニタ・シャピラは、シオニズムにおける「新しいユダヤ人」の系譜を以下の通り整理している。

A. 啓蒙主義的新しいユダヤ人　アハド・ハアムら。
B. ヘルツル的新しいユダヤ人(6)　テオドール・ヘルツル、マックス・ノルダウ、ゼエヴ・ジャボティンスキら。(7)
C. ニーチェ的ヴァイタリスト的新しいユダヤ人　ミハ・ヨセフ・ベルディチェフスキら。
D. 社会主義的新しいユダヤ人　ダヴィド・ベン＝グリオン等の社会主義シオニストら。［Shapira' 1997 : 158-171］

シャピラはこのように「新しいユダヤ人」の系譜を分類したうえで、これらの新しいユダヤ人の創出の語りは、歴史認識、非ユダヤ人との関わり、倫理性と力への希求についての強弱の違いがありながらも、「世俗的で、近代的で、故郷と民を愛し、自然と親和的で、文化人であり、尊敬に値する人物で、率直で、勇敢な」ユダヤ人の創出を目指した点で共通していたと指摘している［*Ibid*. : 171］。

「新しいユダヤ人」に関する議論は、他者との関わりや精神性、宗教との関わり等身体性にとどまらず広範に亘る議論であり、シオニストらによってその要点は異なっていた。一方、この「新しいユダヤ人」の創出を目指すシオニズムの動きの中でも、とりわけ身体性について積極的に発言したシオニストに、マックス・ノルダウ（Max Simon Nordau : 1849-1923年）がいる。ノルダウは、テオドール・ヘルツル（Theodor Herzl : 1860-1904年）の側近として知られ、初期シオニズムを牽引した人物のうちの一人で、政治的シオニズムの潮流に含まれる。ノルダウは熱心なシオニストであると同時に、精神科医でもあり、また近代化を信奉する社会批評家でもあった。一九世紀の終わりであった当時ノルダウは、シオニストとしてよりは、むしろ近代化論者として名を馳せていた。例えばノルダウの主著である『頽廃』は、当時最もよく知られた著作であり、精神科医という立場から社会の病理である頽廃＝精神的な堕落を診断するというものであった［Söder 1991］。

ボールドウィンによれば、ノルダウの近代化論はこのような特徴を持っていた［Baldwin 1980：101–102］。

一　人間は理性的な生き物であり、理性や規律・制御は、進歩・進化の表れである。

二　進歩とは、意識及び知識を拡大し無意識を抑制しようとする絶え間ない努力によるものである。

三　愛、快楽、美は最も健康で最も生命力を備えた個人を創出するための人間器官の優生学的推進力にすぎない。

四　宗教や芸術は、この進歩に有益なものではない限り、有害で退歩的なものである。

ノルダウは進歩史観的見地から人間の特性を理性による抑制に求めた典型的な近代化論を展開していた。近代化論を信奉するノルダウは、シオニズムをユダヤ人の近代化を達成する手段と捉えていた。テオドール・ヘルツルがシオニズムをヨーロッパの「ユダヤ人問題」の解決策と捉えたのと同様、シオニズムを、「堕落した」ユダヤ人の解決策と捉えていたのである［Reizbaum 2003：149］。

ノルダウの発言の中で欠かせないのが、第二回世界シオニスト会議で初めて公に言及した、「筋肉的ユダヤ人（Muskeljuden）」の概念である［World Zionist Organization 1898：24］。この筋肉的ユダヤ人の考え方は、筋肉的キリスト教徒の考え方に影響を受けながら、知識に依拠した従来のユダヤ教のあり方ではなく、肉体的な訓練を通じて精神性の獲得を目指すものであった。一九〇〇年にノルダウの志の下発行されたユダヤ体育誌で、ノルダウはこの考え方を敷衍している。

二年前、バーゼル会議の委員会会議で私は「我々は再び筋肉的ユダヤ人の創造に尽力しなければならない」と言った。もう一度！　というのも、かつてそれが存在していたと歴史が証明しているのだから。長きに亘り、それはあまりにも長すぎたが、我々は肉体を殺してきた。いや、実際のところ私は不正確に表現している。ゲットーや教会の庭、中世ヨーロッパの街道にある、何十万ものユダヤ人の死体が証明しているように、他者らが首尾よく我々の肉体を殺してきたのである。我々は自ら喜んでこの美徳を放棄しただろうに。すなわち我々は、自らの体を殺されるのを許すよりは、つまり——比喩的にも文字通りにも——殺されるよりは、むしろ肉体を大切にしたことだろうに。[Officielles Organ d. jüdischen Turnvereins Bar Kochba 1900: 10]

ここで、同時期に設立されたユダヤ人の身体的な鍛錬と肉体的な健康の向上を図った組織である「ユダヤ体育クラブ」を肯定的に評価しながら、ノルダウはこのように続ける。

ベルリンのユダヤ体育クラブによって選ばれた名前のうちに、この誇り高き過去に戻るという目的の強い表現が見受けられる。「バル・コフバ」(8)は敗北を知らない英雄であった。勝利が彼を見捨てた時、彼は死に方を知っていた。バル・コフバは、戦争好きで銃を愛するユダヤ教の、世界史上の最後の体現者である。バル・コフバの呼びかけの下に身を置くことは、野心の表れである。しかし、最も高い成長を目指す体操選手には、野心とは最適なのである。

他の民族の間では、体操は我々ユダヤ人ほど重要な教育的任務を持ち合わせていない。体操によって肉体的にも、人格的にも鍛えられるはずである。それは、我々に自信を与えてくれるはずである。我々の敵は、ともかく我々が既にそれを持ちすぎていると主張する。しかし、この言いがかりがいかに誤ったものであるかは、我々が一番よく知っている。我々には、自分の力に対する冷静な信頼が全く欠けている。

この筋骨隆々の新しい筋肉的ユダヤ人たちは、競技に参加するため、そして訓練されたギリシャ人競技者、力

> 強い北欧の野蛮人と競い合うために、闘技場の中にひしめき合っていた祖先の勇猛さを未だ取り戻してはいない。しかし、道徳的には、彼ら〔新しい筋肉的ユダヤ人たち〕はあの者たち〔ユダヤ人の勇猛な祖先〕より既に高い位置にいるのだ。(9)というのも、我々の「バル・コフバ」協会の構成員が自らの種族を声高に自由に表明している一方で、怒ったラビたちの叱責からも知られているように、古代のユダヤ剣闘士は自らのユダヤ性を恥じ、外科的処置によって契約の印を隠匿しようと試みたからだ。〔*Ibid.*: 10–11〕

ジョージ・モッセの主張する通り、「マックス・ノルダウの志の下設立されたユダヤ体育誌は、精神の強靱さは身体の強靱さに依存している、すなわちユダヤ人は筋肉的強靱さに基づく精神の活発な活動を通じて得られる意志の強さに欠けているという考えを強調し」〔Mosse 1992: 569〕ている。

シオニズムにおける男性性を研究したプレスナーは、筋肉的ユダヤ人の概念には、ヨーロッパにおける進歩史観的な国民の発達と解放という側面がある一方で、そこでは、過去のユダヤ人の英雄等が参照されていることを指摘する〔Presner 2003; 2007〕。曰く、「ユダヤの歴史のシオニストの概念化は、とりわけ『身体的』及び『美的な』教育を通じた進歩的なユダヤ国民の復活を仮定した。歴史的変化のこの概念化は周期的回帰でも、単に直線的な進歩的前進でもない。むしろ（中略）過去の栄光に基づき、未来の国家のためにユダヤの英雄的伝統を——現在において——再主張する『未来への螺旋状の推力』なのである」〔Presner 2007: 93〕。バル・コフバやマサダのユダヤ人ら(10)はユダヤ教伝統ではむしろ高く評価されてこなかったにも拘らず、これらの歴史的人物は、ユダヤ人が失った男性性や強さの象徴、すなわち「英雄」としてノルダウ等のシオニストらによって再評価されるようになったのである〔Firestone 2012: 186〕。つまり、この筋肉的ユダヤ人の創出は、全く新たなユダヤ人の創出でもなければ、過去への回帰でもなく、バル・コフバやマサダのユダヤ人といった古代ユダヤの歴史のヒロイズムに基づきながら、ヨーロッパ近代主体に劣らない身体性の獲得を目指すものであった。

このように、ノルダウは、ヨーロッパにおいて当時ユダヤ人男性が、身体的な鍛錬を行っていないがために堕落しており、したがってなよなよしており、女々しいものと見られていた偏見を梃子に、筋骨隆々の「健康的で」「男らしい」ユダヤ人の創設を求めることを主張していた。但し、注意しなければならないのは、プレスナーが言うように、このノルダウの主張は当時突如として現れた突飛な考え方ではなかった[(11)]。筋肉的ユダヤ人の概念とは、「一つの言説的編成であり、それはノルダウの堕落に関する美学的考察から元々出現したものではあるが、世紀末からワイマール期の終わりまでの初期のシオニズムの身体政治を拡張し、正当化した文化的言説の広い範囲の中で残存した」[Presner 2007: 14] ものである。むしろ筋肉的ユダヤ人を称揚する考え方は、当時の反ユダヤ主義的なユダヤ人の表象を念頭に、近代化論との関わりにおいて、直接的には「筋肉的キリスト教」という先駆者に影響を受けながら、社会的に徐々に形成されていったのである［*Ibid.*］。

「新しいユダヤ人」の創出の中でも、とりわけ身体的な鍛錬を通じた理想的な身体の獲得を重視するこの考え方は、入植を重視した実践的シオニズムの系譜に受け継がれていた。アハロン・ゴルドン（Аарóн Давúд Гóрдон: 1856-1922年）は、二〇世紀初頭の第二次アリヤーを主導し、最初期の入植とその後のイスラエル社会の形成に大きな影響を与えたシオニストであった。ゴルドンは、キブツ等の社会主義的な共同体において、とりわけ農作業等の力仕事の必要性を重要視した［Firestone 2012］。ゴルドンは、一九一一年に著した著作の中でこのように述べる。

自然から完全に切り離され、二千年の間壁の中に閉じ込められていた［ユダヤの］民、自らの意志による自らのための労働の生活を除く全ての形態の生活に慣れてしまった民。このような民は、全力を出さなければ、生きた、自然な、そして労働する民に戻ることはできないだろう。我々には根本が欠けており、我々には力仕事が欠けて

> いる。必要に迫られて行う仕事ではなく、自然と有機的に結び付けられている力仕事、そしてそれによって土地に、そして土地に根付く文化に結び付いた力仕事である。他の民の人々もまた、全員が力仕事を行っているわけではなく、確かに彼らの許でも、力仕事に飽き、他の仕事をして生きる道を模索する者も多いが、しかし身体的に生きている民は、自然に活動しており、有機的な活動の一部である力仕事が有機的なやり方で行われている。生きている民はいつも彼らにとって力仕事が第二のさがであるような大多数［の人々］がいる。我々はそうではない。我々は皆が力仕事に飽きているのであり、力仕事をしている者ですらも、必要に迫られてそれをしているか、いつか力仕事から抜け出して「良き人生」を生きたいという終わりなき願望からそれをしているのである。我々は自らを騙すのをやめ、我々がこの意味で［力仕事をしてこなかった歴史的呪縛に］いかに囚われているか、個人だけでなく国民／国家の次元において我々の精神にとって力仕事がいかに異質なものになってしまったのかを目を開いて見つめるべきである。［Gordon 1951–1952: 134］

ゴルドンの問題意識は、ユダヤ人が金融業等の都市の生活に慣れすぎており、農作業を軽視してきたことにある。そのため、ゴルドンはユダヤ人自らが農作業を行うという肉体労働を重要視した。そしてその肉体労働は同時にパレスチナという土地との繋がりを含意するものでもあり、土地に根差したユダヤ人の創造を目指していたのである。

ゴルドンのこの考え方は、当時のパレスチナ入植者の間で大きな影響力を持っていた。特に「新しいユダヤ人」の創出に対する期待の中で将来を嘱望されたのが、「ツァバル（サブラ）」[12]の世代である。ツァバルは一九二〇年代にパレスチナに入植したユダヤ人「開拓者世代」の許に生まれた「パレスチナ生まれの第一世代」のことを指す言葉である。オズ・アルモグによれば、この「ツァバル」の概念は、単に「パレスチナ生まれの第一世代」という生得的条件を備えた人を機械的に指す言葉というよりは、むしろ当時の社会通念を反映した含意が込められたものである。ツァバルの概念が含意するのは、金髪で、ハンサムであり、恐れを知らず、キブツ等の共同体の中で農作業を行い、古い慣習や迷信に囚われず、主に社会主義の青年運動に参加している若者という要素である。この「新しいユダヤ人」を象徴するツァバルの世代は、一九三〇年代にはハガナ等の現在のイスラエル国防軍の前身となる軍事組織を形成するのに中核的役割を担っていた［Almog 1997：13-14］。

プアはこうしたシオニズムの男性性の議論に対し、フェミニズム・クィア理論や障害学の観点から、シオニズムにおける「回復（rehabilitation）」の比喩を新たに指摘する。「この新しいユダヤ人の身体と新しい国家は、ジェンダー化された男性的なものでもあり、退廃したディアスポラが女性的でなよなよしたものと理解されていたために、『健康で異性愛的な変形に必要な場』となった」［Puar 2017：102］と主張している。プアの主張は、シオニズムが、ユダヤ人の身体を男性的で異性愛的なものへと「回復」することを推奨・促進するという、健常身体主義的な側面を強調するものである。

4　性的少数者の権利運動におけるユダヤ性

ここまで確認してきたように、ユダヤ性とクィア性は、近代主体との階層的関係性おいて、どちらも周縁化されたものであった。シオニズムにおいては、この傷ついたユダヤ人の男性性の回復が目指される過程で、なよなよした男性としてのクィア性は克服されるべき否定的なものと見做されていることが分かった。

プアが既に指摘しているように、このシオニズムのクィア性の否定の系譜とホモナショナリズムの同性愛者の包摂は、一見矛盾するように見えて矛盾するものではない［*Ibid.*：99］。つまり、同性愛者らは国家を脅かす存在ではなく、むしろ国家に有益なものと見做される限りにおいて「例外的に」包摂されるのであって、ホモナショナリズムの

写真 11　ショアーの犠牲者モニュメント

（註）テル・アヴィヴのLGBTセンターの外に建てられたもので、ピンク・トライアングルがモチーフとなっている。
（出典）2016年8月1日、筆者撮影。

枠組では、男らしく勇敢に国家に仕える国民としての主体と、なよなよして女々しく、国家に抵抗的なクィアな人々という支配的な二項対立は温存される。イスラエルでも、第2章で確認したように、一九九〇年代以降のSOGIをめぐる政治では、同性愛者であっても「異性愛者並み」に国家に貢献できるという側面が強調されており、伝統的な二項対立を脅かすものではないことが分かる。(13)

しかしながら、シオニズムがクィア性を否定し男性性を回復する語りであったというプアのシオニズムの評価は、やや単純化しすぎていると言わざるを得ない。本節では、筆者がフィールドワークで得た二つの事例を基に、今日の性的少数者の権利運動において、クィア性とユダヤ性の重なりがいかに交差しているかの議論を再検証したい。

テル・アヴィヴのメイル公園に二〇〇八年に設立されたLGBTセンターの入り口には、附属の施設としてナチス・ドイツによる迫害で亡くなったユダヤ人と同性愛者を追悼したピンク・トライアングルの記念碑が存在する。

この記念碑は二〇一四年に設立された比較的新しいものだが、そこには、現代ヘブライ語と英語で以下のように書かれている。

ドイツでナチスが一九三三年に政権を取ると、同性愛を禁じた刑法第一七五条項[14]の適用がひどくなった。ナチスの考えによると、同性愛は「国民の健康」を害すと考えられていた。ゲシュタポには同性愛者と闘う特殊部隊があり、「同性愛と中絶との戦いのためのセンター」には、凡そ一万人の同性愛者の秘密のリストがあった。「再犯」の恐れから、同性愛者らは強制収容所へ送られ、そこでピンク色の三角形を目印につけられた。その数は凡そ一万五〇〇〇人で、その半数以上がそこで殺された。ブヘンワルドでは「同性愛からの治療」を目的とした医療実験が行われた。ラヴェンスブルクの女性強制収容所では、レズビアンであることが拘留の理由と定義された。第一七五条項で拘束されたユダヤ人の同性愛者は、ユダヤ人であるという理由の他に、追加の「犯罪」でもしばしば有罪とされた。ユダヤ人同性愛者で性行動研究者の先駆けであるマグヌス・ヒルシュフェルドは、攻撃の重要な標的であった。彼がセクシュアリティ研究のために建てた研究所はナチスの暴力集団によって破壊された。性的指向が原因で迫害にあったユダヤ人の中には、ガド・ベクやヴァルター・グトマンらの名前が知られている。[15]

ナチス・ドイツによる同性愛者迫害とピンク・トライアングルは、例えば一九九〇年代のＨＩＶ／ＡＩＤＳ危機の際に危機的状況を訴えるために用いられる等、しばしば性的少数者の権利運動の場で言及されてきており、この記念碑が唯一というわけではない。

しかし、テル・アヴィヴのこのピンク・トライアングルの記念碑の特異な点は、引用の後半部分で同性愛者であるとされたユダヤ人の犠牲者に言及されていることである。この記念碑では、ナチス・ドイツによるユダヤ人の迫害だけでなく、その同性愛者の迫害との交差性にも着目している。実際に、この記念碑が二〇一四年に建てられた際、この記念碑は、ユダヤ人と同性愛者の迫害の交差性に特化したイスラエルで初のものであるとメディアに紹介された［BBC News 2014］。この記念碑はあまり多くの説明文が付されているわけではないものの、同性愛者の迫害とユダヤ人の迫害に同時に言及しており、両者の被害者性が重ねられている。

イスラエルでは、ショアーで犠牲になった同性愛者を追悼する試みが、一九九〇年代から続けられてきた。中でもイスラエル国内で非常に大きな問題として取り上げられたのが一九九四年の「ショアーと英雄の記憶の日」をめぐる一連の事件である。一九九四年の五月三〇日、「ショアーと英雄の記憶の日」に、ハ＝アグダの活動家らは、当時イスラエルを訪れていた海外からのユダヤ人活動家らと共に、ヤド・ヴァシェムを訪れ、式典に参加、リースの献花を行った。この時、ヤド・ヴァシェム側から同性愛について触れないよう警告され、活動家らはそれに従うこととなった。ハ＝アグダ側はヤド・ヴァシェム側の要求を呑み、式典自体は何事もなく終了したにも拘らず、ハ＝アグダの団体が式典に参加したことは、イスラエル国内で大きく報道され、ショアー生存者や極右団体らによって構成された反対派等がデモンストレーションを行う事態にまで発展した［Kama and Livne 2021：119-124］。これを受け、クネセトでもショアーにおける同性愛者の追悼に関して議論が行われることとなった。クネセトでは、ヤエル・ダヤン等フェミニストを自称する議員らが、同性愛者もユダヤ人と同様に謂われなく迫害されたと両者の共通性を強調しながらハ＝アグダ側を擁護する一方で、宗教シオニズム系政党出身の議員らが同性愛者らを追悼することが不適切であるとして議論が紛糾した［Divrei Ha-Kneset 1994］。

このように、イスラエルではショアーをめぐる「国民」の追悼・記憶に、同性愛者を含めようとする継続した動き

写真12　リクード・プライドのロゴ

（註）　2018年のテル・アヴィヴ・プライドで掲げられたもの。
（出典）　2018年6月1日、筆者撮影。

が一九九〇年代からあり、その意味で二〇〇八年の記念碑の建設は、同性愛者の被害の歴史が、ユダヤ人の被害の歴史と共に追悼されるようになったという点で画期的なものであった。

リクード内組織である「リクード・プライド（Ga'ayah Ba-Likud）」のスローガンもまた、クィア性とユダヤ性の共通性を表している。イスラエルでは、性的少数者の権利に関する問題が政治的課題として取り上げられるようになって以来、いくつかの政党が、当事者議員や候補者、支持者を中心に、その政党内に個別の性的少数者の権利問題に関する活動団体を立ち上げ、その成果をアピールしてきた。その中心的なものは、左派の労働党やメレツ、右派であるリクード等の政党である。中でもリクードの中の組織である「リクード・プライド」は、二〇一一年に立ち上げられ、二〇二四年八月現在は、二〇一五年に初当選したクネセト議員のアミル・オハナがその議長を務めている。リクード・プライドは、イスラエル国内で行われているテル・アヴィヴ・プライドといったイベントにも参加し、ブースを出展している。

先述の通り、リクード・プライドは、リクードが立ち上げた性的少数者の権利擁護を求める活動団体であるが、この団体のロゴマークに書かれている現代ヘブライ語の標語「イェシュ・ラハ（或いはレハ）・バイト（yesh lakh/lekha bait）」は注目に値する。

このロゴマークは、二〇一二年から使用されており、テル・アヴィヴ・プライド等のイベントでは、そのロゴマークが書かれた旗がしばしば掲げられている。まずは、この標語の基本的な意味を確認したい。この標語は、「〜がある」という存在を意味するイェシュ（yesh）、「あなたには」という所有主を意味するラハ（或いはレハ）（lakh/lekha）、「家」を意味するバイト（bait）の三つの単語から成る簡素な文章である。しかし、一見単純に見えるこの標語におけるバイトという単語には、三つの含意が込められている。(17)

この標語がテル・アヴィヴ・プライド等で掲げられていることを考えれば、第一に、このメッセージは性的少数者に向けられたものであると考えることができるだろう。その場合、バイトという単語は、性的少数者のコミュニティが性的少数者を受容し、包摂する場という意味を持つ語として用いられていると解釈できる。その場合、この標語の意味は、「あなたには居場所がある」くらいの意味となり、孤立しやすい性的少数者をエンパワメントするものと解釈することができるだろう。その際、このバイトという単語は、それを受容する性的少数者のコミュニティの比喩として機能している。しかし、この解釈のみでは、この標語にわざわざバイトという単語が用いられている理由が説明できない。直訳でもある「居場所」の表現を用いれば良いのだが、それでもなおリクード・プライドがバイトという単語を用いることで示唆している意図はそれだけではないと考えるのが妥当だろう。そこで重要となってくるのは、二つ目、三つ目の含意を持つものとしてバイトが機能しているという点である。(18)

二つ目のバイトの含意とは、文字通り、家庭、家を意味するものである。この場合、同性愛者やトランスジェンダ

写真 13 「誇り高きイスラエルの家族」のキャンペーンの様子

（註） ハ＝アグダは複数の性的少数者の家族の写真を用いて、イスラエルの各都市に写真にあるような横断幕を複数設置する大規模キャンペーンを行った。
（出典） ［Ha-'Agudah Lema'an Ha-Lahaṭa"b Be-Yisra'el 2020］

ーであっても家庭を持てる、という意味となり、これも場合によっては性的少数者らを鼓舞するメッセージと読み取ることができる。性的少数者らが多くの場合異性愛規範的でシスジェンダリズム的な既存の家族制度から排除されていることを考えると、このメッセージは、家や婚姻制度を廃止するクィアな志向性を持っているというよりは、性的少数者でも家や婚姻制度に参入する必要性を強調するものと言える。イスラエルのSOGIをめぐる政治において、家族や家庭を称揚する言説はこのリクード・プライドの事例に特殊なわけではない。

例えば、ハ＝アグダは、二〇二〇年二月二〇日から、イスラエルの家族の日に際し、子供を持った同性カップルやトランスジェンダーのカップルの巨大広告を各地に掲げるという「誇り高きイスラエルの家族」のキャンペーンを行った［Ha-'Agudah Lema'an Ha-Lahata"b Be-Yisra'el 2020］。

このように、イスラエルでは現在も仮令同性愛者やトランスジェンダー等の非規範的な性を持つ人々であっても、家庭や家族を持てるということが社会的訴求力のあるものと捉えられている。(19) これらの事情を勘案すれば、リクード・プライドのメッセージは同性愛者の居場所であると同時に、家庭・家族を持てる、家庭や家族がいるという、いわば家の重要性を称揚した形での主張であることにも納得がゆく。ここでリクードは、仮令性的少数者であっても、家庭、家族を持つことができる存在であり、性的少数者にも社会の構成員としての居場所が存在するという、家族や家庭といった概念に再帰するメッセージを送っているものと解釈することができる。

最後に、そして最も重要なことに、バイトという単語が、イスラエルのナショナリズムに固有の文脈においても訴求力を持つものとして機能するという点である。その場合の三つ目の含意とは、ナショナル・ホームとしてのユダヤ人国家を暗示するものである。シオニズムにおいては、初期の頃から現在に至るまで、イスラエルすなわちユダヤ人国家が、ナショナル・ホームの建設に喩えられてきた。先にも挙げた、シオニズム運動の父と呼ばれるテオドール・ヘルツルは、主著である『ユダヤ人国家』で、「ユダヤ人のホームのない状態は終わらせなければならない」［Herzl 1988: 9］や「我々が故郷なき民である限り、どこにその存在が望まれるというのか」［*Ibid*.: 115］などと書いており、ユダヤ人をホームなき民（＝homeless nation）と表現している。注目すべきは、ヘルツルのシオニズムに関する考えの中で、祖国建設の比喩として「ホーム＝家」の表象が用いられていることである。この、将来建設されるイスラエル国家を「ホーム＝家」と表すのは、シオニズムの初期から、実際にイスラエル国が建設された後も現在に至るまで随所に見受けられる。例えば、世界シオニスト会議で、その理念をまとめたバーゼル・プログラム［Israel Ministry of Foreign Affairs n.d.］において home の単語が用いられていることや、著名なバルフォア宣言において「陛下の政府はパレスチナにユダヤ人のナショナル・ホームの建設を好意的に見ています」といった表現はその一例である［Ha-'Arkiyon Ha-Tsiyoni Ha-Merkazi n.d.］。これらの事例が表しているのは、ヘルツルだけでなく、シオニズムの思想において、その目標である祖国建設が、「ホーム＝家」の建設と比喩的に重ねられてきたということを物語っている。

イスラエルでは、国家をバイト、すなわち一つの家と表現することは、現在においても珍しくない。例えば、イスラエルの極右政党である「イスラエル我らの家（Yisra'el Beite-nu）」や、宗教右派政党であった「ユダヤの家（Ha-Bait Ha-Yehudi）」のように、政党名にバイトが用いられることもある。[20] 他にも、イスラエルを一つの家と喩えた発言の例は枚挙にいとまがない。二〇二〇年四月二八日に行われた、七二回目のイスラエル独立記念式典における、ネタニヤフ首相（当時）のメッセージもその一つである。二〇二〇年は、COVID－19流行の影響で式が無観客で行われたため、ネタニヤフは式の中継放送に向けて、ビデオ・メッセージを寄せた。その中で、ネタニヤフはウイルス流行の危機に際しイスラエル国民が世界中からイスラエルに帰国したことに言及し、現代ヘブライ語でバイトの単語を用いつつ、「イスラエルは家、ユダヤ人にとっての温かい家、非ユダヤ人の我々の兄弟にとっての温かい家である」と述べている［Ka'n 11－Ta'agid Ha-Shidur Ha-Yisre'eli 2020］。このように、シオニズムにおいて将来建設される国家がホームと表現されているだけでなく、現在においても、現代ヘブライ語圏において、国家としてのイスラエルはバイトと表現されている。

以上を鑑みるならば、リクード・プライドが「あなたには居場所がある」というメッセージを送るためにバイトというこの単語を選択したことは注目に値する。バイトは、性的少数者に向けられたものであると同時に、イスラエル国民として迎え入れるための居場所の創出、すなわちシオニズム的な祖国の必要性を暗に主張しているからである。リクード・プライドの標語の中では、シオニズムにおいて、ユダヤ人の帰還する場所であるイスラエル国家の建設の

言説と、性的少数者の居場所を建設するという言説が重ねられて表現されている。(21)

先述した通り、ジャスビル・プアは、「イスラエル国家の創出は、それ自体が二つの弱体化の状態からの回復モデルに依拠している。離散ユダヤ人の国家喪失状態とホロコーストの虐殺である」［Puar 2017：101］と述べている。しかしながら、本節で示したテル・アヴィヴのピンク・トライアングルの事例やリクードのスローガンの事例では、人間としての尊厳を失ったユダヤ人と、人間としての尊厳を失った同性愛者が重ね合わされ、そのどちらも回復されるべき主体と措定されている。つまり、この語りでは、同性愛性を否定したユダヤ人の男性性の回復というよりは、むしろユダヤ人の被害者性と、同性愛者や性的少数者らの被害者性の両者が重ねられ、より直接的に両者の権利回復を求める論理的根拠として機能している。これらの事例が示しているのは、プアの指摘したような「回復」の言説が、「筋肉質で異性愛的で、男性的なユダヤ人」への回復だけでなく、同時に、人権・尊厳を有した同性愛者への「十全な権利を有した主体」への回復の言説としても機能していることである。ショアーに代表されるユダヤ人の被害者性という歴史的経験は、その経験を二度と経験しないための「強さへの語り」の根拠である一方、性的少数者という立場の弱い人々をありのまま受容することを求める際の根拠としても機能する。(22)この意味で、シオニズムの語りは、男性性を求める単線的な語りではなく、むしろ被害者性と弱さをもそのまま受け入れ、包摂する両義的な語りであることが分かる。

この両義性は、プアのホモナショナリズム論の前提となっている米国社会とイスラエルの事例が大きく異なる点である。プアのホモナショナリズムの理論枠組では、同性愛者の中でも、既存の社会秩序を脅かさず、むしろ自らの国のLGBTフレンドリーさを誇りに思い、同性婚を通じて積極的に再生産に寄与して、最終的には軍隊に仕える愛国者であるようなホモノーマティヴな同性愛者が称揚され、この意味で異性愛者並みの同性愛者しか認められない。第Ⅰ部で確認してきたように、イスラエルでもとりわけ一九九〇年代以降性的少数者の権利をめぐる政治では同性愛者も異性愛者並みの「良き」国民としての側面が強調されており、二〇〇九年以降、性的少数者、とりわけ同性愛者の権利がイスラームの野蛮性と後進性と結び付けられ、対テロ戦争における重要な修辞の一つを形成してきたという意味でホモナショナリズム的な外装を呈してきていることは間違いがない。

先述した通り、プアのホモナショナリズム以降のイスラエルのジェンダー・セクシュアリティ研究者らは、イスラエルの事例のうちホモナショナリズム的側面のみに焦点を合わせてきた傾向がある［Puar 2013; Ritchie 2010; 2015; Gros 2013; Byrne 2013; Gross 2015］。さらに二〇一七年のプア自身の論考でも、シオニズムの歴史が、クィア性を否定し、異性愛的な男性性を獲得する過程と捉えている［Puar 2017］。しかし、イスラエルの現在のSOGIをめぐる政治的状況を単にホモナショナリズム的であると片付けてしまうのは、やや性急と言わざるを得ない。なぜなら、本章の冒頭で見てきたように、イスラエル土着のナショナリズムの一つであるシオニズムは、ユダヤ人がまずもって「ヨーロッパの他者」として規定されてきた歴史性を出発点としているからである。プレスナーの言葉を借りるならば、「シオニズムにおいては、植民者となったのは、サバルタンなのである」［Presner 2007: 156］。この「ヨーロッパの他者」としてのユダヤ人の歴史性を出発点に持つシオニズムの歴史的固有性こそが、性的少数者の権利擁護に関する二つの両義的な語りを生み出している。一方は、ヨーロッパ的主体の基準から逸脱したユダヤ性を否定的に捉え、同性愛性を否定することを通じてヨーロッパ並みの望ましい国民を創出しようとするホモノーマティヴな語りであり、そしてもう一方は、本章で確認したような、同性愛者とユダヤ人の迫害の歴史が重ねられ、弱さと被害者性を受け入れようとする語りなのである。

5　おわりに

第I部全体の締めくくりとして、第1章から3章で行ってきた議論をまとめたい。まず第1章で確認できたように、イスラエルの性的少数者の権利運動には、新自由主義的価値観が大きな影響を与えてきた。テル・アヴィヴ市はイスラエルの新自由主義的経済体制の中心地として成長してゆく過程で、ハイテク産業等の知識集約型産業における人材確保の観点から多元主義と多様性を標榜するようになり、その価値観を体現するものとして性的少数者、とりわけ同性愛者らが取り上げられるようになった。市の価値観を表す同性愛者の存在は、今度は市のプロモーションに有用なものとして観光の文脈で重用されるようになる。そこでは国際的なゲイ・ツーリズムの潮流に上手く乗って行く形でゲイ男性に焦点を合わせた国際ツーリズムの登場に結実することになったのである。

第2章で確認したように、イスラエルの性的少数者の権利運動は一九九〇年代に花開いたが、その際に同性愛者らが「良き」国民としての側面が強調されてきた。この主流化の方針は、二〇〇九年に今度は、対テロ戦争の文脈に明確に位置付けられていく。それを体現しているのがビンヤミン・ネタニヤフとアミル・オハナという二人の政治家であった。この二人の語りは、「中東唯一の」民主主義国家でありゲイ・フレンドリーなイスラエルと、「同性愛嫌悪的で同性愛に抑圧的な」イスラーム及びパレスチナという二項対立を強調しながら性の政治を自らの国家の優位性に結び付けているという点でホモナショナリズムの枠組に上手く当てはまると言える。

第3章では、まずヨーロッパのユダヤ人が反ユダヤ主義的表象の中で国家を持つのに相応しくない堕落していて女性的でなよなよしたクィアな存在であると見做されてきたことを確認した。マックス・ノルダウやアハロン・ゴルドンらに顕著なように、初期のシオニストらはこの不名誉なレッテルに対し、それを跳ね返すような、身体的に強くたくましいユダヤ人を創出し、傷つけられた男性性を「回復」することを目指していた。そこでは、クィア性が棄却されるべきもの、弱さと措定されている。このシオニズムの男性性の回復の系譜は、イスラエルの現在のホモナショナリズム的な性的少数者の国家的包摂とも矛盾せず進行している。第2章で示したように、SOGIをめぐる政治は、この理想的なユダヤ人像の水準を下げず、既存の秩序を脅かさない形で「良き」市民として同性愛者らも異性愛者並みに国家に貢献することを強調することによって権利が承認されてきたからである。つまり、シオニズムの系譜とホモナショナリズムの系譜は一見矛盾するにように見えながらも、符合することとなる。但し、第3章のテル・アヴィヴにあるショアーの記念碑や、リクードのスローガンの事例から確認できるのは、同性愛者の人権回復の言説がユダヤ人の尊厳の回復の言説と重なって語られていることであり、シオニズムとクィア性の関係性には、プアの指摘した異性愛的な男性性の回復という側面だけでなく、実は同性愛者の人権の回復と弱さの包摂という、両義的な側面があることが明らかになった。

シオニズムの系譜を確認することは、ホモナショナリズム論を考えるうえで重要である。イスラエルにおける現在の対テロ戦争における右派言説とSOGIをめぐる政治の繋がりは、やや単純化したホモナショノリズム論のみによって語られてきた。しかし、本章で確認したように、ホモナショナリズムの枠組が登場する以前にも、国家的アイデンティティとSOGIをめぐる政治は繋がってきた。これらの事例の検討を通じて筆者が行おうとしたのは、主にハマースやヒズブッラーといったパレスチナ・アラブの「テロ組織」、或いは個別の「テロリスト」に対する対テロ戦争の文脈において、その文化的優位性を示すものとして性的少数者の人権が用いられているというホモナショナリズムの枠組でしばしば見落とされてきた、シオニズムにおける人権回復の言説及び、ナショナル・ホームの建設との密接な関わりを示すことである。その際、見逃してはならないのは、性的少数者の権利運動の場で展開される性的少数者の人権の尊重という主張が、ユダヤ人の尊厳の取り戻し、及び居場所の建設という国家言説と近接しているという点である。これらの言説の背景には、ヨーロッパ的他者とユダヤ人が表象され、人種的に劣る存在と見做されてきたという歴史性及び国家的アイデンティティが存在するのである。

註

(1) ピンク・トライアングルについては、用語解説「ピンク・トライアングル」を参照されたい。
(2) 「ヒステリー」が女性の子宮の痛みに起因する異常な思考を表す精神医学用語として用いられたことはよく知られている。
(3) イディッシュ語は、東方の高地ドイツ語の文法を基礎としながら、ヘブライ語の単語等を混ぜてユダヤ人に話されていたため、標準ドイツ語話者からは正統なドイツ語を話さない劣った言語と聞こえ、これがユダヤ人への侮蔑へと繋がった。
(4) メンチとはイディッシュ語でユダヤ教の知識を持った成熟した男性を指す言葉で、現在は現代ヘブライ語でも用いられている。
(5) ユダヤ啓蒙主義については、用語解説「ユダヤ啓蒙主義」を参照されたい。
(6) ここで「ヘルツル的」という語を用いてシャピラが強調しているのは、これらの論者らが世俗的・ヨーロッパ的文化からの視点から新しいユダヤ人の創出を目指した点で共通していたことである。これらの論者に特徴的だったのは、ヘルツルがシオニズムをユダヤ教伝統それ自体というよりはむしろヨーロッパの近代化及び世俗的な啓蒙主義的立場から擁護し推進したように、新しいユダヤ人の構想においても、ユダヤ教の伝統から導かれるというよりはヨーロッパの近代化及び世俗的な啓蒙主義的な観点からその創出が求められた点にある［Shapira 1997 : 160］。
(7) ジャボティンスキの新しいユダヤ人の議論については、［Naor 2011］に詳しい。
(8) バル・コフバ（Bar Kokhba）とは、西暦一三二年の第二次ユダヤ戦争と呼ばれる、当時のローマ帝国ユダヤ属州での反乱を率いたユダヤ人の指導者である。
(9) ユダヤ教における知識人で有り且つ、宗教的指導者のこと。聖書やタルムード等のユダヤ教の教義及びその解釈に精通する。
(10) マサダ（Metsadah）は、死海の傍にある要塞跡である。西暦六六年の第一次ユダヤ戦争時、ローマ軍の追手から逃げた九六七人のユダヤ人らがマサダに籠城し、そのまま全員が降伏せずに半ば自決した。マサダのユダヤ人は、棄教せず最後まで抵抗を続けたユダヤ教狂信者として一般的には知られている。一方で、マサダは毎年イスラエル国防軍に新たに入隊した兵士らが訪れる場所でもあり、ユダヤ人の勇敢さの象徴として用いられる。
(11) この身体的な強靱さを主張したシオニストらはノルダウが代表的な論者ではあったものの、例えば、マルティン・ブーバーやナフーム・ソコロヴ等にも共通して見られる特徴でもあった［Almog 1987: 108–118］。ファイアーストーンによれば、ヘルツルの側近であったマックス・ボデンハイマーは、一九〇三年にヘルツルに対し、より軍事的で階層・規律を重んじた運動の創出を提案していた。しかし、これらの提案は少なくとも初期のシオニズムでは主流になることはなかった。この身体的な訓練を重視する「新しいユダヤ人」の必要性が説かれるようになったのは、実際にパレスチナへの入植が始まり軍隊の創出の必要性が具体的に論じられるようになってからである［Firestone 2012: 186］。
(12) アルモグによれば、この言葉は、現代ヘブライ語でサボテンの一種を指す言葉「ツァバル（tsabar）」から来ている。サボテンの外皮が固く棘がある一方で内側がみずみずしく柔らかいように、外見は強くたくましく、内面には繊細な精神を持っているという含意が込められている［Almog 1997: 15］。英語の文献では「サブラ」の表記がされるが、原語である現代ヘブライ語の発音に準拠して本書では「ツァバル」と表記することとした。
(13) 国家に望ましい主体としての男性同性愛者像を体現しているのが、ゲイであることを公表した人物としては初めてイスラエル国防軍のアルーフに任命されたシャロン・アフェクである。アフェクは、「ゲイであること」を除いて典型的なイスラエル人エリートであり、男性で、アシュケナジームで、テル・アヴィヴ大学の法学部を首席で卒業した高学歴の人物である。アフェクは軍隊に所属していることから自らのセクシュアリティについて多くを語らないものの、雑誌のインタビューで、「ゲイであることが軍において出世するにあたり障害にはならなかったこと」や、「ゲイやレズビアンらの若いイスラエル人の模範になることが自らの使命であること」を強調している［Shahar 2017: 36］。
ギリ・ハータルとオルナ・サッソン=レヴィは、伝統的な男性性とホモナショナリズムが合流したこのイスラエルのゲイ男性性に対抗する「失敗したゲイ男性性」の典型例としてユーロヴィジョンで顕著に見られたオタク文化を挙げる［Hartal and Sasson-Levy 2022］。しかし、一方で二〇一九年にはテル・アヴィヴでゲイのオリンピックと呼ばれる「ゲイ・ゲームズ」が行われる等、ホモナショナリズムと親和的な男性性が強固であることは否定できない。一部のオタク文化における男性性の発現の今後の政治的可能性は、さらに検討する必要があるだろう。
(14) ドイツ刑法における第一七五条項とは、ドイツ帝国の刑法で、男性間性交渉を禁じた条項のことである。この条項については、［石井 2001］に詳しい。

(15) 記念碑内文言より。現代ヘブライ語より筆者訳。

(16) ナチス・ドイツにおけるユダヤ人虐殺のことを現代ヘブライ語で「ハ＝ショアー（Ha-Sho'ah）」と言う（ハは現代ヘブライ語の定冠詞）。「ホロコースト」という言葉はユダヤ教の燔祭にちなんだ呼称だが、その呼称に対しては批判もあるため、本書では引用や名称に用いられているものを除いて「ショアー」と表記することとする。

(17) 現代ヘブライ語では二人称はジェンダー化されており、ラハと読めば「(女性の)あなた」、レハと読めば「(男性の)あなた」という意味になるが、このメッセージでは母音記号を表記しないことにより、ジェンダーを絞らずに「あなた」を包括的に意味することに成功している。

(18) あらかじめ断っておかなければならないのは、このバイトという言葉は、日本語の「家」という言葉よりも多義的に用いられる。例えば、ユダヤ教の礼拝所であるシナゴーグ（beit kneset）や学校（beit sefer）といった単語のように、名詞句を連続させた形（一般にスミフートという）で用いられ、音便化した「ベイト」の場合、家の意味はなく、漠然とした「場所」という意味となることもある。しかし、本章では、このような名詞句を連続させた形ではないものを対象としていること、また、バイトの最も基本的な意味はそれでもなお「家」である、という二つの事情を鑑み、分析を進めている。

(19) 性的少数者であっても家族を作り出す／出せるということを強調するハ＝アグダの姿勢は、第2章の第1節で論じた望ましい国民としての側面の強調という方針とも一致していることは註記しておきたい。

(20) 「Beite-nu」の表記となっているが、バイトに「我らの」を示す所有代名詞の接尾辞がついた結果、母音が音便化したためこのような表記となっている。

(21) ジェニファー・ケリーによれば、イスラエルを性的少数者のホームと描くこの傾向は、将来のユダヤ人移民を促進するために行われる、非イスラエル人のユダヤ人の若者向けの無料の観光ツアー「タグリット・バースライト（出自の発掘）」でも同様に確認される。ケリーは、これらの広報宣伝では、イスラエル、とりわけテル・アヴィヴが同性愛嫌悪とテロの暴力から無縁であると主張されるが、それはヨルダン川西岸地区からの人口流入の抑制を通じたパレスチナ人の移動の制限とそれに基づく人種化された空間の形成と不可分の関係であると主張する［Kelly 2020］。

(22) ユダヤ思想と男性性を研究してきたダニエル・ボヤーリンは、このユダヤ性とクィア性のある種の近接性を一九九五年の時点で既に指摘していた［Boyarin 1995］。本書で扱うシオニズムの系譜とはやや論旨が外れるためここでは深く立ち入らないが、ボヤーリンは男性的でなくなよなよし、同性愛的だとされるユダヤ教のあり方を再評価し、その内に秘めるクィアな政治的可能性を論じていた。

II　動物の政治

第4章　「ヴィーガン・フレンドリーなテル・アヴィヴ」の成立

——ヴィーガニズムの商業化と新自由主義

1　はじめに

第II部の「動物の政治」では、動物の権利運動や動物性をめぐる議論の、経済的側面、新たなナショナリズムの擡頭、シオニズムの系譜という三点に焦点を合わせて、論じてゆく。本論に入る前に、まず第II部での議論に関わる動物の権利運動の展開を概観したい。

英国委任統治領時代の一九二七年に設立された「動物の苦痛（Tsa'ar Ba'alei Ḥayim）」[1]が、イスラエルにおける動物の福祉に関する活動としては最初期のものである。この団体は路上の動物のケアや動物病院の拡充、里親のあっせん等、動物の保護活動を行うことを目的に英国委任統治政府の指示によって設立され、二〇二四年八月現在も非営利活動法人として愛玩動物の世話等を行っている［'Agudat Tsa'ar Ba'alei Ḥayim Be-Yisra'el n.d.］。この「動物の苦痛」のように、人道主義的な観点から動物に対する保護や愛護を重視した動物の福祉活動に対し、異なるアプローチをとってきたのが動物の権利運動及び動物の解放運動である。

動物の権利運動は、動物の福祉運動を基礎にしながら、一九七〇年代におけるいくつかの重要な著作に大きな影響を受けた。一九七〇年に心理学者のリチャード・ライダーは、人間には当然与えられる保護を動物が受けられない状況を、種差別（speciesism）という言葉を用いて表現した［Ryder 2010］。さらに、一九七五年に出版された『動物の解放』で倫理学者・哲学者であるピーター・シンガーは、動物が痛みや苦痛を感じる「有感生物（sentient creature）」であり、有感である動物に対して苦痛を与えることは、幸福を最大化し不幸の総量を減らすべきとする功利主義的な観点から正当化されないことを主張した［Singer 2009］。この種差別という概念の形成と流布は、人種差別や性差別と同様平等や自由といった西洋概念の主体の範疇に動物も含められるものと考え、人間による「上から目線」の保護ではなく、平等と解放を求める動物の権利運動の地平を拓いた。さらに少し時代が下った一九八三年には、哲学者であるトム・リーガンが、少なくとも一部の動物は権利主体としての要件を備えており、人間の有する権利の対象の一部に組み入れられるべきであると主張した［Regan 1983］。これらの思想的影響を受けた動物の権利運動は、人間による動物の搾取をやめ、動物を解放することを目的とした。この目的を達成するために用いられる運動の範囲は多岐に亘っており、畜産現場へのアクションや街頭でのデモンストレーション、ヴィーガニズムの普及活動、動物実験や毛皮産業への抗議等がある。

一九七〇年代から一九八〇年代に欧米を中心に広がった動物の権利運動がイスラエルで活発化するのは、八〇年代になってからである。一九八三年に動物実験の完全な廃止を求める団体、「Ha-’Agudah Ha-Yisre’elit Neged Nisuyim Be-Ba‘alei Ḥayim＝動物実験に反対するイスラエルの団体」が立ち上げられた［Ha-’Agudah Ha-Yisre’elit Neged Nisuyim Be-Ba‘alei Ḥayim n.d.］。また、一九八六年には、動物の権利を求める団体「Tnu La-Ḥayot Lihyot＝動物を生かせ」が設立された［Tnu La-Ḥayot Lihyot n.d.］。九〇年代に入ると、一九九三年に動物の保護を求める団体ノアハ（Noah）が立ち上げられた［‘Amutat Noaḥ Lema‘an Ba‘alei Ḥayim n.d.］。また、一九九四年には「‘Anonimus Li-Zkhuyot Ba‘alei Ḥayim＝動物の権利のためのアノニマス」（現「アニマルス」）というグループが立ち上げられ、この団体は二〇二四年八月現在イスラエル最大の活動団体となっている。

　同年の一九九四年には、二つの動物に関する重要な法律が可決される。一つは動物の虐待や酷使及び毒殺の禁止、動物の放棄の規定、動物保護施設の設立等を定めた「動物の苦痛に関する法（動物の保護）」[Ha-Kneṣet 1994a]で、もう一つは動物実験において動物に不要に苦痛を与えることを制限した「動物の苦痛に関する法（動物実験）」である[Ha-Kneṣet 1994b]。この二種類の「動物の苦痛に関する法」は、包括的な動物の保護について明記したイスラエルで初めての法律となった[2]。これらの法律の制定の背景には、動物の権利運動の活動家たちの働きかけがあった[3]。

　この二つの法律は、動物の権利の法的な保護をさらに推進する際に役に立つこととなった。その一つがサーカスにおける動物の使用の禁止である。二〇〇一年には「動物の苦痛に関する法（動物の保護）」が改正され、ショー等のパフォーマンスにおける動物の使用と虐待を禁止する条項が追加され、サーカス等における動物の使用が禁止されることとなった['Anonimus Li-Zkhuyot Ba'alei Ḥayim n.d.a.]。もう一つはフォアグラ生産である[4]。二〇〇五年に政府はイスラエル国内でのフォアグラ生産を禁止することを決定した。この禁止規定に従わずフォアグラ生産を行っていた農家をアノニマスは農業省に報告、結果的にその農家が逮捕されることになった。二〇〇八年に、ハイファ地裁はこの農家に対し「動物の苦痛に関する法（動物の保護）」に反するとの決定を出し、有罪判決を言い渡した['Anonimus Li-Zkhuyot Ba'alei Ḥayim n.d.b.]。これにより、イスラエルでは正式にフォアグラ生産が禁止・違法と見做されるようになった。この他には、二〇〇二年に「イヌの監督の規定に関する法」が制定され、飼い犬の投棄や監督責任に関する規定が定められた[Ha-Kneṣet 2002]。

　一九九〇年に活動が本格化した動物の権利運動だが、二〇一〇年代にその活動がイスラエルで注目を集めるようになった。動物の権利運動を勢いづかせたのは、二〇一二年に、米国ユダヤ人活動家であるギャリー・ユーロフスキーが行った動物の権利に関する二〇一〇年の講演に、現代ヘブライ語の字幕が付いたことである。これをきっかけにヴィーガニズムに対する注目が高まり、「ヴィーガン革命」と呼ばれるほどヴィーガン人口が上昇したと言われている。同年の二〇一二年にはヴィーガニズムの推進を行う団体「Vigan Frendli（ヴィーガン・フレンドリー）」が設立された［Vegan-Friendly n.d.］。翌年の二〇一三年にはピザ・チェーンである「ドミノ・ピザ」が、世界に先駆けてイスラエルでヴィーガンのピザをメニュー化したことにより、ヴィーガニズムに対する関心が高まった［Arad 2013］。さらに、二〇一四年には、イスラエルのリアリティーTVショーで動物の権利活動家であるタル・ギルボアが優勝したことによって、動物の権利に関する社会的関心度はさらに高まることとなった［'Iziqovits 2014］。こうした関心の高まりを表すように、二〇一五年には、テル・アヴィヴで行われた動物の権利擁護を求めるデモンストレーションの参加者が、一万人以上に上ったことが報道されている［Lior 2015］。

このメディアの注目と報道の傾向を追うために、筆者は「動物の権利」或いは「ヴィーガン」という単語が含まれる『ハ＝アレツ』紙の新聞記事数の変遷に関する簡単な調査を行った。サンプルを採った期間は二〇二〇年からオンライン上で遡れる限界である二〇〇五年までの間で、その結果は、図2に示した。図2に表されているように、これらの記事数は二〇〇五年から二〇一二年まで次第に増加してゆき、二〇一二年から二〇一五年には急増している。さらに、「ヴィーガン」という単語が含まれる記事数は二〇一一年から二〇一三年の間の二年間で飛躍的に伸びている。この調査は動物の権利に対するメディアの関心の顕著な増加を端的に表している。

一方、ヴィーガニズムの高まりにも拘らず、一般の食肉消費は増加している。二〇二一年の政府報告によれば、イスラエルにおける一人当たりの年間消費量は二〇一五年から二〇二一年の六年間で五〇％も上昇し、一九・六キログラムとなっている。これはＯＥＣＤ平均の一四・四キログラムを五キロ程上回り、イスラエルはＯＥＣＤ諸国の中で第四位につける食肉消費大国となっている［Ministry of Agriculture and Rural Development 2022］。

ヴィーガニズムに対する注目の高まりの中で、テル・アヴィヴ市は、ヴィーガニズムの盛り上がりの中心地と見做

図2 「ヴィーガン」及び「動物の権利」を含む記事数の変遷

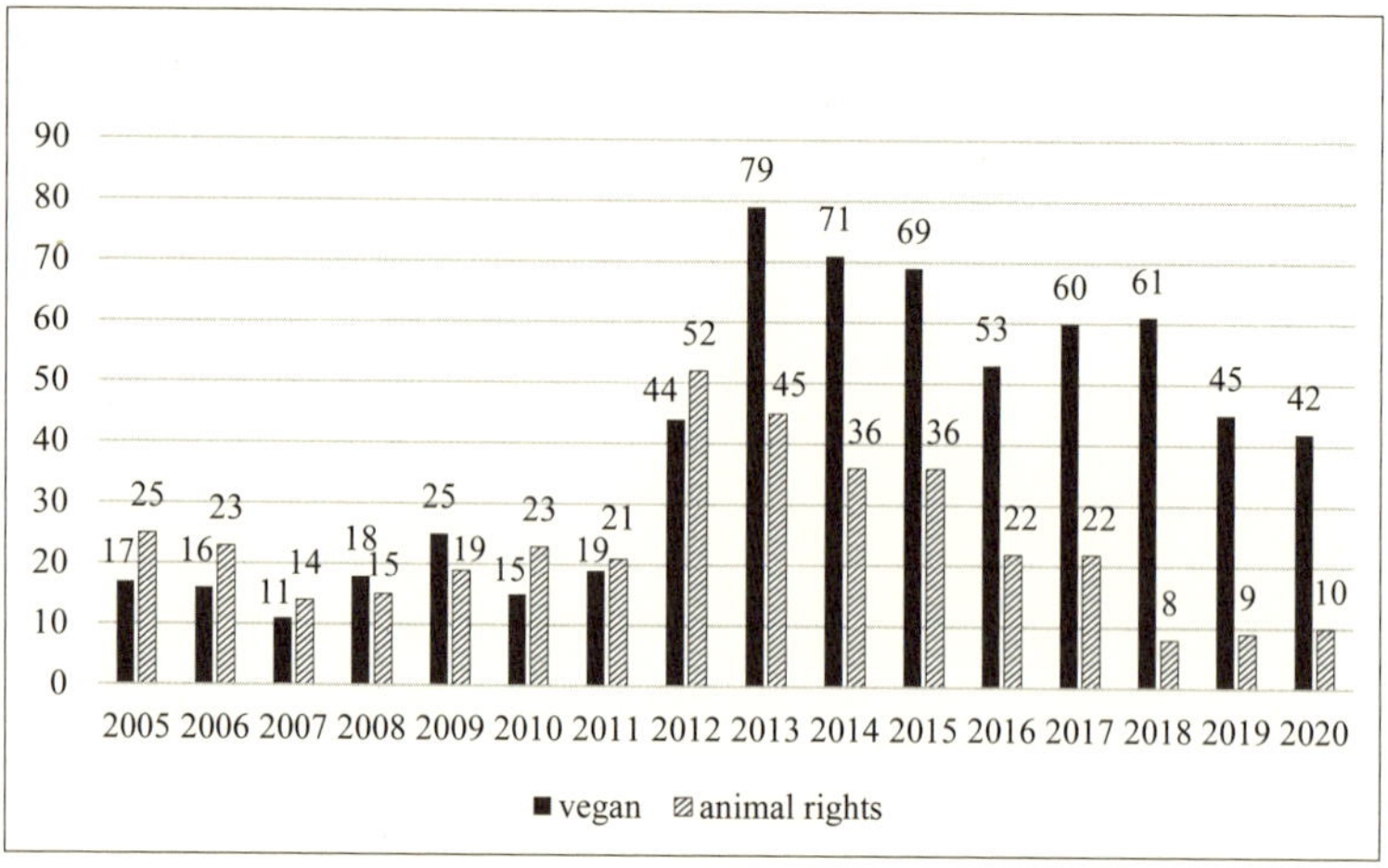

（註） 左側（濃色）が英語で「ヴィーガン」の文字を含む記事の総数、右側（斜線）が「動物の権利」を含む記事の総数。オンライン上で遡れる限界である2005年から2020年の記事数を調べ、年ごとにまとめた。
（出典） 『ハ＝アレツ』紙［Haaretz n.d.］の記事検索機能を利用し、筆者作成。

されるようになった。二〇一五年、動画配信サイトであるユーチューブ上に、イスラエル政府の公式アカウントは一つの動画を投稿した［Israel 2015］。「テル・アヴィヴ――世界のヴィーガンの中心地」と題されたこの動画では、ヴィーガン・レストランの料理人が登場し、テル・アヴィヴでいかにヴィーガン料理が堪能できるかが宣伝されている。さらに、英国の『インディペンデント』紙は、二〇一七年に「いかにしてテル・アヴィヴが世界のヴィーガンの中心地となったのか」と題された記事を掲載した。この記事はテル・アヴィヴが世界でもヴィーガン・フレンドリーな街と国際的に認められたことの証左として用いられるようになり、一つのターニング・ポイントとなった(5)。本章では、テル・アヴィヴ市における二〇一〇年代以降のヴィーガニズムをめぐる市行政及び経済政策の展開を追う。第1章でも確認されたように、テル・アヴィヴ市はイスラエルにおける新自由主義経済の中心地でもあるため、新自由主義とヴィーガニズムの両者がいかに融合し発展してきたかを明らかにする。

イスラエルでは、ヴィーガニズムとベジタリアニズムの高まりを受け、二〇一〇年に中央統計局によってヴィーガニズムとベジタリアニズムに関する調査が行われた〔Ha-Lishkah Ha-Merkazit Li-Ṣtatistiqah 2012〕。その結果、全人口のうち二・六％がヴィーガン或いはベジタリアンであると答えた。さらにそれを受けた政府報告書によると、ヴィーガニズム或いはベジタリアニズムを実践する理由のうち、思想的・道義的・倫理的理由によるものが三八・七％、健康上の理由が一七・一％、好み・味覚的嗜好が三六・二％で、それ以外が八％という結果になっている〔Ha-Kneṣet 2014〕。このように動物の肉を消費することに対する倫理的な忌避観がヴィーガニズム及びベジタリアニズムを実践する理由の第一位となっている。ヴィーガニズムやベジタリアニズムを実践する理由は様々あるものの、イスラエルでは、動物の権利に対する意識の高まりをある程度反映していることが分かる。

また、二〇一四年にイスラエル中央統計局が行った国勢調査によると、ヴィーガン及びベジタリアンの人口はさらに増え、全イスラエル人口のうち四・七％が自らをベジタリアン、そして一・七％が自らをヴィーガンであると回答している〔Ha-Lishkah Ha-Merkazit Li-Ṣtatistiqah 2016a〕。さらに、二〇万人以上の人口を擁する居住地域別に見ると、エルサレムでベジタリアンとヴィーガンを合わせて六・二％、ハイファで六・九％だったのに対し、テル・アヴィヴでは一〇・九％で、他の都市に比べてテル・アヴィヴでは突出してベジタリアン・ヴィーガン人口が高いことが分かる〔Ha-Lishkah Ha-Merkazit Li-Ṣtatistiqah 2016b〕。

ヴィーガニズムは、批判的動物研究において重要な論点の一つである。一九四四年に設立された世界初のヴィーガニズムに関する団体、「ヴィーガン協会（The Vegan Society）」によると、ヴィーガニズムは、このように定義されている。

ヴィーガニズムとは、――極力、そして実践可能な限り――食事、衣服或いは他のいかなる目的に用いられる動物に対する全ての形態の搾取と残虐さを排除しようとし、ひいては動物と人間、環境のために動物不使用の代替品の発達と使用を促進する哲学と生き方である。食事用語で言えば、動物から完全に或いは部分的に派生した全ての製品を使用しない実践のことを意味する［The Vegan Society n.d.］。

ヴィーガン協会は、英国ベジタリアン協会が雑誌を発行する際に乳製品に関する記事を設けることに反対したことが契機となって設立された［Taylor and Twine 2014：204-205］。

ヴィーガニズムはベジタリアニズムをあくまで「不完全なもの」と見做し、動物の搾取からの脱却に対する、より一貫したアクションを取るべきであるという批判的視座を内包している。動物の権利運動は、サーカス、動物園、毛皮、動物実験、畜産業等動物使用を伴う全て産業の廃止を求めてきたが、中でも食産業はその消費量の多さに伴う動物の苦痛の総量の多さから、主要な問題と見做されている。ヴィーガニズムは、動物に苦痛を与える産業の中で主要な産業である食肉産業をボイコットし、動物由来の製品を消費しないこと、中でも動物由来の食品を摂取しないことは倫理的要請であるいう立場に立脚した実践である。つまりヴィーガニズムは本来、単なる個人主義的なライフスタイルというよりは、動物搾取をやめ、動物を抑圧から解放するという思想を実現するための最も身近な実践という側面を持っている。

先行研究では、ヴィーガニズムが、動物の解放という動物の権利運動の最終的な目標を達成するための有効な手段として肯定的に評価されてきた［Wrenn 2011；2017；Greenebaum 2012；Dickstein et al. 2020；Beck and Ladwig 2021］。中でもヴィーガニズムの持つ以下の二つの側面は、動物搾取の廃止に対するポジティヴな影響をもたらすとされている。一つ目は、動物由来の製品を摂取せず、その需要を削減することによって、動物搾取を行う産業に対する経済的な損失を与えるという、ボイコット的側面である。もう一つは、倫理的なヴィーガニズムを表明することで日常の様々な場面における動物の存在の可視化が可能になり、動物の搾取に対する人々の意識の向上がもたらされる点である。このヴィーガニズムのボイコット的側面は、資本主義批判とも通底するものとして肯定的に評価された。特に、交差性を重要視する批判的動物研究の論者は、実践としてのヴィーガニズムが、動物を搾取するのと同様に、女性や人種的少数派を抑圧的に取り扱う資本主義に対するアンチテーゼを提供する共通の土台であると主張している［Dickstein et al. 2020 : 10–12 ; Beck and Ladwig 2021 : 2］。

それでは、ヴィーガニズムは実践においてどのように展開してきたのだろうか。また、ヴィーガニズムの実践は、これまで述べてきた批判的動物研究における規範理論的議論の主張のように資本主義批判として展開しているのだろうか。先述したような規範理論的な議論の蓄積に比べ、実際にヴィーガニズムがどのように展開してきたかを分析する研究は数が少ない。後に詳述するグヴィオンの研究［Gvion 2021］は、テル・アヴィヴ市におけるヴィーガン・レストランを分析しており、その新自由主義的展開との関連が示唆されているという点で本研究とも関連が深く、重要である。しかしグヴィオンの研究はあくまで、個別のレストランの分析にとどまり、テル・アヴィヴ市の政策との繋がり、さらにテクノロジーや起業といった新自由主義的取り組みとの関連性を十分考察できていない(6)。第1章で確認してきたように、新自由主義の影響によるある種の権利運動の変質は多くのマイノリティの政治の分野で指摘されている。これまで批判的動物研究の分野では、新自由主義の影響と動物の権利をめぐる政治との関係が十分考察されてこなかったが、両者はどのように関連してきたのであろうか。

本章では、テル・アヴィヴ市におけるヴィーガニズムに関する社会的変化に対する分析を通じて、ヴィーガニズムが活用される際、その消費としての側面が強調されてきたことを明らかにする。この際ヴィーガニズムは、動物由来の製品のボイコットとしてよりは、むしろ消費を促進する新しい食生活の一形態と再定位されている。さらに同時にヴィーガニズムは政治的に無色透明で批判的視座を失ったライフスタイルと見做されているため、その背景にある思想的・政治的基盤が後景化している。消費主義的側面を強調したヴィーガニズムは新自由主義における社会問題の個人主義化と軌を一にするものであり、これまで批判的動物研究で強調されてきたヴィーガニズムのボイコットとしての側面と人々の政治的意識の向上という二つの側面を削ぎ落とした形でヴィーガニズムが主流化しているということを本章では明らかにする。

2 テル・アヴィヴ市における取り組みの歴史

テル・アヴィヴ市は、二〇一四年にバルセロナで行われた「スマート・シティ・エキスポ」と呼ばれる大会で優勝した。テル・アヴィヴ市は、「ディジ・テル（Digi Tel）」と銘打ったプログラムを二〇一一年から推進し、このプログラムは当初行政のデジタル化とIoT社会の推進に対応した先進的な都市を目指す方針として発足したが［Toch and Feder 2016: 1］、その施策は世界の他の都市と足並みをそろえる形で「スマート・シティ」という名目に再編され現在に至る。テル・アヴィヴ市のホームページでは、スマート・シティの小区分として、「環境及びエネルギー」、「教育」、「コミュニティ及びスポーツ」、「都市計画及び建設」、「我々のパートナー」、「健康及び福祉」、「スタートアップ・シティ」、「オンライン・サービス」、「安全及び非常事態」、「交通及び駐車」の一〇分野が設定され［Tel Aviv-Yafo Municipality n.d.c］、持続可能性及び環境の問題は、スマート・シティ政策の中でもその柱の一つに位置付けられている。また、このスマート・シティ政策をまとめたテル・アヴィヴ市の資料によれば、この政策の目指すべき理念に関し、「テル・アヴィヴ＝ヤッフォは、行政の効率、生活の質、現地経済それから持続可能な環境を推進するべく、情報と発達したテクノロジー、住民と他者の関わりに基づく」と説明されている［Tel Aviv-Yafo Municipality 2014］。さらに、この資料を見ると、持続可能な環境の施策に関する説明の部分で、その施策の一環として「スマートな食事政策」が位置付けられている［*Ibid.*］。このようにテル・アヴィヴ市において食に関する政策は、テル・アヴィヴ市が取り組むスマート・シティ政策のうちの、持続可能な環境に関する政策の一部と位置付けられていることが確認できる。

こうした全体の施策に呼応するように、テル・アヴィヴ市は二〇一三年一月一日に、「グリーン・テル・アヴィヴ」のフェイスブックのアカウントを開設し［Tel 'Aviv-Yafo Ha-Yeruqah n.d.］、環境保全に対する情報発信を行っている。さらに、食に関する取り組みとして、二〇一五年には、持続可能な食事を推進するための都市間の取り決めである、ミラノ都市食のポリシー条約（MUFPP）に参加した［Triyat Tel 'Aviv-Yafo n.d］。こうした環境政策の中でテル・アヴィヴ市の「環境の質及び持続可能性担当局」によって打ち上げられたのが、「召し上がれプログラム（Tokhnit "Be-Te'avon"）」である。このプログラムは、「食の安全と福祉、健康的な食へのアクセス、持続可能性に対する教育、食とごみの無駄の削減、健康的で活発な生活習慣という条約の理念を推進する。同様に、地中海料理原則に従い、動物由来の（me-ha-hai）たんぱく質の消費を減らすよう働きかける」［*Ibid.*］とある。

このように、食事に関するテル・アヴィヴ市の政策は、大局的にはスマート・シティとしての都市の理念の中の、持続可能性及び環境の分野の一部に組み込まれている。前述の「召し上がれプログラム」の事例から読み取れるように、動物不使用の食事は、持続可能性及び環境問題を改善する一つの手段として位置付けられ、市は積極的に推進するべき食のあり方として動物不使用の食事を推進していることが分かる。

このヴィーガニズムに対する市の肯定的な評価は、市のホームページに掲載された『我々は（ヴィーガンの）地図の上にいる！』(7)の記事からも窺える。この記事では、テル・アヴィヴ市におけるヴィーガン人口の増加や、植物由来の食事を食生活に部分的に取り入れる人の増加を示す直近の調査結果が示された後に、市の担当者の見解が載せられている。

環境・持続可能性局長であるエイタン・ベン＝アミはこう述べる。「調査の結果は、主にWHOによって進められている東地中海の食事への移行からくる、テル・アヴィヴ＝ヤッフォ市民の健康的な食の消費における、好ましく目覚ましい流行を示しています。多くのヴィーガンのレストランを含むここの多様な食のシーンは、テル・アヴィヴ＝ヤッフォを市民及び訪問者に対しても同様に、楽しい食体験［ができる場］にしています。市民と環境のため健康的で持続可能な食の消費を促進する市行政の努力が見受けられ、嬉しいです」。テル・アヴィヴ＝ヤッフォ市は、植物由来の食事を推進する国際的な取り組みに参加した。市は、市の食政策に関しミラノ条約における二〇〇以上の協力都市との協力を、条約事務局の事務局長として推進してきた。さらに、温室効果ガス排出削減のための組織であるC40の一員でもある。［'Iriyat Tel 'Aviv-Yafo 2020］

この記事からは、ヴィーガニズムの推進に対する市の肯定的な評価が窺える。一方で、テル・アヴィヴ市は、ヴィーガニズムを市側が推進することを明言しない姿勢を続けている。二〇一七年一二月四日に行われたテル・アヴィヴ市の環境の質委員会では、ヴィーガニズムの啓発活動を行うオメル・シャレヴによってヴィーガニズムに関する市の政策に関する質問があった。以下は、その抜粋である。

私の質問は、環境と動物［の保全］の方法と人間の健康に対する近年の意識、分かりやすく言うと、「ヴィーガニズム」というトピックについてです。二〇一八年の計画には、市のレベル或いは、外に向けた国家レベルでのその宣言の余地はあるでしょうか。ついでに観光レベルでも。我々が世界的なヴィーガンの中心地であり、この点において他の非常に大きな都市を凌駕していることについて、国際的な次元で非常に多くの、［影響力の］大きな情報源から報道も出ていますが、［そのことを］利用する計画は何かありますか。つまり私の質問は、計画が存在するかどうかということです。そのデータに関する文書への言及を確認もしたのですが、しかしより一般的な部分ではこれが全てで、ヴィーガニズムの分野への明らかな言及が与えられていません。何か余地はあるでしょうか。こうした宣言への余地を与える何らかの計画はあるでしょうか。［Ha-Va'adah Le-'Ekhut Ha-Ṣvivah 2017 : 24］

この質問に対し、市の担当者である、エイタン・ベン＝アミは以下のように答えた。

現在のところは、ありません。おっしゃる通り、市としては、我々はこれが新しいこともあり、また子供たちへの食の分野でもあるということもあり、また我々が取り組んでいるのが全て食の分野であることもありまして、我々は強制で取り組まないと決定しております。我々は、代替案を提案しております、例えば今はハヌカ(8)ですが、我々はドーナッツを食べるなと言うことはありません。我々はより健康的で油で揚げておらず、焼いてある代替的なドーナッツを提案しており、人々はそれを既に受容しています。我々はいつもより良いものを提案します。我々は肉の使用のエコロジカル・フットプリント［環境負荷］がそうでないのに比べた時どうなっているのかを説明します。しかし私は市という場所が、「ヴィーガンになりなさい」或いは「グルテン有り、もしくはグルテン・フリーになりなさい」と言いに来るようなものではないと思います。我々の役割は、何があるかを明らかにし、支援することです。例えば、グリーン・ラベル［環境にやさしい認証マーク］がありますがそれで我々は実のところ何をしようとしているのでしょうか。言明することなく、より多くの人々がそれを気に入り、「いつもステーキでなくてもよい」と思ってくれるよう願いながら、レストランに特定の食事をお願いしているのです。私はステーキがとても好きで、これからもステーキを食べ続けるつもりだというにも拘らず、です。もし頭ごなしに否定して強制するならば、それは効果がないでしょう。[*Ibid.*: 24]

このベン＝アミの答弁では、ヴィーガニズムに対する市による積極的な介入への躊躇が読み取れる。ベン＝アミの答弁では、まず、ヴィーガニズムは推奨されるべきであるものの、食に関する政策を「強制」で行うことは難しいことが確認される。そして、「頭ごなしに否定して強制する」ことは効果的ではないため、市民の選択を尊重したうえで、代替製品を推奨し支援することによってヴィーガニズムが推進されるべきであるということが強調されている。ベン＝アミの語りからは、市側の立場として食の選択はあくまで個人の問題であり、市はヴィーガニズムを強制することはできず、推奨と支援にとどめられることが分かる。

あくまで個人の選択を尊重するという市側の姿勢と同様、テル・アヴィヴ市のヴィーガニズムの取り上げ方において顕著なのは、ヴィーガニズムが環境や持続可能性の問題として語られる一方で、ヴィーガニズムの動物の権利の問題としての側面が後景化していることである。先述のヴィーガニズムに関するテル・アヴィヴ市のホームページの記事では、ヴィーガニズムに対する市民の関心の高まりに言及しているにも拘らず、ヴィーガニズムの普及の背景にある動物の権利に対する関心の高まりはおろか、市の動物の福祉の問題にすら言及していない。また、市の答弁のやり取りでもその動物の権利の問題の後景化は顕著である。先述の市の委員会質問で、シャレヴの質問では、動物に対する意識の高まりが言及されているのとは対照的に、ベン＝アミの答弁では、動物の権利に対する言及はなく、代わりに環境問題の観点からヴィーガニズムが推奨されるものと位置付けられていることが分かる。本章の冒頭で確認したように、近年のヴィーガニズムの高まりは、動物の権利運動（直接的にはギャリー・ユーロフスキーの「ヴィーガン革命」）と動物の置かれた状況に対する倫理的な関心の高まりを背景にしている。このことは、先に示した世論調査で、ヴィーガニズムの理由に「思想的・道義的・倫理的理由によるもの」を挙げる人が最多であったことに端的に表れている。しかし、この市側の答弁や広報宣伝では、ヴィーガニズムが環境問題と持続可能性の問題に再定位されている。

先述のグヴィオンは、インタビュー調査を用いながら、テル・アヴィヴ市のヴィーガン・レストランが自らのレストランをブランディングする際に、動物の権利が後景化していることを明らかにしている[Gvion 2021]。グヴィオンによれば、ヴィーガン・レストランのオーナーたちは、ヴィーガニズムと肉食主義の境界を意図的に曖昧にしながら、健康促進というヴィーガニズムの側面と環境問題に対する利点を強調してきた[Ibid.: 7-11]。この潮流は、ヴィーガニズムが主流化しつつあるテル・アヴィヴ市において、外食産業市場の大きさが限られていることからくるレストラン側の戦略であるとグヴィオンは述べている[Ibid.: 4]。(9)

テル・アヴィヴ市の取り組みは、ヴィーガニズムを環境問題とテル・アヴィヴ市民の健康の促進という観点からのみ正当化してきたという点で、グヴィオンの指摘した動物の権利の後景化と重なる。但し、ヴィーガン・レストランの事例では、テル・アヴィヴ市の外食市場の大きさが限られているため、より広い顧客を獲得するための戦略的側面があったのに対し、テル・アヴィヴ市の方は、市が動物の権利という特定の思想を強制することを忌避し、より住民の福祉の観点から正当化し、市の施策に対する反目を減らそうとする目論見があると推察される。ここから、テル・アヴィヴ市は、環境と住民の健康の向上という、より正当化しやすい二つの論理を用いながら、ヴィーガニズムを支持するという姿勢を崩さないものの、高まりつつあるヴィーガニズムを、あくまで個人の選択を侵害しない範囲で推進されるものと位置付けていることが分かる。

3　スタートアップと食のテクノロジー

ＥＵのイスラエル大使館は、二〇一八年の八月二八日に「ヴィーガンの国（Vegan Nation）スタートアップの国の次に来るのは、さあ、ヴィーガンだ」と題された記事を英語で掲載している［Mission of Israel to EU and NATO 2018］。その中で、動物由来の原材料を用いない食品にヴィーガン・フレンドリー・マークを付ける活動で知られる「ヴィーガン・フレンドリー」の創設者であるオムリ・パズの発言を引用しながら、このように述べている。

イスラエルは、ドミノ（大手ピザ・チェーン）のイスラエルの支店において二〇一三年に初めてヴィーガンの選択肢を始めた時、その分野でパイオニアになった。その少し前、二〇一二年にはヴィーガン・フレンドリーのプロジェクトがイスラエルで作られ、ヴィーガンにフレンドリーなレストランやビジネスの場所のリストを作ることでヴィーガニズムを主流に押し上げた。オムリ・パズによって設立されたそのプロジェクトは食事から衣服に至るまで、ヴィーガン製品の購入体験をより簡単で楽しめるものにすることを目的にしている。「二〇一四年から二〇一六年まで、この流行はスーパーマーケットでより多くのヴィーガン製品を含むまでに成長した」とパズは言う。「いまや次の流行はヴィーガン製品を提供する大手主流企業とフード・テック、そして観光にある」。［*Ibid.*］

パズは、ヴィーガンがもはや特定のレストランやショップ等でのみ手に入る局地的なものではなく、スーパーマーケットやドミノ・ピザといった大手企業に進出したという主流化を肯定的に評価したうえで、次にフード・テックと観光の分野への進出を視野に入れていることが分かる。

パズのこの発言に顕著なように、ヴィーガニズムはしばしば、食に関する開発とテクノロジーに結び付けられている。代表的なものは、3Dプリントや細胞培養を用いた代替プロテイン分野、バイオテクノロジーを用いた発酵分野、植物由来の食品開発の三つがある。テル・アヴィヴ市は、先述のスマート・シティの基本理念のうちの一〇の柱の中で、スタートアップ及び最先端テクノロジーにも言及している。このように、スマート・シティの一環として起業家精神が称揚されるテル・アヴィヴ市において、近年、ヴィーガニズムと食の分野における最先端テクノロジーとスタートアップとの融合が見受けられるようになった。本節ではその動きを詳細に見てゆきたい。

The Good Food Institute Israel（以下GFIイスラエル）は、二〇一九年にテル・アヴィヴで設立された非営利活動法人である。GFIイスラエルが目指す課題と解決策は以下のように説明されている。

> 食産業の課題　現在の食肉生産は持続可能でなく、非効率です。それは、気候変動や環境悪化、それから抗生物質耐性の重要な要因なのです。しかしこれらの事実は、［人々の］行動の顕著な変化をまだ引き起こしていません——グローバルな肉の消費は上昇し続けています。
>
> GFIの解決策　消費者らに自らの好きな食を諦めるよう頼む代わりに、GFIは、美味しく、購入可能で、アクセス可能な代替プロテインへのグローバルな食の制度の移行を加速させるべく、研究者らや、起業家ら、食品会社と協働しています。［GFI Israel 2020］

GFIイスラエルの目指す解決策に顕著なのは、消費者の食の選択を尊重し、食の選択の変更を直接要求することなく、研究者や起業家とテクノロジーの融合によって代替の肉食の開発を行うことで問題を解決しようとする点である。

二〇二〇年一二月七日、国際動物の権利の日に合わせ、当時首相であったビンヤミン・ネタニヤフは、動物の権利に関する内閣特命アドバイザーであったタル・ギルボアとGFIイスラエルの取締役であるニル・ゴルドスタインと共に、GFIイスラエルの協働会社であるアレフ・ファームズ（Aleph Farms）社の培養肉を試食するイベントに参加した。そこで、培養肉を試食したネタニヤフとギルボアの間で、以下のようなやり取りが行われている。

ネタニヤフ　信じられないです、何と言うか、［動物に対し］思いやりがあって美味しい（ta'im 'im ḥemlah）。そしてきれいです。素晴らしい。全然悪くない。
ギルボア　たった一つの細胞から、ステーキを作ることができます。革新的なお言葉をいただきました。未来は既にここにきています。あなたは、テクノロジーの知識があり、イスラエルの経済を推進する意思があると知られている人ですが、我々はここ［この培養肉］に、まさに今話していること［テクノロジーの知識とイスラエルの経済の推進］が見えると思います。
ネタニヤフ　［通常の肉と］全く違いがない。本当に素晴らしいです。［The Good Food Institute 2020］

ネタニヤフはこの動画で、自らが首相として培養肉を味わった世界で初めての指導者であることを強調し、イスラエルが、テクノロジーを用いた培養肉や代替プロテインの分野で世界を主導する立場であり、この分野の広がりがゆくゆくは選択の自由に繋がり、動物の苦しみと環境汚染を減らすことができると確認する。ここでは、テクノロジーに裏付けられたヴィーガニズムは、「将来のイスラエル経済を推進する」ことが強調されている。

さらに、二〇二一年一一月に、当時首相であったナフタリ・ベネットは、米国ニュー・ヨークで行われた先端技術とイノベーションに関する会議であるMind the Techに、ビデオ・メッセージを寄せている。その中でこのように述べられている。

我々は、最古の文化の一つ、ユダヤ文化の精神を利用して、新しいイノベーションと新しいテクノロジーの中心地を作り上げました。そうです、我々、スタートアップの国は、誇るべきたくさんのことがあります。しかし我々が達成しようと意気込むことも未だに多く残されています。我々は、大きな任務を達成しなければなりません。もし我々がグローバルな問題に取り組むのに我々の労力を向けていたら、我々イスラエルがどれだけの影響を与えられていたか少し想像してみてください。（中略）水が必要な地域でどうやって水を作り出すのか、グリーン・エネルギーをいかに作り出すのか、エネルギーをどうやって貯蓄するのか、大きな環境負荷を与えることなく食べ物をいかに作り出すかを考えてください。これが、我々が照準を定めなければならないことなのです。

［Vidal 2021］

これらの政治家らの食のテクノロジーに対する関心の高まりは、政策面にも表れている。GFIイスラエルの調査によると、人口当たりのベンチャーキャピタル投資及び、研究投資はそれぞれ世界一であり、その多くはイスラエル経済省傘下の「イスラエル・イノベーション・オーソリティ」によるものである［The Good Food Institute Israel 2021］。さらに、二〇一八年には一四〇〇万ドルであった代替プロテインへの投資は、二〇二一年には二億ドルにまで成長、代替プロテインの分野は、サイバー・セキュリティやフィン・テックといった他の分野に比べてその投資額は依然として少ないものの、その成長率は一八七％とスタートアップ業界では一位である［*Ibid.*］。二〇二二年のGFIイスラエルの報告によれば、植物由来の代替食品を取り扱うスタートアップ産業に対する企業からの投資額は、米国に続いて世界第二位に成長している［GFI Israel 2022］。

このように、イスラエルにおいてヴィーガニズムは環境問題を解決するためのスタートアップ分野、中でも食のテクノロジー産業の成長に結び付けられている。ここでは、ヴィーガニズムは選択肢の一つであり、環境問題に関する現状をより良くするための鍵であると語られる。そして、その選択肢を増やすための鍵は技術の開発及び産業分野への投資であると位置付けられ、テル・アヴィヴ市のスタートアップ精神を基調としながら、イスラエルは官民一体となって、この分野における経済的な競争力の強化を目指していることが明らかになった。

4 個人主義的ヴィーガンの擡頭

二〇一〇年代以降のヴィーガニズムに対する社会的な関心の高まりにおいて、「ヴィーガニズムは非政治的なもの、或いは政治的なものとは無関係である」という主張が頻繁に登場するようになった。二〇一二年にヴィーガン・フレンドリーという団体を立ち上げ、ヴィーガニズムに関する活動を行っている動物の権利活動家であるオムリ・パズは、個人主義的で「無害化」されたヴィーガニズムを推進する活動家の代表的存在である。

二〇一五年に行われたヴィーガン会議における講演の中で、パズは二〇一二年から二〇一四年までの、街頭に出てプロテストを行う、或いは実際に人に会いフライヤーを配るといった動物の権利運動の手法を「伝統的な手法」と位置付け、その問題点は「個人的なものだ」と婉曲に批判する。一方で、近年、大手アイスクリーム会社のベン&ジェリーズ社がヴィーガンのアイスクリームを開発したことの社会的なインパクトが大きかったことから、大企業に対する働きかけを重視する姿勢が述べられている［Vegan Friendly 2015］。英国のユダヤ人を中心としたベジタリアニズムに関する団体 Jewish Vegetarian Society の依頼を受けてオンラインで講演を行ったパズは、自らの活動についてこのように説明する。

二〇一二年、我々［ヴィーガンら］にはヴィーガン・チーズやヴィーガン肉等のヴィーガンの選択肢や代替品はほとんどありませんでした。なので、そのことが、私が最初に取り組んだことでした。当時私が若いヴィーガンとしてやりたかったことは、屠殺場に行ってプロテストをする、或いは動物を殺している人々に向かって叫ぶことだったのですが、私がやらなければならないことは、ヴィーガニズムをより入手可能にすることだと理解していました。当時ヴィーガンらがヴィーガンの選択肢を持てるよう活動する時に、彼ら［活動家ら］がやっていたことは、簡単に言えば彼ら［企業側］を脅す、または請願を行うことでした。もしヴィーガンの選択肢を持ちたいなら、署名してボイコットをして誰もそこで買わないようにと。しかし国の人口の〇・五％にも満たないコミュニティからそれをしに来ても、大きな脅威にはならず、成功しませんでした。そのため、私の考え方は、常にポジティヴな方法で行動を起こすことでした。常にビジネスに協力してくれるよう動機付けるようなことを見つけ出し、双方にとってウィン・ウィンのモデルを見つけ出すことです。そのため私が始めなければならなかったことは、フェイスブックやウェブサイトを作り、ビジネス側に、これだけのヴィーガンの選択肢を増やしていただければ、ヴィーガン・フレンドリーということで素晴らしいヴィーガン・フレンドリーの認証がもらえると伝えることでした。実際は一週間前に作ったばかりの認証でしたが、あなたたち［ビジネス側］はフェイスブックやウェブサイトで我々の持つ指標に照らした素晴らしい広告が手に入ります、そしてお金はかかりません、という風に。二〇一二年にはこれは素晴らしい成功を収めました。［Jewish Vegetarian Society 2020］

パズは、プロテスト等の他の方法と対置させながら、自らの運動の手法がポジティヴな方法であること、そしてビジネス側にとっても有益な方法を心がけていることを強調する。この方法の違いは、同年に盛り上がった269Life運動を説明する際にも強調される。(10)

二〇一二年の終わりには、皆さん聞いたことがあるか分かりませんが、269という団体を聞いたことがありますでしょうか。聞いたことがある方は手を挙げていただけますか。いませんか、分かりました。イスラエルでは、今は存在していませんが極端で急進的なヴィーガンの団体がありました。彼らは一般の人々にショックを与えることをし、そのおかげで報道もされました。極端なやり方であったのでポジティヴな方法では必ずしもありませんでしたが、それもヴィーガニズムを有名にしました。[*Ibid.*]

さらに、二〇一〇年代のイスラエルでの動きを説明する際にパズはこのようにまとめる。

そしてイスラエルで面白いのは、二〇一二年から二〇一五年までの間、ほとんどの活動や運動は伝統的な運動手法でした。ニュースやソーシャル・メディア等で見たことがあるような。そして二〇一五年からは、イスラエルではヴィーガンらが投稿をしたり活動をしたりという「伝統的な」運動から、食の消費者への移行があるように感じます。ソーシャル・メディアでのやり取りやヴィーガン・レストランやデザートへの移行です。いまやヴィーガン・レシピについてだけ話すヴィーガンのグループ等が見られるようになりました。[*Ibid.*]

ここからパズが、伝統的な手法ではなく「ポジティヴ」な手法で社会を変えることが必要であり、そのためには伝統的な手法から離れ、屠殺場でのプロテスト等の人々に衝撃を与えるようなやり方ではなく、むしろおいしいヴィーガン・レシピの紹介といった食事のことだけに焦点を合わせることの方が、動物の権利を推進するうえでは有益だと考えていることが分かる。

さらに、パズは一連の流れを説明した後に自身の目標をこのように語る。

面白いことに、イスラエルではヴィーガンの人口は二〇一五年から二〇二〇年にかけて飛躍し続けているわけではありません。しかし植物ベースの消費は飛躍的に伸びました。つまりヴィーガンやヴィーガニズムに加え、多くのフレキシタリアン[11]も飛躍したこととなります。それは素晴らしいことで、今やそれはヴィーガンだけのマーケットでなく、健康や環境を良くしようとする人や、ヴィーガンとヴィーガンでない人が混ざった大きな家庭に住んでいる人全てのマーケットになりました。それは主流化に向けた、つまり現在ヴィーガンではないけれども「ビヨンド」[12]や植物性チーズ製品等を試す人々に向けたヴィーガニズムの次の一歩です。[*Ibid.*]

パズが代表を務める非営利組織団体の「Vegan Friendly」は、年に一度テル・アヴィヴ市の後援を受けながら、ヴィーガン・フェストを開催している。このヴィーガン・フェストはヴィーガニズムが非政治的であることを強調した点で顕著なイベントである。パズはそこでこのように述べる。

ヴィーガン・フェスト2019は、史上最大のヴィーガン・イベントとなることが予想されており、我々は、それを主導していることに誇りを持っています！　最も興味深く、そして革新的なヴィーガン関連コンテンツの体験を提供するヴィーガンの楽園になること間違いなしでしょう。[13]（中略）我々の唯一の願いは、より多くの国がこのレースを取り上げ、もっと大きなヴィーガン・フェスティバルにすることです。我々の考えでは、これが

人々にヴィーガニズムを試すよう説得する、最善で、最もポジティヴな方法です。［The Veganary n.d.］

パズは、この発言の中で、楽園という言葉を使いながらこのイベントが愉快なお祭りであることを強調しつつ、このヴィーガン・フェストがヴィーガニズムを人々に広めるための「ポジティヴ」な方法であり、「最善」の方法であることを強調する。

これらの発言の論理から示唆されていることは、パズが、直接的な言及を避けながらも、プロテストや対抗的な活動の方針を婉曲に批判し、それらと距離を取っていることである。パズは、プロテストや社会に対する批判を行う「伝統的な」活動を通じてではなく、菜食体験の「ポジティヴな」経験を通じて人々を説得しつつ、ベン＆ジェリーズといった大企業等に標的を絞りながら、ヴィーガニズムの「主流化」路線を採用していることが分かる。その際、ヴィーガニズムのイメージはネガティヴなものではなく、ヴィーガンのレシピをシェアするといったより個人のライフスタイルに着目することを目指している。パズは一貫して動物の権利の政治色を薄め、人々の動物に対する意識を必ずしも変えないまま、ヴィーガニズムを生活や経済の一部として取り入れることを優先する。パズの一連の認識の中で一貫しているのは、資本主義の肯定及び、消費を促進するものとしてのヴィーガニズムの促進という基本姿勢である。パズは伝統的な動物の権利活動家と異なり、ボイコットを含む政治的対立を避ける形でヴィーガニズムを推進する必要性を説いており、その時パズの言うヴィーガニズムは、個人の食の選択及び個人の消費の一形態と見做されている。

パズの主張は、ゲイリー・フランシオンが批判した「新福祉主義」の考え方に近い。新福祉主義(14)は、食肉等の動物の利用と搾取の廃絶という最終的な目標を標榜しながらも、あくまで今いる動物の福祉の漸進的な改善を優先し、現実的な路線を取ろうという考え方である［Francione 1996］。このアプローチは、ヴィーガニズムだけでなくフレキシタリアンや部分的な菜食を推進する等、「ミートレス・マンデー」[15]のキャンペーン等の活動に顕著な方針である。[16]パズの路線はヴィーガニズムの背景にある「動物の権利擁護と抑圧からの解放を求める」という政治的主張をできるだけ薄め、ポジティヴな方法で食の選択を尊重しながらヴィーガニズムに対する人々の心理的ハードルを下げるという点で新福祉主義的アプローチである。

パズのこの主流化路線と軌を一にするように、二〇一〇年以降ヴィーガニズムが非政治的なものであると主張するヴィーガンらが擡頭してきた［Weiss 2016; Alloun 2018］。実際に、筆者が二〇二〇年に行ったヴィーガン或いは動物の権利活動家に対するインタビューの中でも、ヴィーガニズムを非政治的なものと位置付けるインタビュー協力者も存在した。

例えば、インタビュー協力者の一人であるハンナは以下のように述べている。

> 動物の権利は、政治的なものではないのです、分かりますか。基本的には政治的なものではありません。もっとナチュラルな、えっとニュートラルなものです。だからこの問題を左翼にも右派側、右翼にも関連させることができます。自分でもよく分からないけど、このことは、もっと人々の心の問題、コミュニティの心の問題なのです。［Hannah 2019］

ハンナは、自らを積極的な動物の権利活動家ではない消極的なヴィーガンと説明した。ハンナの発言からは、自身が実践するヴィーガニズム及び動物権利の擁護を、政治的主張ではなく個人のライフスタイルの一形態と捉えていることが分かる。さらに、ノガは、このように答えている。

私は動物の権利は政治的なものであるべきだとは思いません。ベジタリアン・ヴィーガンである私の考えでは、［ヴィーガニズムは］政治的考えとは何も関係がありません。それ［ヴィーガニズム］は、我々が地球の全てのものを食べてもよいとは限らないという事実と関係があるので、様々な政治的考えの間で広まっていることはとても喜ばしいことです。［Noga 2020］

二人の主張に共通することは、ヴィーガニズムを個人化されたものと捉えていることである。そこではヴィーガニズムは政治的考えとは無関係であり、むしろ個人の倫理観に関連するものと見做されている。

5　おわりに

本章では、新自由主義的政策によってイスラエル経済の核になるまで成長したテル・アヴィヴ市において、ヴィーガニズムがいかに扱われ、活用されてきたかをテル・アヴィヴ市のアーカイヴやヴィーガニズムに関する各種の広報資料を用いながら辿ってきた。

本章で明らかになったのは、まず、テル・アヴィヴ市の政策の中での、動物不使用の食事を推進することに対する市側の肯定的な評価である。しかしながら、テル・アヴィヴ市のこの態度は、あくまで動物不使用の食事は強制ではなく個人の選択の問題で、市は個人の選択に介入しない姿勢を崩さないという両義的なものであるということが確認された。テル・アヴィヴ市の立場は、ヴィーガニズムを強制することなく、意識の向上と教育によってそれを推進するという、緩やかな介入にとどめられており、ヴィーガニズムはある種の個人的な選択の問題と見做されていることが分かる。さらに注目すべきは、近年のイスラエルにおけるヴィーガニズムの高まりが、動物の権利や動物の置かれた状況に対する意識の高まりを背景にしているにも拘らず、この時扱われているヴィーガニズムは、動物の権利や福祉の問題としての側面が抜け落ち、地球環境と持続可能性の問題と再定位されていることである。

GFIイスラエルの事例から読み取れるのは、個人の「選択」としてのヴィーガニズムの推進という市の政策に沿う形で、食の分野におけるスタートアップ及びテクノロジー産業が官民一体となって推進されていることである。ネタニヤフの代替肉の試食やベネットのメッセージから明らかなように、ヴィーガニズムはイスラエル経済にとっての成長の鍵と位置付けられている。こうした、テル・アヴィヴ市におけるヴィーガニズムの繁栄は、第1章で確認した新自由主義的な価値観と上手く合致する形で進行している。

この時、ヴィーガニズムは、もはや動物の権利という「政治的な」問題ではなく、あくまで個人の選択の問題と見做されている。これまで、批判的動物研究は、この個人の選択という修辞に潜む政治性を強調してきた。特に「肉食／菜食は個人の問題である」とする修辞は、背景に存在する動物に対する加害を見過ごしてしまうという点を指摘してきた。しかし、テル・アヴィヴの事例において称揚されるヴィーガニズムに顕著なのは、この批判的視座を削ぎ落とした形で用いられているという点である。

新自由主義的価値観に強く影響を受けたヴィーガニズムの擡頭においては、動物の権利及び環境問題に関する現状の変更を求める政治的要求の一部と見做されてきた従来のヴィーガニズムとは異なり、ヴィーガニズムが、動物由来の製品のボイコットとしての性格と、動物由来の製品を消費する社会に対する批判的視座を持たない個人の問題と見做されている。オムリ・パズの主流化戦略に例示されているのは、ヴィーガニズムはアクティヴィズムの一部というよりも、むしろ個人的なライフスタイルの一形態であり、経済的な利益を生む一つの分野であるとして称揚されている。こうした社会経済的変化の中から、二〇一二年のヴィーガン革命以降ヴィーガニズムが主流化する中で生まれてきたのが個人主義的なヴィーガンである。エリカ・ワイスやエステル・アラウンといった批判的動物研究の先行研究では、ヴィーガニズムが非政治的なものとされてきた要因としてパレスチナ問題との切り離しという側面を指摘している［Weiss 2016；Alloun 2018；2020］(17)。こうした先行研究は、運動のイスラエル政治との関わりを上手く説明しているものの、テル・アヴィヴを中心に発達した新自由主義の社会・経済的な影響と、それが標榜する多元主義に沿うような形でむしろヴィーガニズムの特定の側面が切り出され、称揚されてきたことが上手く説明できていない。

本章では、テル・アヴィヴを中心に発展したヴィーガニズムについて、市の政策、スタートアップ等の代替肉産業の成長、動物の権利運動の展開、それから個別のヴィーガンの意識の変化という位相の異なる事例を複数取り上げてきた。それぞれの分野で起きていることは必ずしも直接的な因果関係で結ばれるわけではなく、それぞれの置かれた状況の中から選択された結果の集合体にすぎない。しかしながらそれぞれの分野において、奇妙な形で共通しているのは、ヴィーガニズムが肉食と動物の置かれた現状への批判を削ぎ落とされ、無害化され、個人の選択の問題に落とし込まれている点である。肉食への批判を削ぎ落とされ、無害化された個人主義的ヴィーガニズム或いはそれを実践するヴィーガンは、キムリッカが指摘した人種的マイノリティや、或いは女性、性的少数者といった他の属性と同様に、この新自由主義的多元主義に、より具体的にはテル・アヴィヴ市の標榜する多元主義に上手く当てはまる。

註

（1） 現代ヘブライ語において動物を表す単語としては「ba'alei hayim」が最もよく用いられるが、これを日本語に直訳すると「生の持ち主」となる。しかし、この「生」を表す「hayim」という単語、或いは動詞「生きる」の「hai」は、精神を持つとされるもののみに用いられ、植物には用いられない。そのため、結果的にその単語が含む範疇は日本語の「動物」や英語のanimal等の概念にほぼ重なる。本書ではこの単語を「動物」と訳出している。

（2） 厳密にはこれ以前に動物の保護に関するものとして、一九五五年に制定された「野生動物の保護に関する法」が存在する

[Ha-Misrad La-Haganat Ha-Ṣvivah 2019]。この法律は自然動物の狩猟や売買等の規定を定めたものではあるが、家畜やあらゆる産業における動物の使用及び虐待について規定したものではなかった。但し、二〇二一年には、この野生動物の保護に関する法が改正され、毛皮の売買が禁止されることになり、動物の権利の向上にこの法律が一役買うこととなった [Ha-Misrad La-Haganat Ha-Ṣvivah 2021]。

(3) 例えば、法律制定の際、先述のノアハが委員会での議論に招聘されている [Protoqol Yeshivah 161 1994]。

(4) フォアグラ生産は、強制的にアヒルに餌を与える点（強制給餌）や、場合によっては極端に狭い空間にアヒルを閉じ込め、ほとんど歩けない状態にする点等が動物に対し多大な苦痛を与えるものである。そのため、長年動物の権利を擁護する立場の人々から廃止が求められてきた。

(5) 例えば、『イェディオット・アハロノット』紙や『イスラエル・ハ＝ヨーム』紙等の現代ヘブライ語新聞各紙も、この記事に追随する形でテル・アヴィヴ市のヴィーガン・フレンドリーさが世界に認知されることとなったことを報じている [Ynet 2017; Roṭ-'Avneri 2019]。

(6) 他にもイスラエルのヴィーガニズムを取り上げたものに、ケルシー・グロスの論考があるが、この論考は概論にとどまっており、ヴィーガニズムのイスラエルにおける展開の要因を十分考察できているとは言えない [Gross 2019]。

(7) 「(街等を) 有名にする」という意味の慣用句「leha'alot 'al ha-mapah（直訳で「地図上に載せる」の意味）」から来ているものと推測される。そのため、ここでは、「我々（＝テル・アヴィヴ市）がヴィーガンの界隈で既に有名になった」という意味が込められている。

(8) ユダヤ教における祝日の一つで、マカバイ戦争におけるエルサレムの神殿の奪還を記念している。マカバイ戦争中に起こったとされる蠟燭の油の奇跡に由来し、ハヌカの期間中には、油分を多く含んだスフガニヤ (sufganiyah) と呼ばれるドーナッツを食べる風習がイスラエルでは定着している。

(9) 肉食主義については、用語解説「肉食主義」を参照されたい。

(10) ２６９Ｌｉｆｅ運動については第6章で詳しく見てゆく。

(11) 完全な菜食ではないが、時と場合によって菜食を行う人のことをフレキシタリアンと呼ぶ。

(12) 有名な植物由来製品ブランドのこと。

(13) 原語では defiantly となっていたが、definitely の打ち間違いである可能性から、「間違いなく」と訳出した。

（14）新福祉主義の元となっている福祉主義（welfarism）とは、動物に対する不必要な苦痛を減らし、既にいる動物の福祉を増大させることを目標とする考え方で、あくまで動物を利用する産業や搾取構造の根本的な廃止を訴え、完全な動物の解放を求める廃止論（abolitionism）とは対置されて用いられることが多い。フランシオンは廃止論者として知られている。

（15）ミートレス・マンデー（Meatless Monday）とは、月曜日に動物由来の食事をとらないというキャンペーンで、二〇〇三年に米国の実業家であるシド・ラーナーによって始められ、米国をはじめ、国際的に広まった［The Monday Campaigns n.d.］。ミートレス・マンデーは、曜日を限定することでヴィーガニズムへの人々の食の移行の手助けをすること、さらに動物の権利に対する意識の向上、ひいては食肉を減らすために行われている。

（16）新福祉主義の説明及びその廃止論との違いと限界については、［井上 2022］に詳しい。

（17）動物の権利のパレスチナ問題との切り離しについては、第5章で詳述したい。

第5章　ヴィーガン・ナショナリズム

——対テロ戦争時代のイスラエルの動物の権利運動

1　はじめに

第4章では、テル・アヴィヴを中心にイスラエルで近年関心が高まるヴィーガニズムが、新自由主義の影響を受け、食のテクノロジーという市の成長分野に結び付けられると同時に、もはや動物の権利の問題とは見做されず、個人の生活スタイルの一部として、無害化されたものとして促進されていることを確認した。本章では、本書全体の議論の中核をなす、動物の権利をめぐる政治とナショナリズムの繋がりについて論じてゆく。

二〇一二年のヴィーガン革命以降、ヴィーガニズムの無害化と同時に、右派を自認するヴィーガンや動物の権利活動家、或いは動物の権利擁護を訴える政治家が、イスラエル政治において擡頭した。ビンヤミン・ネタニヤフはその典型である。二〇一三年に、ミートレス・マンデーの取り組みを推進する環境活動家ミキ・ハイモヴィッチと面会したネタニヤフは、動物の権利に対する自身の倫理的意識の高まりから、妻であるサラ、さらに息子のヤイルとともに自身がほとんど肉を食べていないことを明らかにしている［IsraeliPM 2013］(1)。

また、二〇一八年には、ネタニヤフのフェイスブックのアカウントには、首相夫人（当時）であるサラ・ネタニヤフがオーストラリアからの家畜輸入の際の動物の扱いに愕然としたとの動画が載せられている。

動物がイスラエル国に連れていかれる際の恥ずべき状況を見て、動揺しました。ただただ心が本当に引き裂かれます。私は、国内、それから世界の動物の権利と福祉を気にかける動物の団体の完全なパートナーです。私はあなたたちのパートナーであり、夫である首相にこのひどい苦痛を止めるために全力を尽くすよう問い合わせました。農業大臣であるウリ・アリエルにも問い合わせました。なので、彼ができること全てをしてくれると確信しています。さらに、私の友人であるオーストラリア首相夫人にも問い合わせるつもりで、彼らの心に触れると確信しています。このような状況を耐えることに、そしてこのような［我々の動物に対する］恥ずべき態度に値する生き物など存在しません。我々は社会として、これを受け入れるわけにはいきません。我々には、動物たちが尊厳を持って生きるための最低限の状況を整える責任があります。［Netanyahu 2018］

この発言は、畜産業における動物の扱いに関する議論を引き起こしたと同時に、ネタニヤフとその一家の動物の権利に対する意識の高さを表すものと見做された。

批判的動物研究では、既にイスラエルにおける動物の権利運動と植民地主義との繋がりが考察されはじめている。その代表的な研究のうちの一つに、エリカ・ワイスの研究がある。ワイスは、「倫理的ヴィーガニズムはイスラエルで国家的現象となったが、以前の動物の権利運動がイスラエルの政治的左派、特に人権的理由付けに固く埋め込まれていたのに対し、今日のそれはそうではない」［Weiss 2016：688］と述べ、ヴィーガンウォッシングと形容されるイスラエル政府機関による積極的な動物の権利に関する広報宣伝に対し、「現在の動物の権利の政治は正当化の目的のために、また、パレスチナ人の人権を否定するために右翼国家によって盗用／占領されている」［*Ibid.*：703］と指摘している。

エステル・アラウンの研究でも同様に、近年のイスラエルの動物の権利をめぐる政治と植民地主義の繋がりが指摘されている。アラウンは、「ユダヤ人活動家らは、動物の権利を、活動家が人種差別や（異性愛主義及び）性差別、[2]入植者植民地主義が存在しないかのように考え、行動できるような、政治から解放されたユートピアとして前景化する。動物の権利の『美しさ』は政治とイスラエルの植民者国家の暴力を曖昧にするために用いられている」［Alloun 2018: 569］と述べ、動物の権利運動と入植者植民地主義の繋がりを論じている。さらにアラウン［Alloun 2020: 4］は、二〇一二年のヴィーガン革命以降の言説が、実際は、シオニズム及びイスラエルのユダヤ的自己像における例外主義（後述）と呼応していることを論じている。

一方で、第Ⅰ部で論じたように、平等や解放といった左派的な価値観に深く関連のある権利運動がナショナリズムと親和性を持ってゆく様は、動物の権利運動に固有の現象とは言えない。このことは、プアのホモナショナリズム論が他の分野へ援用されてきたことに端的に表れている。プアのホモナショナリズムの概念では、ＳＯＧＩをめぐる政治が、いかに既存の階層関係を温存しながらナショナリズムと接続するかという点に焦点があった。しかし、非規範的な身体をめぐる政治がナショナリズムと優位性の言説に接続してゆくのは、ＳＯＧＩをめぐる政治に固有なわけではなく、他の非規範的な身体をめぐる政治にも同様の展開が見受けられる。例えば、ニコール・マルコティッチとロバート・マクルーアは「クリップ・ナショナリズム」という概念を用いつつ、[3]障害者の権利をめぐる動きが、ナショナリズムといかに接続してゆくかを検討している［Markotić and McRuer 2012］。また、サラ・ファリスは「フェモナショナリズム」という概念を用いながら、[4]西洋の先進性とフェミニズムの興隆が移民の排斥にいかに繋がっているかを考察している［Farris 2012］。

つまり、プアのホモナショナリズム概念は、ＳＯＧＩをめぐる政治に限らず、ある種の左派運動及び非規範的身体をめぐる動きが、戦争を伴う覇権的な制度と親和性を持ちうるという示唆を与えている。実際に、プア自身も、二〇一七年の著作*The Right to Maim*で、障害者の人権擁護の言説がリベラリズムの優位性の言説として機能している一方で、（とりわけイスラエルの）戦争遂行や植民地主義的政策において「身体の弱体化／障害化」が行使されていると論じ、障害者の権利の擁護と同時に進む身体の欠損化との生権力的な繋がりを批判的に論じている［Puar 2017: 71-72］。

このような流れの中で、批判的動物研究でも、ホモナショナリズムを応用する形で、アニマル・ナショナリズムという概念が用いられはじめた。アニマル・ナショナリズムは、二〇一三年にジャネット・デイヴィスが米国の新たなナショナリズムの一形態について述べたものである［Davis 2013］。デイヴィスは米国植民地の闘鶏の伝統における動物に対する倫理観についての歴史的な検討を加えている。

デイヴィスのアニマル・ナショナリズムは動物に対する倫理観がとりわけ西洋の国家の優位性に接続している様子を素描したものではあるものの、時代区分も一九世紀初頭を対象にしているため現代の文脈で用いられたものではなかった。そこからこの概念をさらに発展させたのがジャクリーン・ダルズィエルとディネシュ・ワディウェルである［Dalziell and Wadiwel 2016］。ダルズィエルとワディウェルは、オーストラリアを事例に、プアのホモナショナリズムを引用しつつ、他領域における権利運動のナショナリズムの繋がりを比較しながら初めて本格的にこの用語について分析を加えている。ここからはその概要を敷衍したい。

オーストラリアでは、二〇一一年にインドネシアに輸出された食肉用の生きた牛が、インドネシアの加工場で虐待に近い状態で扱われていることが動物の権利団体によって暴かれた。これを契機に、オーストラリアでは食肉用の生きた動物の輸出を禁止するかどうかの議論が起こったが、その際、インドネシアや最終的な牛肉の消費国である中東イスラーム諸国を念頭に、ハラールの屠殺法が動物に苦痛を与える野蛮なものであるとする言説が盛り上がった。ダルズィエルらは、この時イスラームの宗教的野蛮さと対置する形で動物の権利の擁護が語られていることを指摘し、このような言説を「アニマル・ナショナリズム」と位置付けたのである。さらにガヤトリ・スピヴァクの著名な言葉(5)を引用しながら、このアニマル・ナショナリズムの構造を「白い人間／男が白い動物を茶色い人間／男から救う」と表現した［*Ibid.*: 80］。

アニマル・ナショナリズムという概念が用いられて以降、イスラエルの政治的動向もアニマル・ナショナリズムの枠組の一例と見做されてきた。例えば、ガレスピーとナラヤナンは、Animal Nationalismsとこの概念を複数形で用いて、世界各地で沸き上がりつつある動物の権利をめぐる政治とナショナリズムの繋がりを論じているが、イスラエルもその一つに数えられている［Gillespie and Narayanan 2020］。アニマル・ナショナリズムという概念は、動物の権利が国家における優位性に結び付けられ、その際文明と野蛮という二項対立が用いられている点を表現しており、本章で見てゆくイスラエルの事例を考察する際にも有用ではある。しかし一方で、この後論証してゆく通り、このアニマル・ナショナリズムの概念は、イスラエルの動物の権利をめぐる政治における「ヴィーガニズム」の重要性を看過してしまっている。

ホモナショナリズムを理論化する際プアは、ホモナショナリズムの担い手として（一部の）同性愛者を想定していた(6)［Puar 2007: 4］。つまり、プアのホモナショナリズムの枠組では、国家の先進性と民主性を象徴する新たな「戦士」の役割を同性愛者が担っているという点を上手く説明できている。一方、アニマル・ナショナリズムの枠組では、動物の権利の擁護を積極的に主張することによって「誰が愛国者になってくれるのか」という部分が上手く説明できていない。動物の権利の擁護を国家が謳ったところで、動物が積極的に国家を守る「戦士」になってくれるわけではない。本章では、少なくともイスラエルでは、ヴィーガンらが動物を代理しつつ、この国家の先進性を象徴するという役割を担っているという点で顕著であることを示す。その点を精緻に表現するため、イスラエルの事例について、

アニマル・ナショナリズムの代わりに、「ヴィーガン・ナショナリズム」を提唱したい。(7)

批判的動物研究の先行研究に対するこの批判的視座を基に、本章では、近年の動物の権利に関するイスラエルの右派らの語り或いは国家に関する語りを分析する。その際、「ヴィーガン・ナショナリズム」という新しい用語を導入することで、「野蛮なテロリスト」との現在進行中の戦争における倫理的優位性の証左としてヴィーガンを称揚し受容すると主張する近年のイスラエルにおけるナショナリズムの修辞と論理に対するより良い理解を提供することを目指したい。結論を先取りすると、本章で概念化する分析概念としてのヴィーガン・ナショナリズムとは、このような特徴を備えている。

一　選択的・例外的な包摂　ヴィーガンすなわち菜食者らは、強くたくましい肉食者の身体を持った国家に望ましい人々ではないが、ある種のマイノリティとして国家に有益なものである限りにおいて選択的・例外的に軍隊等の国家の制度の中に組み込まれる。

二　優位性の主張　ヴィーガンの包摂は国家の道徳的・倫理的優位性を証明するものであり、この時ヴィーガンは実際に守られるべき(非人間)動物を代表する。

三　対テロ戦争への文脈化　この道徳的・倫理的優位性は、テロリズムの野蛮性と対置される。

四　人間／(非人間)動物の二項対立の再演と戦争の正当化　「野蛮な」テロリストらは、権利の範疇に含められない人間以下の動物であると主張する。

以上は、著名な活動家及び政治家らの言説分析や、筆者が行った活動家・ヴィーガンへのインタビュー資料という二つの資料から浮かび上がってきたものである。より具体的には、著名なイスラエル人の動物の権利活動家やイスラエルの政治家、イスラエル国防軍等のイスラエルの政府機関のツイッター（現：X）やフェイスブック、ユーチューブ、インスタグラム等に投稿されたポストや、『ハ＝アレツ』紙や『イェディオット・アハロノット（＝Ynet）』紙等の新聞記事におけるこれらの人々の発言の分析である。とりわけ、イスラエルの動物の権利運動の活動家として著名なタル・ギルボア、右派政党に所属し、ヴィーガンであることを公言しているクネセト議員のエリ・アヴィダルやシャレン・ハスケル、ベジタリアンを公言している大統領（当時）のルーベン・リヴリン、首相（当時）のビンヤミン・ネタニヤフとその息子であるヤイル・ネタニヤフ等、動物の権利に関係があり、また政治的右派の潮流に位置付けられる著名な人物に着目している。

2　右派ヴィーガンの擡頭——「倫理的な」軍隊と「非人間の」テロリストの間の二項対立

筆者の行ったインタビューでは、個人のレベルでは、ヴィーガンや動物の権利活動家のインタビュー協力者の多くが自らを左派と認識していた。しかし、個人の次元とは異なり、運動の手法の次元では、とりわけ二〇〇〇年代以降、左派的なアイデンティティを意図的に打ち出さない方針が取られてきた。動物の権利運動に長年携わる活動家であるマタンは、インタビューでこのように述べている。

LGBTQの運動——というよりおそらくLGBT、もっと言えばゲイ運動——と動物の権利を擁護する運動は、非常に似た軌跡を辿っています。それらは［社会制度に対し］挑戦的なものから、既存の秩序［に迎合的なもの］へと変化しました。動物の権利団体はゲイの団体よりもそうと言えます。ゲイの団体では、人々はまだ左翼的であり、社会的正義や解放という背景が健在ですが、動物の団体のアナーキスト的なものは、たしか八〇年代後半から九〇年代前半がピークでした。アナーキストたちの音楽バンドや、アナーキスト的な活動の方法に影響を受け、動物［の問題］から入った［社会的な問題に関心を持った］人が反軍事主義的になったりしていました。（中略）動物の権利の方はというと、とても意識的に、他の闘争を結び付ける考え方［を拒絶する］マッチョな考え方を採用するようになりました。活動の核にいる多くの活動家らは今でも急進的ではあるのですが、活動においては、かなりの程度、その活動や運動を［その思想と］差異化しています。活動のシンボルやロゴ、スローガン、雰囲気が変えられ、［これまでとは違う］新しい人々が参入するようになりました。［Matan 2019］

エリカ・ワイスが述べるように、とりわけ二〇〇〇年代以降の「イスラエルにおける新しい動物の権利運動は左派政治、さらにはその根底にある人道主義的考えにおける思想的・倫理的埋め込みから自らを切り離してきており」［Weiss 2016：703］、動物の権利の問題のみに焦点を合わせる「シングル・イッシュー化」を指向してきた。この傾向を顕著に表しているのが、イスラエル最大の動物の権利団体の「アノニマス」の二〇〇〇年代からのシングル・イッシュー化及びそれに伴う団体の分裂である。二〇〇〇年代、第二次インティファーダが始まり、パレスチナ問題がイスラエル及びパレスチナ双方の世間の関心を集めてゆく中で、次第に動物の権利運動に対してもその影響が顕著になっていった。当時の動物の権利運動で中心的役割を担った活動家は、イスラエル国内で支持を得て主流化してゆくために、パレスチナ問題に言及することを避け、パレスチナ人の人権を支持する左派団体との連帯から手を引き、動物の権利の問題のみに焦点を合わせる戦略を取るようになったと語っている［269Life 2013］。その結果、この主流化路線に反対する形で、「Ma'avaq 'Ehad＝一つの闘争」が、動物の権利の問題とパレスチナの人権の問題の交差性を重視し、片方のみの解放など存在し得ないという批判的な視座に基づき設立され、「アノニマス」と袂を分かった［*Ibid.*］。インタビュー協力者で、一九九〇年代から動物の権利活動に携わるノアムは、このシングル・イッシュー化の戦略をはっきり言明する。

厳に戦略的な観点から見れば、イスラエルのユダヤ人動物の権利活動家が公的に反シオニストと見做される、つまり、自動的に［動物の権利の問題を］周縁化させ、目的の聴衆の大多数との間に敵意と不信の壁を築くような動きは、全く意味がありません。［Noam 2019］

さらに、

私の考えでは、動物の権利活動家らは自らを非人間動物の窮状に［のみ］関わるべき、ただそれだけです。左派や右派、或いは中道といった政治をそこに注入するのは、無意味などころか、水を汚すようなもので、多くの潜在的な聴衆を逃してしまうだけです。動物の解放は、疑いようがなく左派から派生しました。それは明白な事実です。しかしそのことが、「我々がその陣営に自らを縛り付けるべきである」ということを意味するべきであるという思想的或いは戦略的理由などありません。実際ほとんどの国で、動物の権利活動家が関わる政治的陣営が多くなればなるほど、我々の運動が早く成長する、ということは歴史が示しています。（中略）イスラエルはナショナリズムに関する問題では、非常に右翼的で、西欧や北米、或いはオーストラリアよりもはるかに右です。イスラエルで「中道」や「左派的」として通用するものの多くが、実際には西洋世界の他の国々では右翼と見做されることを考えると、さらに右寄りで［あると言えま］す。動物の権利を意図的に「左翼の大義」と提示することは、一〇年前までイスラエルで行われていたように、我々の闘いを少数派の関心事という運命に追いやるのです。（［当時］リクードの）シャレン・ハスケルや（イスラエル我らの家の）エリ・アヴィダル等の倫理的ヴィーガンが右派にも存在し、［当時］首相のネタニヤフやその家族がヴィーガンに好意的な発言を繰り返していることは、動物の権利が左派の大義であるという偏見を払いのける重要で不可欠な役割を担っており、さらに今度は大部分、つまり多数派のイスラエル人の心と精神への扉を開くのです。［*Ibid.*］

さらに、近年のイスラエルの政治の中では、こうした左派的な連帯から動物の権利を切り離す動きと同時に、「動物の権利は、必ずしも左派のものだけではない」という主張が、右派政治家や活動家らからなされるようになった。二〇一六年に「ハ＝アハ・ハ＝ガドール（Ha-'Aḥ Ha-Gadol）」というイスラエルのテレビ番組で優勝したことで一躍有名となった動物の権利活動家であるタル・ギルボアは、その典型的人物である。ギルボアは、二〇一九年にネタニヤフ首相（当時）のヴィーガニズムに関するアドバイザーに就任した。さらにギルボアはリクードの支持者であることを公言しており、ネタニヤフやその息子でヴィーガンのヤイル・ネタニヤフとの繋がりが強いことで知られている。[8]ギルボアは、「動物にとっては右も左もありません。もし動物の福祉を向上し、その苦痛を軽減するのであれば、それは求めるべきものです」と述べている［Gal 2020］。さらにギルボアのこの見解は、他のインタビューでより明確な形で表明される。「動物の解放は、一貫して左派のリベラルな考えに紐づけられてきました。このことは誤解です。ヴィーガニズムは社会のあらゆるセクションに［に入り込む］余地を残しています。左翼的な政治的意見を抱いていないヴィーガンもおり、そのことには何ら問題もありません」と言い、ヴィーガンの中にも右派が存在することを強調している［Plant Based News 2019］。この発言でギルボアは、ヴィーガニズムが思想的には平等と解放、権利を求める左派的な価値観に埋め込まれてきたという事実を意図的に後景化させている。

二〇一九年の選挙は、イスラエルではかつてないほどに動物の権利が語られた選挙であった。ミキ・ハイモヴィッチやエリ・アヴィダル、シャレン・ハスケルといったヴィーガンであることを公言する政治家が多く誕生した。その中でもエリ・アヴィダルは選挙の際、多くのヴィーガンが左派の政党に投票する傾向があるとしながらも、ヴィーガン全てが左派であるわけではないことを強調しながら、右派であるイスラエル我らの家に投票する必要性を説いている(9)。このように、近年のイスラエルにおける動物の権利運動は、愛国主義的な国家的雰囲気と並行して進行している［Adams and Gruen 2014 : 32］。

筆者が行ったヴィーガン及び動物の権利活動家のインタビューでは、自らを政治的に左派だと答える人が多かった。しかしインタビューでは左派だけでなく、自らを右派だと自認しているインタビュー協力者も確かに存在した。インタビュー協力者の一人であり、右派を自認するオメルは、近年の右派陣営で活動を行っている動物の権利活動家の擡頭について以下のように述べている。

一般的に運動としてはとても良いことだと思います。なぜならヴィーガニズムが政治的なものと捉えられている間は、問題だと思うから。ヴィーガニズムは政治的問題ではないと思います。というよりははるかに倫理の問題です。だから［ヴィーガニズムが左右］両側にいてはいけないという理由は何もありません。［ヴィーガニズムが］政治について話さないといけないようなものでなければならないなんて思いません。もし必要がないのなら動物を殺して食べるべきではないということが自分にとって明らかなだけです。［Omer 2020］

オメルは、動物の権利が政治的な問題ではないと考え、右派の動物の権利活動家が増えてきていることを肯定的に評価している。第4章で述べたように、二〇一〇年以降、とりわけヴィーガン革命以後のヴィーガンの一部は、それ以前のヴィーガンらと異なり、ヴィーガニズムを政治的問題ではなく個人的な問題・政治から切り離された問題と見做している［Weiss 2016］。

写真 14　ヴィーガニズムに関するイスラエル国防軍による広報宣伝

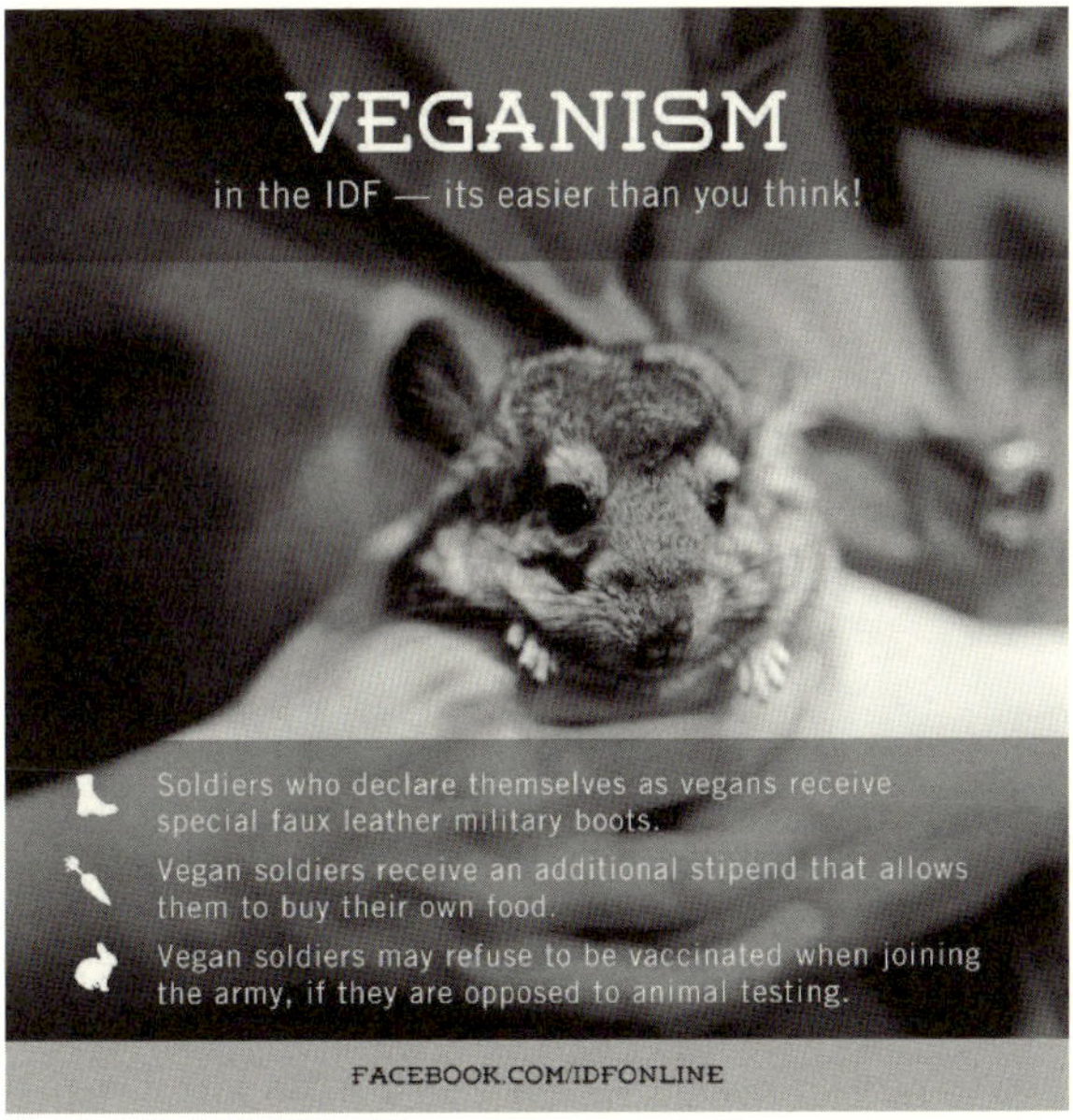

（註）　ポスターには「イスラエル国防軍におけるヴィーガニズム――思っているより簡単です！」と題され、下にヴィーガンの兵士の取り扱いについて説明されている。

（出典）　［Israel Defense Forces 2012b］

イスラエル政府及び、イスラエル国防軍は、二〇一二年のヴィーガン革命以降の飛躍的なヴィーガン人口の上昇とそれに伴う動物の権利に対する意識の高まりを受け、それを積極的に広報宣伝に利用してきている。二〇一二年には、世界ヴィーガン・デーに合わせ、「イスラエル国防軍におけるヴィーガニズム――あなたが思っているより簡単です！」とツイッターに投稿し、いかにイスラエル国防軍でヴィーガニズムが実践しやすいかを強調している［Israel Defense Forces 2012b］[10]。

また二〇一五年には、イスラエル国防軍による公式フェイスブックに「ヴィーガンになることは選択です。その選択を尊重することは我々の任務です」というメッセージを、ミートレス・マンデーのハッシュタグをつけて投稿している［Israel Defense Forces 2015a］[11]。この投稿に添付された図

写真 15　国際ヴィーガン・デーに合わせたイスラエル国防軍による広報宣伝

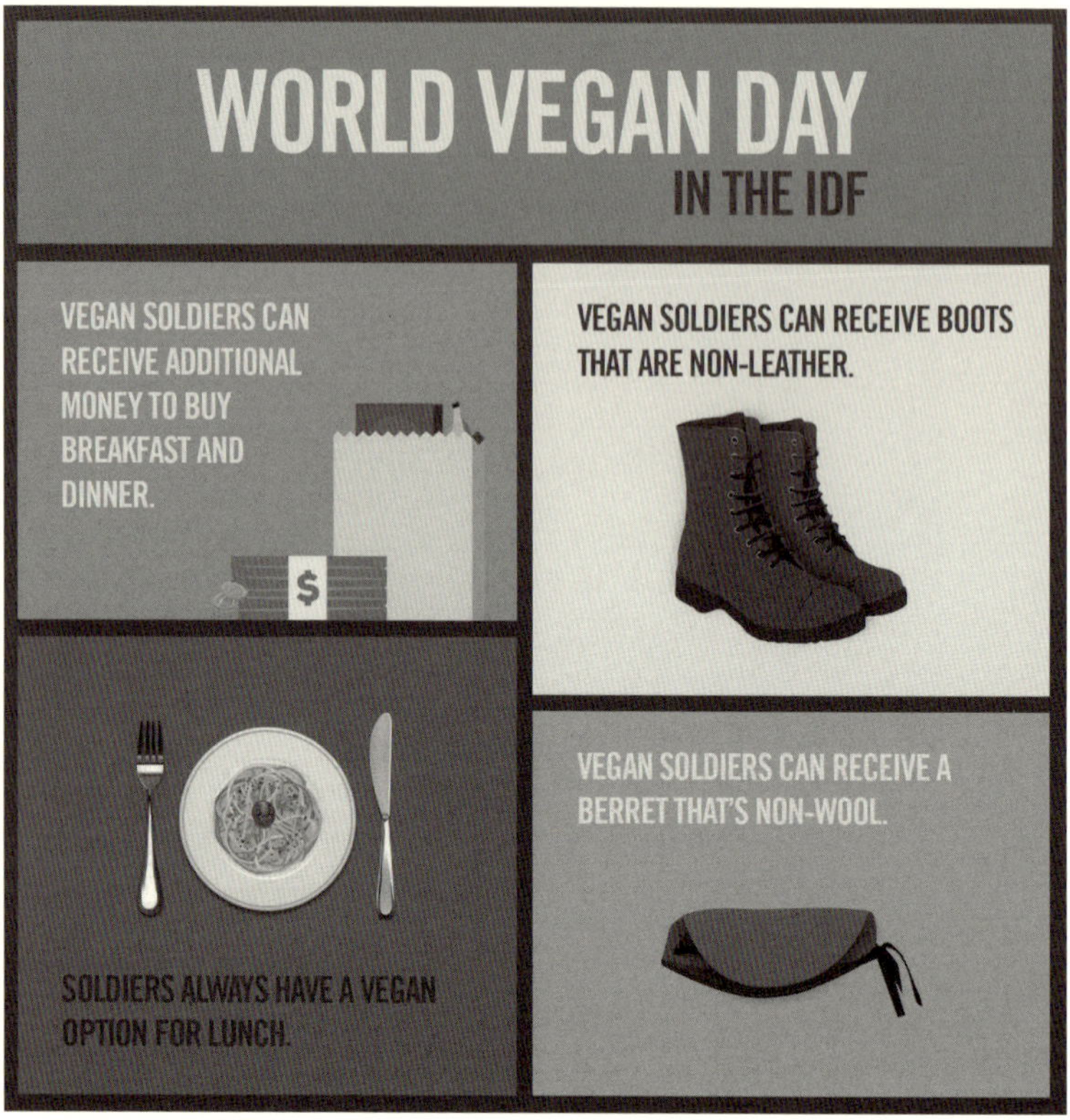

（註）　イスラエル国防軍のXには「ヴィーガンもしくはベジタリアンですか？　あなたの選択を尊重することは我々の義務です」との文言と共にこのポスターが載せられている。ポスターでは、ヴィーガンがイスラエル国防軍で従軍する際にできることが述べられている。
（出典）［Israel Defense Forces 2015b］

は「イスラエル国防軍でヴィーガンであるということはどういうことか」と題され、その図の中で「基地で生活をしている場合、朝食と夕食を買うための追加のお金を受け取ることができる」こと、「革でできたものではないブーツを受け取ることができる」こと、「昼食にはヴィーガンのメインコースの選択肢が基地で提供可能である」こと、「ウール製でないベレー帽を受け取ることができる」ことが紹介されている［Israel Defense Forces 2015a］。

同年の一一月一日には、世界ヴィーガン・デーに合わせて「ヴィーガン或いはベジタリアンですか？　あなたの選択を尊重することは我々の任務です」という文言と共に同じ図が再度投稿されている［Israel Defense Forces 2015b］。さらに近年の例では、イスラエル国防軍は、世界ヴィーガン・デーに合わせ、二〇一九年一一月一日にヴィーガンに関する短い動画を投稿している。その動画ではこのように紹介されている。

今日は世界ヴィーガン・デー、なのでこれから、世界で一番ヴィーガンの軍隊をお見せします。イスラエル国防軍では、一万人を超えるヴィーガンの兵士がいます。これは兵士一八人に一人がヴィーガンだということになります！　全ての兵士は、レザーの代わりにヴィーガンのブーツを、ウールの代わりにヴィーガンのベレー帽を、そして毎食ごとにヴィーガン食の選択肢を選ぶ自由があります。［Israel Defense Forces 2019］

イスラエル国防軍のツイッターは英語版と現代ヘブライ語版があるが、現代ヘブライ語版ではこのような動画を出していないことを考えると、このヴィーガンに関する動画が、現代ヘブライ語話者であるイスラエル人に向けられたものよりは、より広いオーディエンスに向けられていることが分かる。

エヤル・グロスはヴィーガニズムに関するこの積極的な広報宣伝をピンクウォッシングになぞらえる形でヴィーガンウォッシングと名付けた［Gross 2013］。グロスは、ヴィーガニズムを特定の国家が権利を擁護する証左として積極的に宣伝することで、「良い」印象を与える一方で、進行中のパレスチナ人に対する抑圧や紛争といった負の印象を覆い隠す効果を持つことを指し示している。

グロスの指摘するように、ヴィーガニズムに関する積極的な対外広報宣伝は、事実、イスラエルが同性愛の権利を擁護すると積極的に宣伝していることと酷似している。しかし、ピンクウォッシングの場合、プアがホモナショナリズムの一つの形態として考察されるべきであると主張しているように、①広報宣伝の対象となる人々にとって、同性愛の権利擁護が例外的な優位性を証明するものとなること、②対置先となるイスラーム社会やテロリズムの同性愛嫌悪（とされるもの）に対する了解、この二点が広報宣伝を効果的なものにしている。プアは「ピンクウォッシングは、ホモナショナリズムのうちに／によって可能になっている一つの表明と実践である」［Puar 2013 : 337］と述べている。ピンクウォッシングは、同性愛者が中東で抑圧されているという理解との対比を強調した形で訴求されており、中東で最も民主的であるという優位性はこのホモナショナリズム的な対比によって成立している。その意味ではピンクウォッシングとホモナショナリズムは、コインの表裏の関係と言えるだろう。

それでは、ヴィーガニズムを積極的に広報宣伝する際に、賭けられているものは一体何か。二〇一五年にウェブ・メディアでのインタビューに答えたイスラエル国防軍の兵士は「イスラエル国防軍でのヴィーガンに関する改革は、より一層倫理的な軍隊への道への歩みであると私は信じている」と述べている［The Salt 2015］。また、先述のタル・ギルボアもツイッターでイスラエルの独立記念日に、バーベキューの背景と（代替肉と思われる）肉に見せた食材の塊をかじっている自身の写真と共に「そしてイスラエル国の栄光に！　世界で最もヴィーガンの国家であり、イスラエル国防軍は世界で最も（単に倫理的なだけでなく）ヴィーガンの軍隊です！」と発言している［Gilboa 2020］。このように、ヴィーガンに対するイスラエル国防軍の配慮は、イスラエル国防軍がその行動規範において「世界で最も倫理的」であることの証左として用いられる。当時右派政党リクードに所属し、ヴィーガンでもあるクネセト議員のシャレン・ハスケルは、二〇一五年に「世界で、我々以上に倫理的な軍隊はない。我々は自らの生への影響を最小限にするべく、特にテロリストたちが自爆ベストを着て、我々の兵士を吹き飛ばしているその時に、全ての手段を講じてきた。そんな現実を切り抜けるのは簡単ではなかった」と述べている［Glazer 2015］(12)。他にも、二〇一八年にガザ地区で起きた帰還の大行進での衝突の際に、当時国防相であったアヴィグドル・リーベルマンは、「イスラエル国防軍は世界で最も倫理的な軍隊である」と述べている［Ben-Zikri 2018］。エステル・アラウンは、この倫理的な優位性を主張する言説を、イスラエルの倫理における例外主義と位置付けて説明している。アラウンによれば、倫理的な理由によるヴィーガンの包摂は、イスラエルの例外的な倫理的優位性及び中東における西洋文明の守護者という例外的立場を担保するものである［Alloun 2020：7］。このヴィーガニズムの倫理性は、イスラエルが西洋先進諸国に比肩するほど規律的で倫理的に十全な主体であるという、イスラエルの安全保障に関わる議論において連綿と続く倫理的な優位性の言説のうえに位置付けられている［Merom 1999；Alloun 2020］。

二〇一七年に、ベジタリアンであることを公言しているイスラエル大統領（当時）のルーベン・リヴリンは、ユダヤ教超正統派のラビでユダヤ教におけるヴィーガニズムを推進する活動を行ったアサ・ケイサルに対し、大統領として感謝状を贈った。そこでは、ユダヤ教超正統派の立場からヴィーガニズムやベジタリアニズムを擁護し、推進することを説いたケイサルの業績を褒めたたえ、このように述べている。

あなたが求めた変革のように、他人を説得することは草の根で、多層的で複雑なものですが、しかし世界のベジタリアンとヴィーガンの数はこの数年で着実に増えており、イスラエルはベジタリアンとヴィーガンの住民の比率では世界の主導的な国の一つです。あなたは典拠へ言及し、脈打つユダヤ人の心へ訴求し、「ヴィーガニズムは倫理的要請であるだけでなくユダヤ的な要請でもある」と知識を伝達してきましたが、これらは、間違いなく待ち望んだ変革に向けた意味のある一歩であります。

私は、次の数年では、より多くの人があなたの正しい旅に参加し、すぐにユダヤの民及びイスラエル国が、中でも動物に対する共感と善にあふれた政策において誇りを持ち、他を啓蒙する光となるだろうという希望でいっぱいです。［Shtern 2017］

リヴリンは動物の権利の先進性をとりわけユダヤ民族及び国家の先進性に結び付けている。さらに、注目すべきはリヴリンがここで、「'or la-goyim（オール・ラゴイーム＝他を啓蒙する光）」という表現を用いていることである。この言葉は聖書の記述に由来し、ユダヤ教の宗教的な含意が込められ、ゴイーム、すなわち非ユダヤ人をユダヤ人が倫理的な意味でより良い場所へと導くという意味でしばしば用いられる。リヴリンはケイサルが超正統派ユダヤ教の立場からヴィーガニズムを擁護したことからこの聖書的表現を用いており、そこには他宗教の人々をユダヤ人が主導するという例外的な倫理的優位性の言説が見て取れる。

このイスラエルにおける倫理的例外主義の主張は、少なくとも二つの次元で機能している。一つには、動物の保護、及びその扱いに関する優位性である。イスラエル国防軍のツイッターは、二〇一八年に、ガザ地区のハマースについて、動画のついた投稿をしている。動画内では、以下のように語られている。

なぜ、イスラエルにいる何千もの動物は、この四か月で生きたまま焼かれたのでしょうか。ガザを支配しているテロ組織である、ハマースが新しい戦術を使っているからです。凧と風船に可燃性の物質を取り付け、防護壁を超えてイスラエルにそれを飛ばしています。焼かれた七四〇〇エーカーのイスラエルの木々と草原は、それまで数種類の鳥とトカゲの故郷でした。燃料はチョウゲンボウにまで取り付けられ、さらなる農地を燃やす目的のためガザから飛ばされました。いかなる動物もそのような扱いになどふさわしくありません。[Israel Defense Forces 2018](13)

この投稿では、「ハマースは動物を毎日殺しています、PETAよ、あなたはこれを非難しますか」と、ハマースの動物に対する残虐さを強調しながら、世界的に著名な動物の権利団体であるPETAに言及している［*Ibid.*］。ここでは、ハマースが動物の生命及び動物の苦しみを気にしない野蛮な「テロ」組織かつ体制である一方で、イスラエル国防軍はそれを非難し、動物の権利及び生命を尊重するという倫理的な二項対立が強調されている。

この倫理における優位性の二項対立は、二〇二〇年に行われたイスラエル首相（当時）のビンヤミン・ネタニヤフの発言でもはっきりと表れている。二〇二〇年に行われた「女性の殺人に対する国際的な闘いの日」に合わせた会議に出席したネタニヤフは、このように述べた。

まるで［女性が］おびえた動物のように檻の端から端へ逃げ、それをずっと殴っているような人々の存在に皆さん身に覚えがあるでしょう。哀れみや共感はその人々には存在しないのでしょう。そこから脱出する道・方法もなく。イスラエルでは女性は何でもできます。女性の公共生活における貢献は、かけがえのないものです。女性は平等でなければなりません。（中略）しかし我々は、民主的な国家として、開かれた自由な社会として、このような［女性への］暴力は根から絶やさなければなりません。私は、ここにいる代表の皆さんがこの件に対して援助をしているということがとても嬉しいです。この件は［イスラエルの中に］蔓延っています。私はクネセトの中のある委員会にいたのですが、非ユダヤ人、アラブ人のグループ出身の代表者ら、ムスリムの代表者らは、この現象を根絶したいと彼らが望んでいると話していました。組織犯罪やアラブ社会の犯罪だけでなく、女性への加害にも、です。女性は所有物ではありません。女性は殴っていい動物ではありません。今日動物ですら殴ってはなりません。我々は考えや知恵、意識、感情が動物にあるということを知っているでしょう。［サラ・ネタニヤフに合図を送りながら］我々は正当に動物に思いやりを持ち、非常に連帯しています。我々は女性に思いやりを持っていますが、女性は動物です。子供も動物です。権利を持った動物です。この件は世界からなくならなけ

ればなりません、私はそれらの動揺すべきことがなくなるように願っています。〔Gil-'Ad 2020〕

ネタニヤフは、女性を所有物と見做す考え方をアラブ・ムスリム社会に特有のものと見做しながら、そのような女性への暴力を許してはならないと暗に仄めかす。このようにイスラエル国内での女性への暴力行為の責任をアラブ社会に帰しながら、さらにネタニヤフは動物ですら暴力の対象となってはいけないと論を展開する。この発言は、ネタニヤフ自身が論理関係を整理できおらず、誤解を招くような表現を用いていた。そのため女性を動物と見做したと解釈され、新聞各社でもネタニヤフを批判する論調が目立った(14)。しかし、元々のこの発言の論理自体は理解のできるものである。それは、次の三点に要約されるだろう。一つ目に、イスラエルのアラブ社会では女性は動物のように扱われているが、女性の権利はイスラエルでは擁護されねばならず、動物のように扱われてはならない。二つ目に、さらに動物の権利の高まりを考慮すれば、動物に対する残虐性も許されてはならない。三つ目に、これらのどちらの権利の擁護もアラブ・イスラームの価値観はそぐわない。つまり、ネタニヤフがここで強調したかったのは、アラブ文化とは異なり、女性だけでなく動物の権利においてもイスラエルは進歩的であることを強調し、差異化しようとしているのである。

この倫理的なイスラエルと野蛮なパレスチナという二項対立は動物の権利活動家にも用いられている。ギャリー・ユーロフスキーは、ヨルダン川西岸地区の入植地に建設された大学であるアリエル大学で講演を行った際、イスラエルの左派ジャーナリストからのパレスチナ問題と入植に関する質問に対し、このように回答している。

もし、ユダヤ人の肉を切り刻む、或いはパレスチナの子供を玉ねぎとピクルス、マスタードと一緒にパンで挟みはじめたら、その時私は中東の状況に関心を持つでしょう。〔Matar 2013〕

さらに、「人間は地球上のくずだ」と述べたうえで、このように続ける。

ユダヤ人或いはパレスチナ人のこと、もしくは砂漠の中の神に約束された土地をめぐる彼らのばかばかしく子供っぽい争いなど気にかけていません。私は動物については気にかけています。彼らはこの惑星で抑圧され、奴隷化され、苦しめられている唯一の存在です。人間の苦しみなど冗談です。そのため、私はどこでも、どの都市でも、どの国でも、どんな場所でも呼ばれた場所で講演をします。もし招待をいただけたなら、パレスチナの学校でも講演をしたでしょう。[*Ibid.*]

ユーロフスキーは人権を動物の権利よりも些末なものと見做しながら、人権に関心がなく、動物の権利により関心を持っていることを説明している。この意味で、ユーロフスキーはシングル・イッシューを志向する典型的な活動家であることが分かる［Weiss 2016：700］。ユーロフスキーは人権に対して完全に無頓着であり、パレスチナ問題に対する関心を否定する一方で、二〇一五年にパレスチナ問題に関してフェイスブックに見解を掲載し、パレスチナに対して、動物の権利を引き合いに出しながら、イスラエルを擁護している。(15)

イスラエルの人々が肉製品、乳製品、卵製品産業を破壊する——動物の強制収容所の撲滅に通じる——プロセスの最中にいる時、パレスチナの人々とその精神障害的な人権共感者たちは、さらに動物の収容所をまさに建設しているのです！　イスラエルの人々がその土地を同性愛者らの避難所にしていた時、パレスチナ人は同性愛が罪深いと考えるがために同性愛者の人々を排斥し、傷つけ、そして殺してすらいます。（イスラエルの一、二％（原文ママ）を構成し、パレスチナ人と同じくらい狂っている超・超正統派イスラエル人を除く）イスラエル人が社会において女性に対等な発言権を与えている一方、パレスチナ人はアラブの他の国と同様女性を抑圧しています。

［Kaplan 2015］

ここでは、同性愛者や女性の権利を引用しながら、動物の権利の進歩の度合いを、イスラエルを擁護する際の指標として用いており、イスラエルとパレスチナの倫理における二項対立の修辞が明確に用いられている。

先述の動物の権利活動家であるタル・ギルボアもこの二項対立を用いながらイスラエルの「テロとの戦い」を正当化する人物の一人である。ギルボアは自身が主導した動物の権利のデモンストレーションに際し、メディアのインタビューで、「我々はISISではない、我々はハマースではない」と主張している［Tress 2016］。ギルボアのこの発言は、動物の権利を主張する際に、暴力等の「過激な」方法を用いているのではなく、民主的で平和的なデモンストレーションという方法で変化を求めている点を強調するためになされた。ここで注目すべきは、動物の権利活動家が自らの立場を表明する際に、「ハマース」や「ISIS」といった団体を非民主的でかつ過激な思想を持つものとして挙げていることである。こうした言説では、ハマースやISISといった組織が標榜する価値観が受け入れられないということと、動物の権利が対置させられている。さらに、このギルボアのハマースに対する批判は二〇二一年に起きた五月の空爆とロケット攻撃の応酬の際にはもっと鮮明になる。ギルボアは、ハマースによるロケット攻撃を非難する動画を英語で公開した。そこでギルボアはこのように述べる。

イスラエル国は攻撃に晒されています。この一週間、複数のロケットとミサイルが、我々の首都エルサレムを含むイスラエルの町や都市に降り注いでいます。イスラエルの人々と国家は、殺人テロリスト組織ハマースによって人質にされています。（中略） あなたたちの首都が攻撃に晒されていると想像してみてください。あなたの子供たちやペットらが鳴り響くサイレンの中を歩いていると［想像してみてください］。彼らの周囲に降り注ぐロケットは恐怖なんてものではありません。あなたならどう応答しますか。私の名前はタルです。私には三人の娘と四匹の保護犬がいます。我々の日々の習慣はかき乱され、我々はガザ地区の支配をめぐって争うテロ組織によって人質にされています。この数日、中東で唯一の自由民主主義国であるイスラエル国に対する誤情報や全く嘘のプロパガンダが行われているのを私は見てきました。［Gilboa 2021］

ここでギルボアは、ペットとイスラエル市民を並列させながら、両者をハマースの攻撃の被害者と措定している。ここでは、動物が自らの社会に属する保護の対象と描かれる一方でハマースが動物に対する加害者と見做され、さらにハマースによる攻撃が自由や民主主義への攻撃と見做されている。その意味で、アニマル・ナショナリズムの論理構造が顕著に表れている。さらに、動物の権利を仄めかしながら、イスラエルを動物の権利を擁護する中東で唯一の国と描く例外主義の言説が同時に表現されている。

しかし、この倫理に関する優位性は、上述した例のような、国家の動物の保護への意識の高さにのみ働いているわけではない。そこにはもう一つの倫理に関する優位性が共鳴している。それは、対テロ戦争において、国家を持つに相応しい、正常な倫理観を持った主体としての優位性である。ビンヤミン・ネタニヤフの息子であるヤイル・ネタニヤフは、自身のツイッターにおいてこのような発言をしている。

私が興味を持っているのは、まさにこの人間と動物の違いです。死ぬに値する悪い人々（殺人者、テロリスト等）がいます。悪い牛や山羊、鶏、豚はいません。それらは全て無実であり、誰にも害を与えておらず、一匹たりと

も死ぬに相応しくありません。[Netanyahu 2019]

ヤイル・ネタニヤフのこの発言では、動物が保護の対象である一方で、「テロリスト」と見做された人が保護の対象ではないことが対比的に強調されている。ヤイル・ネタニヤフは、他のメディアのインタビューにおいて、動物は「我々の社会の中で最も脆弱で声を持たない被害者である」と表現している[14 'Akhshay 2019]。先述のシャレン・ハスケルと同様に、ヤイル・ネタニヤフの認識において、動物はイスラエル社会で尊重され、思いやりの対象となるべき生の一員である一方、「テロリスト」と見做される人々はそのような対象ではないと両者を対比的に理解していることが分かる。

こうした発言の背景には、イスラエルでは、「テロリスト」の野蛮性が対テロ戦争の文脈においてたびたび強調されてきたという経緯がある。二〇一八年に、トランプ政権下の駐イスラエルアメリカ大使であるデイヴィッド・フリードマンはガザ地区からのロケット発射に関して、「我々は、この危機的状況において我々の友人であり同盟国であるイスラエルの側に立ち、イスラエルが自衛をする権利を擁護し、このような野蛮な攻撃を終わらせる」とツイッターに投稿している[Friedman 2019]。さらに、パレスチナ人及び「テロリスト」の野蛮性を強調する際には、人間と動物の境界がしばしばその比喩として用いられてきた。二〇一六年に当時エルサレム副市長であったメイル・トゥルジマンは、「(西エルサレムに住む)パレスチナ人はテロリズムを犯す動物であり、処罰が必要である」と述べている[Samuels 2016]。また、当時右派政党ヤミナの党首であった、アイェレト・シャケッドは、フェイスブックに以下のように投稿したことで、物議を醸した。

テロリスト一人一人の背後には、無数の男女がいます。そして彼ら彼女らなしにはテロリストはテロリズムに参与できません。戦争における関係者はモスクで扇動する人々であり、学校で殺人カリキュラムを書く人々であり、避難所を提供する人々であり、車両を提供する人々であり、［テロリズムを］褒めたたえ、彼らに倫理的サポートを提供する全ての人々です。彼ら彼女らは全員敵の戦闘員であり、彼ら全員の頭にその血を滴らせなければなりません。殉死者の母親らも同様です。彼女らは花を手向け、キスをして彼らを地獄に送っています。彼女らもその息子に続［いて地獄に行］くべきです、これ以上正しいことなどありません。彼女らはその蛇を育てている物理的な家と共に去るべきです。でなければ、小さな蛇がもっと育てられてしまうでしょう。［Maltz 2015］

注目すべきは、シャケッドが蛇という否定的なイメージを用い、「テロリスト」であるパレスチナ人を人間とは見做していない点である。さらに、タル・ギルボアをその政府アドバイザーに就任させ、動物の権利活動に自身も関心を持っているとされるネタニヤフは、二〇一四年の時点で、エルサレムで起こったシナゴーグ襲撃事件に際し「この殺害を行った人間動物は、憎悪と扇動に満ちていた。ユダヤ民族とその国家に対する深い憎悪とひどい扇動である」と非難している［Mission of Israel to the UN in Geneva 2014］。ネタニヤフは、動物という言葉を使い「テロリスト」らを非難し、非人道性を強調する際に人間／動物の境界を用いていることが分かる。さらに二〇一六年には、ネタニヤフはヨルダン川西岸地区について、「野生の獣から我々を守るため、フェンスでイスラエルを囲う」と発言し、「テロリスト」と同定されるパレスチナ人が野生の獣と見做されている［Ravid 2016］。

これらの事例から明らかなように、イスラエルの対テロ戦争の文脈においては、倫理的優位性を国家の正当性に結び付け、ハマース等の「テロ組織」と差異化する語りがしばしば用いられている。但し、この時現れる倫理における優位性の主張は必ずしも宗教的な倫理的優位性とは限らない。もしこれが単にユダヤ教の倫理的優位性であったならば、その対置先はイスラームという宗教の野蛮性となるはずだが、ここまで見てきたように、国家及び軍隊の倫理性に対置されるのは、むしろ女性の平等や動物の生を顧みず、人間性が欠如したものと見做されるテロリスト及びそれを容認するアラブ社会の野蛮性である。そのため先述のリヴリンの「'or la-goyim＝他を啓蒙する光」の表現のような宗教的な語りは例外的で、倫理における優位性の言説は概して世俗的なものである。その優位性とは、人間としての正常な倫理性と近代軍としての行動規範等と共鳴しており、その際仄めかされているのは、「西洋文明の守護者」[Alloun 2020: 7] としてのイスラエルの立ち位置である。

さらに見逃してはならないのは、テロリストらの人間性を否定し、人間ではないがゆえに権利主体ひいては国家を持つ主体として相応しくないということを意図するために、人間／動物の境界（さらに言えば人間中心主義的な人間／（非人間）動物の境界）が依然として用いられていることである。シラ・ヘルツァヌは「イスラエルの愛国主義者らは彼らの優位性を正当化するために、パレスチナ人を、弱さと、洗練性の欠如、それから野蛮性と結び付け、動物の水準まで貶めている」と主張している [Adams and Gruen 2014: 32]。つまり、イスラエルで顕著になりつつあるヴィーガン・ナショナリズムの枠組の中では、ある動物は軍隊によって守られる保護の対象である一方で、またある動物（とされるテロリスト）はその保護の対象ではない。ここに、まさに倫理をめぐる例外主義が働いている。国家に敵対的であるような動物（的人間）は、その権利主体としては認められないという意味で、ヴィーガン・ナショナリズムの下では、ヴィーガンと保護の対象として認められる動物は、選択的で例外的に包摂されるのであり、その際伝統的な主権に関する境界を維持している。

人間／（非人間）動物の境界を用いた人間性の剝奪の言説的な効果についていち早く研究していたのが、イルス・ブレイバーマンであった。ブレイバーマンは二〇一三年の論考で、エルサレム、ヨルダン川西岸地区、ガザ地区の三つの動物園の事例を取り上げ、動物園においてケアされる動物に対する人道主義的な態度と、戦争地において敵と見做された人間に対する非人道主義的な態度の差異を論じている [Braverman 2013]。さらにブレイバーマンは、二〇一四年のガザ紛争時にイスラエルの封鎖下にあるガザにおいていかに人間と動物の境界が、イスラエル／パレスチナの境界と重ね合わせられているかを発展的に論じている。ブレイバーマンは「ズーメトリック（動物指標）」という概念を用いながら、ミシェル・フーコーの生政治の概念において人間／（非人間）動物の境界が果たす言説的役割により焦点を合わせる［Braverman 2017］。ブレイバーマンによれば、ある特定の人々が、人としての尊厳に値しない人間以下の動物と見做される（この場合はガザに住む「テロリスト」と見做されるパレスチナ人）と同時に、ある特定の動物（この場合はイスラエル市民のために殉死した犬）が人間性を持ったパートナーと見做されている［Ibid.］。ブレイバーマンの先駆的な研究で見逃してはならないのは、現在進行中の対テロ戦争において、主権を持った主体として市民が同定されてゆく一方で、「テロリスト」と同定された者は人間としての尊厳を侵害されるに値する動物と見做されるという、言説的な二項対立が現れる点である。そこでは、ある時には動物が人間化され、ある時には人間が動物化されており、その境界は、ある程度の柔軟性を持ちながらもその人間／（非人間）動物の二項対立をなぞっている。

ダルズィエルとワディウェルは、アニマル・ナショナリズムの枠組を理論化する際に、「白い人間／男が白い動物を茶色い人間／男から救う」という表現を用いていた。しかし、先述の通り、イスラエルの対テロ戦争に文脈化されるヴィーガン・ナショナリズムの枠組では、救う先の人間は、もはや人間／男と想定されていない。そのため、もし強いてこの表現を使うのであれば、このように修正されねばならないだろう。ヴィーガン・ナショナリズムは「白い人間／男が白い動物を（「テロリスト」という）茶色い動物から救う」ものであると。

3　シオニストとしてのヴィーガン

アラウンによるイスラエルの例外主義の説明は、イスラエルがヴィーガニズムを宣伝する際の自国の優位性を特徴付ける際の言説的な機能を上手く表している［Alloun 2020：6-7］。しかし、例外主義の効果は、ヴィーガンの包摂自体にも深く関わっている。イスラエル政府は、ユーチューブに「いかにしてテル・アヴィヴは世界のヴィーガンの中心地となっているのか」という動画を出した［Israel 2018］。この動画において興味深いのは、動物の権利よりも、ヴィーガンの食生活について焦点が合わせられている点である。動画の中では、現代ヘブライ語での権利の主張のシーンは背景音声として流れているだけであり、倫理的ヴィーガニズムがその核心に持つ権利に対する直接的な言及がない。この権利の後景化は、タル・ギルボアが登場するシーンでさらに特徴的である。ギルボアがスピーカーを使いながら現代ヘブライ語で行う動物の権利に対する訴えは、英語を理解しない視聴者にとってはまるで背景音楽のようであり、ヴィーガニズムの動物の権利の政治性に深入りすることなく、同時にイスラエルの動物の権利に対する意識の高さをそれとなく仄めかすことに成功している。この動画に特徴的なように、イスラエル政府機関が積極的に広報宣伝する際には、動物の権利に関する言及がほとんどされない。一方で、ヴィーガンという言葉が前面に押し出され、ヴィーガンのライフスタイルの実践の中でも特に食生活に焦点が合わせられている。

さらに、写真14や写真15を見れば分かるように、先述のイスラエル国防軍によるツイッターやフェイスブックの宣伝資料に関してもこの傾向ははっきりと表れている。イスラエル国防軍の広報宣伝の中では、動物の権利に関する直接的な言及や、軍隊全体での肉食の廃止やレザー・羽毛製品の使用の廃止、戦地での動物の使用の廃止等軍隊の動物利用の廃止に向けた組織的な取り組み(16)に関する言及は見られない。具体的な動物の権利に関する取り組みの代わりに強調されるのは、ヴィーガン食や非レザー・羽毛製品といった選択肢を尊重するという姿勢である。ここでイスラエル国防軍は、動物の権利に対する組織的な責任に言及することなく、多様な食事や生活習慣の一形態としてヴィーガニズムを尊重するという姿勢の表明にあくまでとどめることで、動物の権利の擁護という政治的な責任にまで話が及ぶのを巧みに回避している。ここでは、ヴィーガニズムが、多様な食生活の一形態と見做されている一方、このヴィーガニズムの制度的包摂によってその先進性と動物に対する倫理的意識の高さが仄めかされているのである。また、写真14の中のイメージ写真では、イスラエル国防軍の制服を着た兵士と見られる人物の手に乗せられたハムスターに焦点が合わせられているが、ここでは、馬等の軍隊に実際に使用されている動物ではなく、小動物が用いられていることによって、具体性を避けながら「守られるべき」「無垢な」動物を守るというあくまで抽象的な次元でのイメージの向上に成功している。それによって、ヴィーガンの包摂の背後にある動物の権利に対するイスラエル国防軍の意識の高さを、それとなく仄めかしている。このように、イスラエル国防軍の広報宣伝からは、「イスラエル国防軍が動物の権利をいかに重要視しているか」ではなく、「ヴィーガンがいかにして従軍できるか」という点に強調が置かれていることが分かる。

ここでは、ヴィーガンは実際に守られるべき（非人間）動物の声を代弁し、代表する役割を担っている。エコフェミニズムの論者として知られるキャロル・アダムズは、一九九〇年の『肉食という性の政治学——フェミニズム－ベジタリアニズム批評』において、肉食において動物の身体が言語的に、物質的に、そして比喩的に不可視化されていることを「現前しない指示対象（absent referent）」と表現した［Adams 2015］[17]。アダムズがこの用語を用いて指摘したのは、実際の動物の身体及び肉片が権利主体及び生を持った主体と認識されないような言語的な装置としての“meat”の語の機能である。アダムズによれば「動物は、消費者らがそれを食べることに参与する以前に、死体を名付け直す言語を通じてその場にいないことにさせられている」［*Ibid.*：21］という。アダムズの「現前しない指示対象」の議論で重要なのは、動物の身体とそれに対する具体的な傷つけが、そこに存在するにも拘らずあたかも存在しないかのように扱われるという意味で現前しないということである。

アダムズの議論は、食をめぐる議論において、人間／（非人間）動物の階層的関係がいかに不可視化されているかを論じたという意味で画期的なものであった。一方、イスラエル国防軍の広報宣伝に顕著なヴィーガン・ナショナリズムの枠組では、ヴィーガンらが前景化することによって、人間／（非人間）動物の階層的関係は再び不明瞭にされている。そこでは実際に権利主体として保護される（非人間）動物の身体と表象は現前せず、代わりにヴィーガンという人間主体がその声を代弁するのである。

同時に、イスラエル国防軍の宣伝における動物の権利の後景化とヴィーガンの前景化は、軍全体としての動物搾取の廃止という論点を焦点化するのではなく、「ヴィーガン」というある特定のマイノリティの例外的な包摂という語りを可能にしている。ここでは、ヴィーガンは多様なマイノリティの一つの形態・バリエーションとして認められている。イスラエル国防軍の食に関する部門のホームページでは、冒頭でこのように述べられている。

> 二〇一七年の七月、イスラエル国防軍の中に、食の部門――厨房や食堂の改装から新しいキッチン用具の購入、軍のシェフの訓練、より健康的で質の高い食への移行、そしてもちろん全てのイスラエル国防軍の兵士へ栄養価が高くおいしい［食の］解決策を与えることまで、イスラエル国防軍の中の全ての食の問題を包括した完全な部門へと(18)強化され発展した組織(19)――が立ち上げられました。食の部門は、全ての兵士、つまりヴィーガンやセリアック病患者、様々なカシュルートを実践するユダヤ教超正統派の人々や他の多様な人々への解決策を提供できるよう気を遣っています。［Tsaha"l n.d.］

ここでは、ヴィーガニズムはカシュルートの規定やセリアック病患者等と並列で述べられ、様々な食事が選択できることが強調されている。このことからも明らかなように、ヴィーガンは、動物の権利を守るという理念への組織としての共感からではなく、カシュルートを守るユダヤ教超正統派の兵士等の宗教的マイノリティと同等のある種の「マイノリティ」として包摂されている。このヴィーガンの前景化によってこそ、国家は、軍における動物の利用や戦争を通じた動物や環境への具体的な負荷、動物の権利の状況に言及することなく、食（や衣服等の付随製品）の問題のみに焦点を移すことに成功するのである。

さらに注目すべきは、そこで述べられているヴィーガンは、肉食／非肉食という二項対立における「弱い」身体と見做されているという点である。イスラエル国防軍の新規の従軍兵士に関する記事では、従軍に際して、ヴィーガニズムを実践するのがいかにして可能かについての特集が組まれている。その特集は、「ヴィーガンの食事」と題され、「ヴィーガンの兵士は、軍事基地もしくは、従軍している場所において、ヴィーガンの食事を受けることができる。さらに昼食では、たんぱく質の［豊富な］食事を受給することができる」と述べられている［Reinah 2017］。ここで、「たんぱく質」に特別言及がされているのは重要である。栄養学的にヴィーガンに欠乏しがちなのは、たんぱく質だけではない。そして一般的にヴィーガンに不足しがちであると言われているのは、むしろビタミンB12等の必須ビタミン類である。それにも拘らずここでたんぱく質に言及があるのは、兵士の身体、特に筋肉を作り上げ構成するのにたんぱく質が重要であるからであり、そのカウンター・イメージとして、ヴィーガンが一般的に肉体的に弱く、たんぱく質が不足しているがゆえに十全な身体を有していないという認識が背景にある。シラが指摘しているように、軍隊といった規律が必要とされる場では、「健全な」身体の形成には肉食が必要不可欠とされてきた［Adams and Gruen 2014：32］。イスラエル国防軍の従軍に関するこのホームページでたんぱく質にとりわけ言及されているのは、「健全な」身体の形成におけるたんぱく質という成分の重要さからくるものである。イスラエル国防軍の従軍に関するホームページでは、ヴィーガンの身体がシオニズムの求める理想的な男性兵士像から外れてしまうことへの懸念が端的に示されている。プロテインの欠如に対するイスラエル国防軍の懸念とそれへの特別の言及は、ヴィーガンが伝統的に肉食者より弱く、なよなよした身体を持った者と表象されていることが背景にある。そこでは、ヴィーガンは、肉食であるがゆえに健康的であるような理想的なシオニストのユダヤ人的身体ではないものの、自国が文化的に優位であるがゆえに例外的に包摂されるべき「弱い」人々と位置付けられている。

動物の権利とシオニズムの倫理的な優位性の間の繋がりを非常に端的に表しているのが、イスラエル国防軍が自身のホームページに掲載した、ヴィーガニズムに関する記事である。この記事では、いくつかのヴィーガンの兵士の意見が載せられている。

ゴラニ旅団歩兵中隊の兵士であるワインベルグ伍長にとって、ヴィーガンの兵士らが対処しなければならない葛藤は他の兵士の悩みと変わりません。「ヴィーガニズムと戦闘を兼ね合わせるのは難しいです、なぜなら戦闘員としての任務は根本的に簡単ではないですし、全ての兵士を難しい状況に置くからです。それはいつ起きて何をしろと命令されることで、それも大変なことです」こう彼は説明します。「ヴィーガンの兵士として、私の葛藤は宗教的な兵士の葛藤と違うとは思いません」。軍隊工学訓練所に勤めるシュレズィンガー軍曹の考えは同様の考え方です。彼にとって、頭の上の編み込みのキッパ[20]は、ヴィーガニズムの思想に全く矛盾せず、両者は共存するのです。「私と異なる意見を持ち、トーラーには肉を食べる必要があると書いてあると言ってくる宗教的なユダヤ人に多く出会うことがありました。それは正しくありません！ むしろトーラーによれば、今日のような［食肉］産業において動物を虐待することは良いこととは言えないのです」と彼は言います。「しかも、［ヴィーガニズムは］肉と牛乳に関して問題が起きることはないので、カシュルートを守るのに適しています[21]。ユダヤ教の多くの人がヴィーガニズムとベジタリアニズムは正しい方向性だと言っています。ラヴ・クックやマイモニデス[22]もそう言っています。」

戦争の遂行に関する考えは、多くのヴィーガンの戦闘員を悩ませます。どんな対価を払ってもその理念を貫くことができるかどうか、さらに動物を消費しないことの倫理観に、国家を守るという価値観が優先するかどうか。

ワインベルグ伍長はこの問いに葛藤しています。「軍の任務中或いは戦闘中にヴィーガンであることがどうなるか、私には分かりません。それは、我々が押し入り、そこで持ってきた食事が全て動物由来であるような家の場合もあるでしょうし、或いは、［味方の戦闘員が］できるだけツナを詰め込もうとした戦闘食の場合だってあり得ます。［皆が］私をとても気にかけてくれる今とは違い、そこでは真の困難があるでしょう。そこでは、私はより一層強くいなければならないでしょう。戦時にはチアシードやアマニのような小さくても腹を満たす食事を望むと思いますが、空腹でいることを選択するのは、ある限度までしかできないでしょう。私の任務は国を守ることです。そのためには、良い身体的状態でなければなりません。それが私の最優先事項です。そのため、もし私がヴィーガニズムと国を守ることのどちらかを選ぶ必要があるならば、答えは非常に明確です」。［Tsaha"I 2018］

さらに、この後に、フリードマン少尉というヴィーガンの兵士の考え方が載せられている。

しばしば、ヴィーガンの兵士は、彼らの兵士としての役割自体が、ヴィーガンの生活様式に表れる倫理性への大志と整合しないと主張する人々に出会います。フリードマン少尉はこうした主張にどう対処するかをよく知っています。「単純にこの主張は正しくないと思います。私は我々の国を守るために兵士に志願しました。軍では非常に明確な規定があり、我々の軍は道徳的な軍です。もし、してはならないことをする兵士がいたなら、彼は懲罰を受けます」と彼は答えます。「私は動物に慈悲を感じることと国家を侵害したいと思う人に慈悲を感じることとの間には何の関係もないと思います。我々の軍は殺すように設計されたのではない、守るように設計されているのです」。［*Ibid.*］

この引用におけるヴィーガンの兵士の語りは、シオニストとしてのヴィーガンの兵士の二つの特徴を端的に示している。一つ目の特徴は、他のイスラエル国防軍の広報宣伝でも表れていることと同様に、動物の権利という倫理的な崇高さが、イスラエル国防軍の倫理的崇高さと矛盾しないということが仄めかされていることである。三人目に登場したフリードマン少尉の語りの中では、国を守るというシオニズムの擁護が動物の権利を守るという価値観と矛盾しないことを強調する。そしてそれは、軍が道徳的に優れているからであると言う。ここでは、イスラエル国防軍や国を守るという任務の道徳的正当性・倫理的優位性が強調されている。そこでは、ヴィーガンの基準に照らしてもイスラエル国防軍は倫理的に優位だという主張が内包されており、同時にイスラエル国防軍におけるヴィーガンの存在は、これらの人々を積極的に包摂するイスラエル国防軍の倫理的優位性を証明してくれるものである。その意味でヴィーガンは肉食者よりも倫理水準の高い「モデル・マイノリティ」でもある。

もう一つは、ワインベルグ伍長が述べたように、仮にヴィーガンであっても、肉食者と変わらず身体的に強い必要があること、すなわち、「肉食者並み」が求められることである。ワインベルグ伍長の発言では冒頭にヴィーガンの苦悩が特別なものではなく他の兵士と変わらないということが確認され、肉食の兵士に比してヴィーガンの兵士が特別扱いされず、他の肉食の兵士と変わらず平等に国家に仕える一兵卒であることが強調されている。この「肉食者並み」の水準は、さらに、ワインベルグ伍長の返答における「良い健康状態でなければならない」という言葉や、「強くいなければならないでしょう」といった表現に端的に表れている。プアは、女性や性的少数者等のマイノリティが存在することに関する主張が、主流社会における男性中心主義と異性愛主義の撤廃を意味しないだけでなく、むしろ単なる下位分類として例外的に包摂する点で、積極的にその覇権的な体制を維持するものとしてホモナショナリズムを概念化した［Puar 2007: 9］。ここでは、肉食と菜食の男性性における優位関係がいかに温存されているかが読み取れる。イスラエル国防軍では、たんぱく質に対する不安を払拭する姿勢や、ヴィーガンであっても他の（肉食の）

兵士と同様の身体的健康を重要視していることから、「肉食者並み」の基準が求められていることが分かる。つまり、ヴィーガンが従軍できることに関するイスラエル国防軍の表明は、覇権的な人間／動物、肉食／非肉食の境界の廃止を必ずしも意図するものではない。むしろ、その覇権的な境界を温存しながら、菜食者という非規範的な身体が、肉食者と同様に任務に就ける限りにおいて包摂されるという論理構造が表出しているのである。

4　おわりに

本章で見てきたように、近年イスラエルで盛り上がっている動物の権利及び、ヴィーガニズムに対する関心の高まりは、右派的な国家的雰囲気の中で進んでいる。この動物の権利を擁護する政治的右派の人々の擡頭に対し、「それは単に、イスラエルでヴィーガンが主流化するのに伴い左派のヴィーガンだけでなく右派のヴィーガンも出現してきただけである」と、単なる動物の権利及びヴィーガニズムの政治的裾野の広がりにその原因を帰す論者も或いはいるかもしれない。しかし、このような単純化した理解では、近年の動物の権利運動が倫理的優位性を主張する際の根拠として登場し、ハマース等のテロ組織と類比される事態が起きている理由を説明できていない。

本章でイスラエルの近年のこのブームを牽引してきた活動家及び動物の権利の擁護に積極的な人々の言説と、当事者らへのインタビューの分析によって明らかにしたのは、ヴィーガニズムがイスラエルという国家の優位性の言説に接続していることである。そのような言説の特徴は、性的少数者の権利擁護の先進性に基づき優位性を主張するホモナショナリズムと特徴を共有する形で、「ヴィーガン・ナショナリズム」と呼ばれうるかもしれない。このヴィーガン・ナショナリズムとは、自らの国におけるヴィーガニズムの盛り上がりは、動物の権利をめぐる状況の水準の高さの証左であり、したがって自らの国が倫理的であると喧伝すると同時に、一方で現在進行形の対テロ戦争において、

「テロリスト」を野蛮で後進的、倫理観に欠如した非人間であることをそれとなく仄めかすような、言説の集合体である。この枠組の中では、ヴィーガンらは肉体的に強靱でたくましい肉食者の「強い」身体イメージとは異なるものの、肉食者と変わらず任務に就く限りにおいて選択的・例外的に歓迎されるある種のマイノリティとして包摂されている。さらに、動物の権利を擁護すると宣うネタニヤフといった政治家の発言から明らかなように、ヴィーガン・ナショナリズム的な言説は、テロリストが、倫理的でないかつ野蛮であり、したがって擁護されるに値する人権或いは権利の範疇にはない例外的な存在と見做す。そこでは「テロリスト」は非人間であり、したがって傷つけられてもよいものとして（非人間）動物の形象が引き合いに出されており、この二項対立において現在進行中の対テロ戦争が正当化される。

さらに、前章との関連からここで註記しておきたいのは、このヴィーガン・ナショナリズムの前提となるのは、新自由主義によって無害化されたヴィーガニズムであるということである。ここで称揚されるヴィーガニズムはあくまで個人の選択の問題であり、国家制度における肉食や動物の使用に対して反動的な含意を持ってはならないものである。但しこの無害化は一方で完全な「非政治化」ではない。ここで用いられているヴィーガニズムは、国家の動物の権利擁護に対する意識の高さと倫理性という「政治的」な含意を未だに残している。イスラエル政府によって用いられる際の「ヴィーガニズム」が意味するものは、国家への批判を削がれ無害化されたものであると同時に、ヴィーガニズムの背景にある動物の権利擁護への意識の高さと倫理性への仄めかしを残しているという意味で、国家に都合の良い形で切り取られているのである。

その意味では、ヴィーガン・ナショナリズムは、既に指摘されているアニマル・ナショナリズムとも異なっている。アニマル・ナショナリズムの枠組は、動物の権利の進展を直接的に自らの植民地主義的な進歩性と結び付ける一方、ヴィーガン・ナショナリズムの枠組において焦点が合わせられているのはもはや動物の権利ですらなく、ヴィーガンが国家の優位性を証明する代弁者としての役割を期待されている。ヴィーガン・ナショナリズムの枠組では、ヴィーガンを動物の権利の進歩のある種の証左として包摂することを高らかに宣言しながら、実際は、対テロ戦争の文脈において自らの国民を十全な倫理観を持った「人間」と位置付け、一方で国家を持たない主体を「テロリスト」と同定し、そして（非人間）動物と位置付けている。その意味で、ヴィーガン・ナショナリズムは人間／（非人間）動物の人間中心主義的な境界を依然として再生産するものである。

その時に注目しなければならないのは、ヴィーガン・ナショナリズムが、戦争を正当化する単なるプロパガンダなのではなく、強い身体を求める肉食／菜食に関する既存の規範を温存しながら、選択的・例外的にヴィーガンを包摂する生権力的なものでもあるということだ。イスラエル国防軍のSNS上の広報に明らかなように、ヴィーガンが、肉食者ほどは身体的に強靭ではないが、しかしながら選択的・例外的に包摂されるべき「マイノリティ」であり、国家を守る成員と表象されている。

批判的動物研究の先行研究を用いながら本章で明らかになったのは、ピンクウォッシングがホモナショナリズムと不可分の関係であるのと同様に、ヴィーガンウォッシングがこのヴィーガン・ナショナリズムの例外的な優位性の言説と不可分であるということである。但し、ホモナショナリズムの優位性の言説とヴィーガン・ナショナリズムの優位性の言説は、明らかに異なる点も存在する。ホモナショナリズムでは、西洋世界及びその一部として自己を同一化するイスラエルが、同性愛者に寛容であると主張する際、いわば鏡写しのように、イスラーム圏における同性愛嫌悪及び同性愛者への抑圧が強調されてきた。しかし、ヴィーガン・ナショナリズムの優位性の主張においては、そのような参照先となるようなイスラーム圏における動物への野蛮さが強調されることは、少なくとも現状において多くない。むしろ、ヴィーガン・ナショナリズムでは、国家の正当性及び戦争における倫理性と人間性／人道性に焦点が合わせられており、その際に強調されるのはテロリストの非倫理性及び非人間性である。ホモナショナリズムとヴィーガン・ナショナリズムは、植民地主義とその例外主義に基づく優位性に訴求するという点においては共通し、いわば兄弟的な関係ではあるものの、一方で両者の関係は完全な対応関係ではなく、やや異なった様相を呈している。

本章では、ヴィーガン・ナショナリズムを、イスラエルの入植者植民地主義という特定の文脈との関わりから概念化しているが、これらの傾向は、イスラエルという一つの地域にとどまるものではない。例えば、フランスの統一戦線といった極右政党が、ヴィーガニズムを称揚し動物の権利運動を擁護しながら、一方でハラールとカシュルートの屠殺の方法が動物の権利に反して野蛮であるというように、イスラームだけでなく、反ユダヤ主義的な主張を展開している［JTA 2017］。それを鑑みれば、ヴィーガン・ナショナリズムが、西洋的な優位性の言説及び、イスラーム嫌悪或いは反ユダヤ主義とさらに重なり合う可能性を否定するものではない。

本章で筆者が試みたのは、いかにしてヴィーガニズム及び動物の権利に対する近年の国家レベルでの注目が倫理的優位性を主張する入植者植民地主義の言説と関連するかを明らかにすることである。ヴィーガン・ナショナリズムという概念は、国家が自己を正当化し、そして現在進行中の対テロ戦争を優位に進める際の証左としてヴィーガニズムが盗用されるそのやり方に対して、より詳細な理解を提供するだろう。

註

（1）ハイモヴィッチはイスラエルの環境活動家、動物の権利活動家であり、後にクネセト議員となった。ハイモヴィッチが主導したミートレス・マンデー運動は二〇一四年にクネセトでも取り入れられることになった［The Knesset 2014］。二〇一九年にクネセト議員となった際には、革製の議員席に座ることを拒んだことで有名になった［Twizer 2019］。

（2）原語は（hetero）sexism となっており、性差別が婚姻やその他の社会規範を通じて常に既に異性愛を中心化していることを表すためにこのような表現を用いている。

（3）ロバート・マクルーアはこれ以前にもプアの著書を模して同様のナショナリズムを「ディスアビリティ・ナショナリズム」と表現していた［McRuer 2010］。

（4）但しフェミニズム及び女性の権利とナショナリズムに関しては、フェモナショナリズムという単語こそ使ってはいなかったものの、いく人の研究者は早くから警鐘を鳴らしていた［Abu-Lughod 2002; Butler 2009］。そのため、フェミニズムに関してはホモナショナリズムの後発の概念と完全に言い切ることはできないことは註記しておきたい。

（5）元々の言葉は「白い男が茶色い女を茶色い男から救う」である。スピヴァクは植民地期インドにおける現地の女性に関する植民地官僚の言説から、サティー（寡婦殉死）に代表されるように、インドの文化がいかに野蛮なものと見做されるようになったか、そしてそこから女性を救うという語りに白人と非白人という人種主義を伴った宗主国／植民地の間の権力関係がいかに表れているかを批判的に考察した［Spivak 1988］。このスピヴァクの著作はポストコロニアル・フェミニズムの嚆矢として知られている。

（6）より具体的に言えば、プアは新自由主義的な多様性の価値観の下、ある程度の権利に充足し保守化した（しばしば男性の）同性愛者らのことを想定していた。

（7）但し、ヴィーガン・ナショナリズムとアニマル・ナショナリズムは、動物の権利が国家の倫理的優位性に結び付けられ、野蛮なイスラームとの二項対立の下でナショナリズムに結び付いてきたという点で共通してもいる。その意味では、ヴィーガン・ナショナリズムはアニマル・ナショナリズムの一つの形態であると言えるかもしれない。

（8）ヤイル・ネタニヤフはリクード及び父親であるビンヤミン・ネタニヤフの熱心な支持者で、SNS上でのパレスチナ問題に対する強硬・過激な発言で知られている。

（9）この動画は、元々フェイスブックに投稿されたが、選挙が終わるとすぐに閲覧ができなくなってしまった。しかし、左派政党への露骨な批判をしたこの動画よりもややトーンダウンしたバージョンがX上で残っており、メレツといったヴィーガンを擁する他の政党と比較しながらヴィーガンに向けて自らの党に投票を呼びかけている［'Avidar 2019］。

（10）写真14を参照されたい。

（11）写真15を参照されたい。

（12）「帰還の大行進（masīra al-'awda al-kubrā）」は、二〇一八年のガザ地区で行われた一連のデモ行進のことである。デモ隊は「故国喪失という大災害」を意味するナクバ（al-nakba）、すなわち一九四八年のイスラエル建国からちょうど七〇周年となる二〇一八年五月一四日に、占領に対する反対と故郷パレスチナへの帰還を唱え、イスラエル軍が管理するガザ地区とイスラエル側の境界に向かって行進を行った。このデモ隊にイスラエル軍が発砲したことで多くの死傷者を出した。
(13) 小型のハヤブサのような鳥の仲間。
(14) 例えば、『ハ＝アレツ』紙は、ネタニヤフが女性を動物と見做したことを、女性の権利の意識の低さの現れとして否定的に報じている［Landa'u *et al.* 2020］。
(15) 以下の引用には障害者に対する差別的発言が含まれているため、閲覧の際には注意していただきたい。
(16) 例えば、馬はイスラエル国防軍が任務を行ううえで労使されている動物である。
(17) エコフェミニズムは、環境や自然の問題、動物との関わりをとりわけ強調するフェミニズムの中の考え方であり運動である。エコフェミニズムは、女性性と自然の表象の重なりや、動物搾取におけるジェンダーや女性化の作用に着目し、西洋近代主体における男性性と人間性を批判的に検討する志向性を持っている。エコフェミニズムは環境問題への関心の高まりやデリダの一連の主体に関する論考の他、ダナ・ハラウェイのサイボーグに関する論考からも大きな影響を受けている［Haraway 1991］。
(18) 小麦等に含まれるグルテンを摂取すると体に支障をきたす自己免疫疾患のこと。
(19) カシュルートについては、用語解説「カシュルート」を参照されたい。
(20) キッパとはユダヤ教徒の男性が頭の上に付ける平らな帽子である。ここでは、彼が宗教的なユダヤ人であることを示しており、ユダヤ教の価値観がヴィーガニズムと矛盾しないことを強調している。
(21) ラヴ・クック（正式にはイツハク・アブラハム・クック）は、ユダヤ教の著名なラビである。ユダヤ教の教義からシオニズム運動を正当化した人物であり、宗教シオニズムの成立に対し重要な思想的貢献を行った人物として知られている。
(22) マイモニデスは、中世の著名なユダヤ教神学者・哲学者である。

第6章　シオニズムにおける動物性と動物の形象

1　はじめに

第4章及び第5章では、イスラエルの動物の権利をめぐる政治が、新自由主義の下「無害化」され、そのうえでナショナリズムと結び付いてきたことを確認してきた。本章では、この現在のナショナリズムとの結び付きをシオニズムの系譜に位置付けるために、動物性及び動物の形象がシオニズムにおいてどのような意味を持ってきたかを論じたい。残念ながら、シオニズム研究では、この主題を正面から取り扱った研究は、少なくとも英語及び日本語、或いは現代ヘブライ語の文献では見当たらない。本章の主題に関連する研究を挙げるとするならば、例えば、ジェイ・ゲラー［Geller 1995］やハノフ・ベン＝パズィ［Ben-Pazi 2015］らの研究がある。ゲラーは、後に取り上げるように、マックス・ノルダウの主張の論理の中にネズミの形象が登場していることに言及している［Geller 1995］。しかしこれらの研究はシオニズムに関する人物の事例に関し部分的な言及があるものの、動物性及び動物の形象がシオニズムにおいてどのような意味を持っていたかを包括的に論じたものではない。また、ノアム・パインズの *The Infrahuman: Animal Poetics in Modern Jewish Literature* では、ユダヤ文学における動物性が扱われており［Pines 2018］、本章とも関連する部分も多い。しかしあくまでパインズの分析の対象は近代ユダヤ文学にあり、シオニズムにおいて動物性がいかに用いられてきたかに関し十分考察されているとは言えない。

本章では、シオニズムにおける動物性及び動物の形象の分析を通じて、将来建設される国家においてユダヤ人が国民としてどうあるべきか、どのような主体であるべきかに関する議論への従来の研究を批判的に考察しなおしたい。具体的には、以下の三点について考察を進める。

一　シオニズムにおける動物性及び動物の形象を理解するために、まず一九世紀の終わりから二〇世紀初頭にかけてシオニストらが直面したヨーロッパの反ユダヤ主義において、ユダヤ人がいかに人間以下の動物であると表象されてきたかを検討すること。

二　シオニズムにおいて、どのようにその反ユダヤ主義的な表象を克服しようと構想され、その際、具体的にどんな動物のどのような形象が用いられ、それによって何が期待されてきたのかを分析すること。

三　これらの動物性の克服と人間性の回復の言説が、従来のシオニズムにおける身体論にどのような示唆を与えるのかを考察すること。

結論を先取りしてしまえば、シオニズムにおいて動物性及び動物の形象は棄却されるべきものと位置付けられており、動物性の棄却を通じてシオニズムがある種の人間性の回復を求めていたことが分かる。この人間性とはユダヤ人が持つべき十全な道徳性或いは精神状態であった。それだけでなく、従来のシオニズムにおける男性性に関する議論では看過されていたが、この動物性の棄却は、シオニストらが強い男性性及び強靱な肉体を持つユダヤ人像を求める際の論理的な根拠として機能していた。本章では身体性との関わりからシオニズムにおける動物の形象及び動物性を論じたうえで、最終的に、シオニズムのこの系譜がヴィーガン・ナショナリズムにどのような意味を持つのかを考察したい。

これらを明らかにするために本章では以下の二つの資料を主に用いている。一つ目は、反ユダヤ主義的創作物、特に動物の形象が用いられた視覚資料である。これらの資料にはアメリカ合衆国ホロコースト記念博物館をはじめとしたショアー関連施設のオンライン・アーカイヴを用いている。また、イスラエルにあるショアー博物館のヤド・ヴァシェムに赴いて補助的に資料を収集した。二つ目に用いたのは、マックス・ノルダウをはじめとしたシオニストらの言説に関する資料・書籍である。これらの資料はドイツ語や現代ヘブライ語等、様々な言語で書かれているが、これらの日本語への翻訳にあたっては、英語の翻訳書も参考にした。

2　ヨーロッパの反ユダヤ主義における動物性と動物の形象

シオニストらが想像した将来のユダヤ国民及びそれに関連する動物の形象を理解するには、まず、ヨーロッパの反ユダヤ主義において、ユダヤ人がどのように表象されてきたかを知る必要がある。ヨーロッパの反ユダヤ主義的な創作物において、ユダヤ人は様々な動物に喩えられてきた。ユダヤ人を貶めるために用いられた動物の比喩は、古くから、そして様々な形で膨大に蓄積してきたが、そのうち代表的な動物の形象を以下に取り上げることとしたい。

①豚

図3にあるように、反ユダヤ主義的創作物に用いられたものの中で代表格に数えられるものが、豚の形象である。この伝統は例えばドイツ語でユダヤ豚（Judensau）と呼ばれるほど、長い歴史を持っている。豚の形象は、ユダヤ人

図３　反ユダヤ主義的創作物における動物の形象：ユダヤ豚

（註）　中世の時代に描かれたとされる戯画。ユダヤ人とされる人々が巨大な豚にまたがり尻尾や臀部をなめたり、豚の乳を飲んだりする様子が描かれている。

（出典）［Yad Vashem 2021］

がその食事規定であるカシュルートに則り豚肉を食さないという事実から転じて、ヨーロッパのキリスト教社会から、ユダヤ人及びユダヤ教の風習を貶すために用いられるようになった。フィラデルフィアにあるショアーに関する博物館の説明によると、ドイツ等では、キリスト教の教会に彫り込まれた豚の形象を用いた反ユダヤ主義的創作物が現在も残っており、ユダヤ人を豚と関連付けて表象する歴史は中世の一三世紀まで遡ることができる［Horwitz-Wasserman Holocaust Memorial Plaza 2020］。これらの形象は、ユダヤ人が奇異な習慣を守っており、不潔で猥褻、また醜いという見方を表している。

②蛇

反ユダヤ主義における動物の比喩の代表格に数えられるもののうちの一つに、蛇の形象がある。この蛇の形象によって強調されているのは、ユダヤ人の狡猾さである。これは、キリスト教において正統とされるキリスト教徒に比してユダヤ人（及びユダヤ教）は、正

図4　反ユダヤ主義的創作物における動物の形象：蛇

（註）キッパを被った蛇が、キリスト教及びオーストリア国民を象徴した鷹を苦しめている。オーストリア・キリスト教社会党によって選挙ポスターに用いられ、1919年から1920年にかけて発行された。
（出典）［United States Holocaust Memorial Museum 2016］

常な倫理観を持たず、したがって目標を達成するためにはどんな手段も厭わないという論理に基づくものであった。蛇は、禁断のリンゴを口にするよう唆した動物として、旧約聖書以来、狡猾さと裏切りの象徴と描かれている。デリダとウィルによれば、蛇の表象の特徴とは、狡猾さと、それゆえ物事を裏で操る邪悪さにある［Derrida and Wills 2002：414］。

図4では、ユダヤ教の衣装の一つであるキッパと呼ばれる帽子をかぶった蛇が、オーストリア国民を表した鷹に巻き付き、苦しめている様子が表されている。ユダヤ人を模した蛇の鼻は、ユダヤ人の人種的・身体的特徴とされた鉤鼻となっている。図3に示した中世からの伝統のある豚の形象と異なり、二〇世紀の反ユダヤ主義の創作物で新たに強調されているのは、主に鉤鼻等のユダヤ人の人種的な形質とされたものである。また先述の豚の形象と異なり、後述する反ユダヤ主義の動物形象は、社会に対する脅威や有害さにより直接的に結び付けられていた点で特徴的である。

③タコ

蛇の形象と同様に頻繁に描かれた形象は、タコである。図5に表されているように、タコの形象には、「地球（の人々の生活）に寄生し、蝕む」という含意が込められている。この「寄生」の含意は、生産を行わず、商業に従事しているというユダヤ人に対する職業上の見方が背景にある。この商業に対する蔑視もまた、（主に農業の）生産を重視したキリスト教的伝統に基づくものである。また、この形象には、経済の重要な部分をユダヤ人に握られることによって世界がユダヤ人の思い通りになるという脅威概念が投影されていた。その意味で、ユダヤ系の財閥等が世界を牛耳っているというユダヤ陰謀論とも呼応するものである［Allington and Joshi 2020 : 41］。

図５　反ユダヤ主義的創作物における動物の形象：タコ

（註）　地球全体に張り付き、地球を傷つけるタコの様子。親ユダヤ的政策を行ったとされるイギリスのウィンストン・チャーチルを描いたものとされるが、頭上のダヴィデの星がユダヤ人のことを暗示し、ユダヤ人が最終的に世界を蝕み、支配する様子を示唆している。1938年にドイツで描かれた。

（出典）［United States Holocaust Memorial Museum 2004］

図6　反ユダヤ主義的創作物における動物の形象：ネズミ（その1）

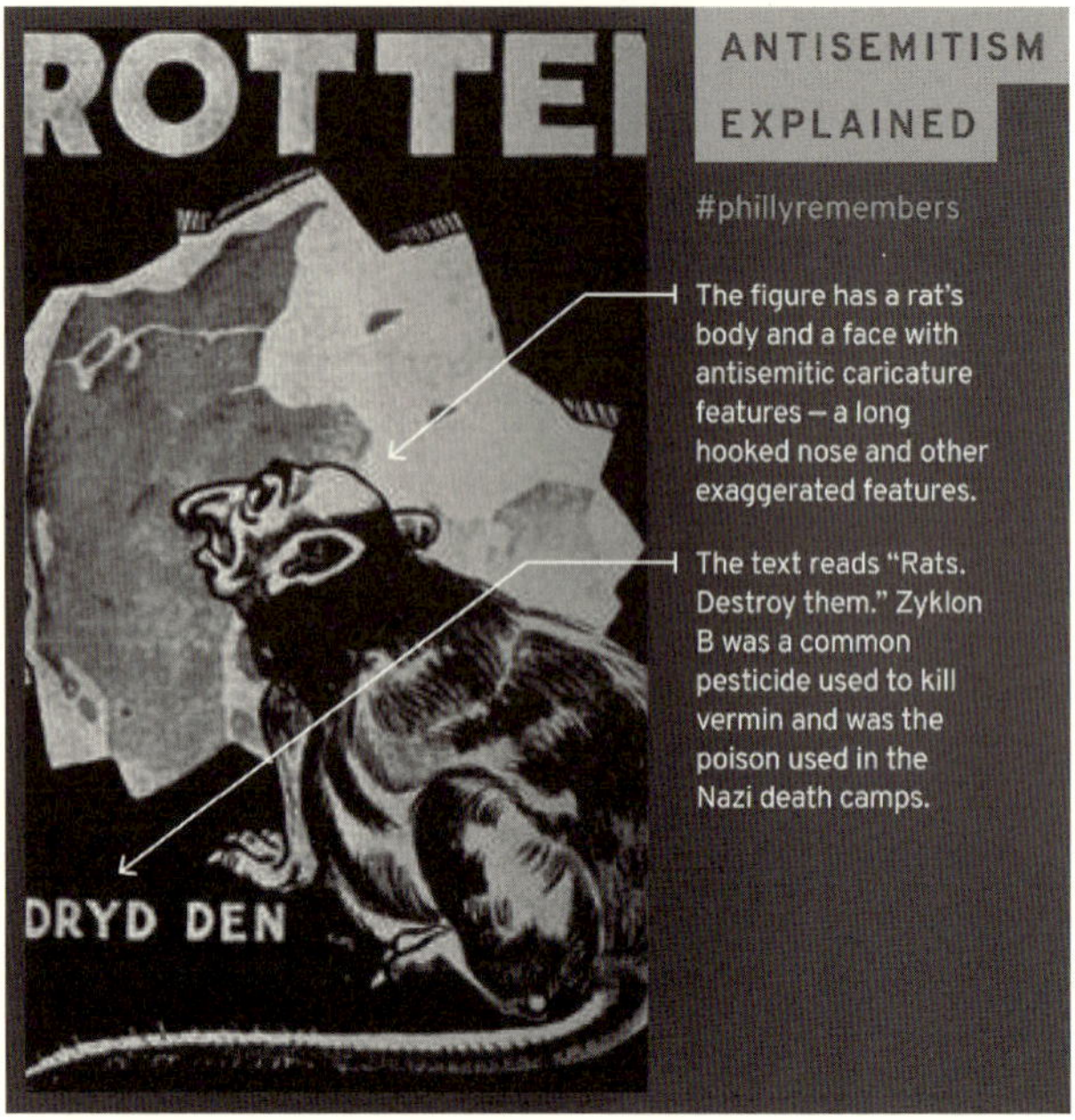

（註）1940年代にナチス・ドイツによって描かれたポスターが博物館によって解説されている。ユダヤ人はネズミに喩えられ、ユダヤ人の身体的特徴とされる大きな足と鉤鼻が誇張して描かれている。
（出典）［Horwitz-Wasserman Holocaust Memorial Plaza 2020］

④害獣・害虫

害獣（主にネズミ）・害虫の形象は、ユダヤ人の「汚さ」及び、「外来性」を仄めかすものとして機能した[1]。特にネズミがペストの流行をもたらしたように、ユダヤ人はヨーロッパの外から疫病及び災厄をもたらすものと捉えられた。また、ペストの他に、二〇世紀初頭に流行した梅毒もユダヤ人がもたらした伝染病としばしば表象された［Gilman 1991：218-219］。こうした形象は、（主にゲットーに住む）ユダヤ人が衛生的でなく、病気をもたらすものであるという考え方を効果的に表すために用いられている。この害獣・害虫の形象は、排除の対象としての位置付けをより直接的に訴える際に用いられた。

図7にあるように、ナチス・ドイツに賛同し、反ユダヤ主義を掲げたタブロイド紙『シュテュルマー』に一九四四年に載せられた「害虫」というタイトルの戯画では、「［ユダヤ人である］寄生虫に対し抵抗しない時、人生は価値の

ないものだ。それがうごめく時、決して［我々ドイツ人は］満足ができない。我々は勝利しなければならず、また必ずや勝利する」と書かれ、害虫の比喩は寄生のニュアンスを含むものでもあった［German Propaganda Archive 1998］。図8は、一九四二年にナチス・ドイツによって張り出されたポスターである。見出しには「猫はネズミを放ってお

図7　反ユダヤ主義的創作物における動物の形象：寄生虫

（註）『シュテュルマー』紙に掲載された、寄生虫の戯画。地球に張り付くほど肥大化し、世界を蝕んでいるという含意が込められている。また、ユダヤ人であることを強調するために鉤鼻が誇張して描かれている。

（出典）［German Propaganda Archive 1998］

図８　反ユダヤ主義的創作物における動物の形象：ネズミ（その２）

（註）　ナチス・ドイツによる1942年のポスター。ユダヤ人をネズミに喩えることによって人々にその危険性・有害性を注意喚起し、「駆除」しなければならないと訴えるという構成になっている。

（出典）［United States Holocaust Memorial Museum 2015］

かない」と書かれているが、ユダヤ人はネズミに喩えられ、駆除・殺害の対象であると訴えられている。この駆除と殺害の比喩は、「ユダヤ人を排斥・排除しなければならないのは、害や災厄をもたらすからであって、速やかに駆除・殺害することが公益のためである」という、脅威を基にした人種主義的な排除の論理を上手く表している。

はじめに取り上げたユダヤ豚と、蛇やタコ等その他の形象を比較して検討すると、近代以前から続くユダヤ豚においては、動物と強く関連付けられつつもユダヤ人はあくまで人間の形で表象されているのに対し、一九世紀以降の反ユダヤ主義的創作物では、ユダヤ人の身体自体が動物に喩えられていることが分かる。さらに後者の動物の形象を用いた諸表象に特徴的なのは、当時ユダヤ人の身体的特徴とされていた鉤鼻や大きな足といったユダヤ人の「身体的異常性」が描かれていることである。このように、反ユダヤ主義的創作物における動物性及び動物の形象の歴史は、古くは一三世紀に遡ることができるが、一九世紀以降の反ユダヤ主義的創作物では、動物の形象がユダヤ人の身体性と強く結び付けられているという点で、よりユダヤ人を異質な人種と見做す人種主義的表象に重心が移っていることが分かる。

障害学と動物の権利論を研究するスナウラ・テイラーはこの動物の比喩に関し以下のように述べている。「動物との比較が人間にとって強力な侮辱になるのは、動物たちには主体的で情動的な生、すなわち人間が責任感を感じる、そうした生が欠けていると人間が想像するからだ。西洋においては伝統的に、動物は人間に——もし仮にあったとしても——ほとんどいかなる義務を負わせることもない存在のカテゴリーだ。人間は動物をモノのように自由に売買し、処分できる。したがって、誰かを動物と名指すことは、かれらをして人がどんな責務も感じる必要のない存在へ、どんな恥を感じることもなくモノとして扱うことのできる存在へと仕立てあげる」［テイラー 2020：185］。これまで取り扱った事例からこのテイラーの主張をさらに考察するならば、西洋において、仮に動物に喩えることが人間にとって強力な侮辱として機能していたのであれば、一九世紀以降の反ユダヤ主義的創作物が上手く体現しているようにそれはしばしば人種主義を伴った形でなされ、その最たるものが反ユダヤ主義であったということが分かる。フェミニズム研究者であったマルグリット・シルドリックは一九九六年の論考で、男性が標準的な身体と見做される一方で女性に割り当てられる身体的特徴を「モンスター的な身体」と表現している［Shildrick 1996］。反ユダヤ主義におけるユダヤ人身体の表象はジェンダー、セクシュアリティ、障害や或いは動物性という要素を含んだ、このモンスター表象の系譜に位置付けられる。

3　初期シオニズムにおける動物性と動物の形象——マックス・ノルダウの思想を中心に

反ユダヤ主義がもたらした惨状を描写するために、動物の比喩を用いたシオニズムの思想家の一人に、ハイーム・

ナフマン・ビアリクがいる。ビアリクは、一九〇三年にキシニョフで起きたポグロムに際し[2]、その直後に『殺害について（'Al Ha-Shḥitah）』、翌年の一九〇四年に『殺戮の街で（Be-'Ir Ha-Harigah）』の二つの詩を書き下ろした。『殺害について』では、以下のように述べられている。

絞首刑の執行人よ！ ここに首があるぞ――来い、殺すのだ！
犬のように私の首をはねるがよい、お前の腕には斧がある、そして全ての場所が私にとって処刑台だ――そして我々は、我々は少数派なのだ！
私の血［を流すこと］は解禁されている――頭を切り落とし、殺しの血を、赤子と年寄りの血しぶきをお前の服に流すのだ――そしてそれは消えないだろう、永遠に、永遠に［Proyeqt Ben-Yehudah n.d. b.］

また、もう一方の詩である『殺戮の街で』は、最もシオニズムに影響を与えた詩作と評されているが、その中の一節では、このように述べられている。

さあ、あなたを、隠れ家へお連れしよう
逃げ場所、豚小屋、そして糞便をする場所へ
そしてどこに隠れたのか、その目に焼き付けるでしょう
あなたの同胞、あなたの民の息子ら、マカビー[3]の息子ら、「慈悲の父」の地位にいたライオンたちの子孫、それから「聖者ら」の種、彼がどこに隠れたのか
（中略）

ネズミが群れて逃げ、シラミが隠れる
そして犬のように死んでいる、あちこちで［Proyeqt Ben-Yehudah n.d. a.］

この二つの詩作に共通するのは、犬の形象が出てくることである。ノアム・パインズによれば、この犬の形象には、「その存在が市民的秩序の外側にありながらも、それに依存している」［Pines 2018：xvii］という含意が込められている。さらに「この役割において、ユダヤ人は野良犬やネズミもしくはゴキブリといった他の卑賤な動物との共通性を持つ。野生の獣と違い、これらの生物らは人間社会に住み、廃棄物を食べて暮らす。しかし、それらは飼い慣らされておらず、公式な社会的・市民的所属を持たないために、法的な権利を持たない。結果的に、情け容赦なく傷つけられる、もしくは殺されうる、ほとんど容赦されない害虫や害獣の地位に格下げされている」［*Ibid.*：xvii, xviii］。

また、犬の形象の他に、『殺戮の街で』の中では、ネズミやシラミという動物の形象が用いられている。この『殺戮の街で』においてネズミやシラミという動物の形象はいかなる意味を持つのだろうか。この部分で引用されているマカビーへの言及と共に考察するとその含意が明確になる。マカビーは、バル・コフバやマサダのユダヤ人同様、イスラエル建国に際し、大国に立ち向かった歴史的英雄としてしばしば言及され、ユダヤ人が理想とするべき男性性を強調する際に頻繁に用いられる重要な歴史上の人物である。ユダヤ史研究者であるプレスナーによれば、「マカビーの人々は、ユダヤ人の強さ、不屈さ、勇敢さの「輝かしい模範」、つまり軍事的男性性の模範を表象／代表していた」［Presner 2007：193］。ビアリクはここで、マカビーに従ってローマと闘った人たちを引用しつつ、ライオンに喩えられているマカビーの人たちのように勇敢に敵に立ち向かったのではなく、ユダヤ人がネズミのようにただ逃げ惑う民となってしまったことを対比的に描きながら嘆いている。

動物性及び動物の比喩は、その修辞においてその論理の根幹を形成する重要な要素の一つであった。その論理を最も先鋭化させた形で表現していたのが、第3章でも取り上げたマックス・ノルダウであった。ここでは、シオニズムと動物性の関係を考察してゆきたい。第3章で先述した通りノルダウは近代化論の信奉者であるため、ノルダウにおける近代化論の主張と動物性の関係についても見てゆく必要がある。まずはやや遠回りであるが、ノルダウの近代化論と動物性について見てゆきたい。

ノルダウの近代化論については、主著である『頽廃』に詳しい。ノルダウは、この著作の中で、一九世紀末の詩や音楽、絵画といった芸術を「頽廃芸術」と同定し、医師の立場から頽廃芸術を、科学の急速な発達とそれに追いつけない社会の問題の表出、そして都市に顕著な道徳的な頽廃の現れと見做した［Baldwin 1980：106］。この『頽廃』では動物性に関する議論が正面から論じられているわけではないが、それでもなお、動物性が近代化にとってどのような位置を占めるものとノルダウが捉えていたのかが、本書から窺い知れる。本書の結論において、ノルダウは動物性及び動物の形象を用いながら、自身の主張の核心を繰り返す。

> 進歩は、知識の増加によってのみ可能になる。しかし、これは意識と判断の任務であり、本能の任務ではない。進歩への道は意識の拡大と無意識の縮小、つまり意志の強化と衝迫の弱体化、自己責任の増加と見境のないエゴイズムの抑制によって特徴付けられる。本能を人間の主人とするような者は、自由を欲さず、最も恥ずべき下劣な奴隷の身分、すなわち個人の分別の奴隷化を、最も愚かで自己破壊的な欲によって希求しているのだ。それは、売春婦の最も狂った気まぐれにより発情した男性の奴隷化であり、より強く暴力的な少数の人物らによる人民の奴隷化だ。そして、規律よりも快楽を、自己制御よりも衝迫を上位に置く者は、進歩ではなく、最も原始的な動物性への後退を希求しているのである。［Nordau 2013：545-546、傍点は引用者］

さらに

私と同様に社会が、人間の自然な有機形態――その中で人が独立して生き、成長し、より高位の宿命へ向かって発展することができる――であると信ずる者は誰でも、すなわち文明化を良きもの、価値を持ち守られるに値すると見做す者は、その反社会的害虫を情け容赦なく潰さねばならない。［*Ibid.*: 548、傍点は引用者］

このように続け、そしてまさに結論の最終部分で以下のように述べる。

規律の不在を説く者は誰でも、進歩の敵であり、自身の自我を信奉する者は誰でも、社会の敵である。社会はその第一前提に隣人愛と自己犠牲の度量を持っている。そして進歩は人間の中の獣のより一層厳しい征服の作用、すなわちより一層揺るぎない自己抑制つまりより一層細かな義務と責任の感覚の作用である。［*Ibid.*: 551、傍点は引用者］

ノルダウの見解の中では、理性による精神の支配が人間の理想的な状態であり、それが近代的な解放への条件と捉えられている。一方でそれに逆らう衝迫という、理性の支配が及ばない領域が動物性と同定され、棄却すべきものと見做されていることが分かる。ノルダウの論理の要諦は、動物性が道徳や頽廃という言葉に結び付けられている点、さらにその精神的・道徳的な発展は無条件に達成されるものではなく、その達成には規律が欠かせないと考えた点にある。

では、ノルダウのシオニズム観はその近代化論との関係においてどのように展開されたのだろうか。ノルダウは、頽廃芸術の出現が都市における道徳の頽廃を象徴するものと捉えた。そこでノルダウは都市に多く居住しているユダヤ人を道徳的頽廃の象徴と見做すのかという問題に直面することになる［Geller 1995：132］。しかし、必ずしもノルダウにとってシオニズムは近代化論と矛盾するものではなかった。むしろ、ノルダウにとって、シオニズムは、頽廃の解決策であり、ノルダウの是とするヨーロッパの近代化とりわけユダヤ人の近代化を達成する手段であった［Baldwin 1980：112］。

ノルダウは、一九世紀の反ユダヤ主義的な考え方を踏襲する形で、様々な点でユダヤ人を人間より劣った動物と見做していた。ジェイ・ゲラーによれば、ノルダウは当時社会主義者にユダヤ系の出身者が多かったことを念頭に、社会を蝕む「赤いネズミ」と表現した［Geller 1995：140-141］が、そこには、社会主義及びそれに影響を受けたユダヤ人を外来のものであり蔑むべきものと見做す、一九世紀の当時の反ユダヤ主義的なユダヤ人に対する見方が反映されていた。

また、ノルダウの妻アンナと娘マクサの伝記によれば、ノルダウはハンガリー語やイディッシュ語等の東欧の言語を低い階級の言語と見做し、東欧のユダヤ人を後進的で野蛮なものと捉えた［Nordau and Nordau 1943：18］。ノルダウは「ゲットーのユダヤ人との人道主義的な連帯において有名であったのと同様、ユダヤ人の特徴の獣性と卑劣さという反ユダヤ主義的考えをシニカルに賛美したことで悪名高くもあった」［van der Laarse 1999：27］のである。ヴァン・デル・ラースによれば、ノルダウのシオニズムにもこの近代化のモチーフは継承されており、「脳が人体を方向付けるように、ノルダウは「混沌とした大衆」［ユダヤ人］を方向付け、「知性がなく回りくどい言葉の吃音者ら」から、規律された人々へと彼らを変えたがった。ギュスターヴ・ル・ボンに共鳴しつつ（そしてレーニンに先立ち）、ノルダウは、不活発な大衆は、重荷になるかもしれないが、組織された時にはそれ［大衆］が抑えられない力となるとヘルツルに断言した。その［大衆］意志と本能を曲げることは、彼らの任務であったのである。なぜなら道徳の目的とは、動物の人間化であるためである」［*Ibid.*: 28、丸括弧内は引用元］。

ノルダウは西欧のユダヤ人の主導するシオニズムによって東欧に住むユダヤ人が救われるというシナリオを想定した。一八八九年に発表された『シオニズムとその敵』においてノルダウは、シオニズムの必要性を訴える際に、東欧に住むユダヤ人は、シオニズムによる救済がなければ、反ユダヤ主義と後進性による苦境によって最終的に人間性を奪われ、動物同然の境遇に陥ると表現している。

> 人々は、より高い道徳へと教育されるほど、彼らの敵意がより活動的になる。彼らが固め上げた構造は、彼らがただ嫌々ながら我慢しているものを粉砕し、締め出す。大至急で救われなければ、彼らを縛る成文化された法律というくびきに東方のユダヤ人は繋がれてしまう。彼らは飢えと寒さに苦しみ、家もなく、裸で、食べるものもなく動物のように人間性を失う。彼らの子供たちは、赤子のうちに死ぬか、くる病の小人となる。種族全体が病と無学、悪徳、狂気に運命づけられる。そしてその完全な破壊は一世代も経たないうちに起こる問題だ。いかにしてこのような不幸な人々を救おうか。もしかして法や慣習――その下で東方の国々のユダヤ人が破滅する――を廃止することを期待するのだろうか。そのような望みは一切の合理的正当性も持たない。確かに、六〇〇万人のユダヤ人を、パレスチナとハウラーン(4)、シリアに自治と国家の権利のある状態で移住させるのは難しいかもしれないが、ロシアやルーマニアの政府からユダヤ人法の廃止を獲得するのはその千倍も難しいだろうに。
> ［Nordau 2018: 43、傍点は引用者］

ノルダウの論理の中では、近代化のプロジェクトであり、同時に救済のプロジェクトであるシオニズムは、動物同然の扱いを免れる唯一の解決策であった。さらに、ノルダウは、一九〇〇年の第四回シオニスト会議において以下のように述べている。

ですので、ここで私は取り立ててヨーロッパ政府や諸国民に対して話しているのではありません。尤も、もし彼らが我々の話を聞きたがっているのであれば、それに越したことはありませんが。むしろ、何よりもまず、私はここで、ユダヤの民族／国民に話しかけています。ユダヤの民族／国民は今日のユダヤの状況がいかなるものか、そしてどんな新たな悲運が彼らに降りかかってきているかを知るべきです。ユダヤの民族／国民は、自らが助け合わない限り、誰も助けてはくれないということを知るべきです。

そのため我々は、何よりもまず、以下のことを我々自身に問わねばなりません。ルーマニアの惨状に対するユダヤの民族／国民の態度はいかなるものか。その最悪の結果を免れるために民族／国民は何をしたか、またしているのか。罪もなくヨーロッパの社会契約から、文明が保護する領域から追い出され、今や動物のように権利もなく荒野を彷徨う不幸な同胞らをいかに助けるか。［*Ibid*.: 152］

このスピーチにおいてノルダウが用いた、シオニズムを正当化するための論理は以下にように理解することができるだろう。ヨーロッパでは近代化が進み、諸国民が文明の保護を受けるようになったが、ユダヤ人に対する敵意は消えるものではなかった。その問題を解決するためには、ユダヤ人国家を建設することで文明による保護を自ら手にすることが必要であるという論理である。文明の射程から零れ落ちるものとして動物が同定され、最終的にユダヤ人もそのような扱いを受けると警鐘を鳴らしているのである。

ノルダウの他にも、シオニズムを反ユダヤ主義における動物性への解決策と見做す論者は存在した。第3章でも登場した実践的シオニストのアハロン・ゴルドンもその一人である。ゴルドンは、ハ＝ポエル・ハ＝ツァイルの共同創設者であるヨセフ・アハロノビッチにあてた手紙の中で、パレスチナにおいて新たに入植したユダヤ人らの興した経済に関してこう述べている。

「どういう意味で、これらの創造物［移住先のパレスチナで興したユダヤ人の経済・商売のこと］の全てが我々のものなのか、つまり、一体どのような意味で、民族／国民のものなのか。外国人の手によってその大きく素晴らしい創造物を作り、そこには管理と指示以外［ユダヤ人が作り上げたものは］、何もないというのに」などと尋ねる者がいるなら、勝利と過剰な知性を備えた口調で揃ってこう答えるだろう、「ではなぜその外国人らはユダヤ人の主導権なしでそれを作らなかったのか」と。つまり要約しよう。ユダヤ人が、ユダヤ人の脳が、つまり［創造するよう］指示をした者こそが、その大きく素晴らしい創造物を「作り上げた」のであって、［作り上げたのは］手を動かした者ではない。もちろん、もしユダヤ人の手によって作り上げられるならばその方が良いに違いないが、しかしこのような些末なことのために大きな民族／国民的創造物を手放すなどできない。仮に、それでもなお「しかし、結局どのような意味で民族／国民的であると言えるのか。どの民族にも言語にも例のない寄生性、民族／国民的な寄生性――他の民族においては結局、使役者も被使役者も基本的には主要民族の同胞である――つまり民族／国民的な寄生性が、民族／国民的創造物と見做すことができるということか」などと尋ねてくる者がいるとしても、そのように尋ねることが全く以て恥・不名誉なのである。なぜなら、いかにして他の人から金銭を受け取っていない人を寄生虫と呼ぶというのだろうか。［Gordon 1951-1952: 124、強調は編者］

ゴルドンはここで、仮に実際に物や商品を作ったのがユダヤ人でなかったとしても、生産活動に従事することが重要であるということを強調している。このように、シオニズムを通じて経済を興すことによって、ヨーロッパにおいて生産活動に従事しない離散状態のユダヤ人の寄生性を最終的に否定することをゴルドンは目指した。また、ゴルドンは、ユダヤ暦五六八〇年(一九一九年から一九二〇年に相当)に以下のようにも述べている。

我々は生きた民の生の味を既に忘れ、我々自身を忘れてしまっている。ディアスポラでの我々の生は、生などではない。我々は寄生的な民である。我々には土地に根がなく、我々の足元には土地がない。そして経済的な意味でのみ我々が寄生的であるのではない。精神、思考、詩曲、文学において、そして理想像、崇高な人間の大志という良き指標においてもそうなのである。[*Ibid.*: 260]

ゴルドンの考えでは、離散状態にあるユダヤ人は、他者に依存した寄生虫のようなものである。そして、それを解消するためには、ユダヤ人が自ら地に根差すこと、つまり領土を持った独立国家を建設することが必要だと考えた。この、離散状態の否定と農作業の重視という二つの特徴は、当時実際にパレスチナに入植をしたユダヤ人らが多く従事したキブツ運動の中心的思想とも合致するものである。

ゴルドンの主張とノルダウの主張に共通するのは、ユダヤ人が非人間の動物であり、頽廃しているという反ユダヤ主義的な主張を一部内面化し、その解決をユダヤ人国家の建設に求めている点である。さらに両者に共通するのは、両者が単にユダヤ人国家建設を最終目的とするのではなく、それによって内面的或いは精神的なユダヤ性の回復ができる、すなわち独立国家の獲得は倫理の正常化の過程であると考えている点である。

4 「屠殺される羊のように」――ショアーにおける受動性

シオニストらにとって、ヨーロッパにおける反ユダヤ主義の存在はシオニズムを推進する一つの要因であり、反ユダヤ主義の極致であるショアーは、建国期それからそれ以後のシオニズムの語りにおける一つの要諦を成してきた。ここでは、シオニズムに関わる人物らのショアーにまつわる語りにおける動物の形象の機能を確認してゆきたい。

ハノフ・ベン＝パズィの研究によればイスラエル人倫理学者であったイェシャヤフ・レイボビッツは、ナチズムの擡頭をヒューマニズムの後退と捉え、ナチズム及びショアーを、ヨーロッパにおけるナショナリズムの擡頭を通じた「動物性への道」と表現している［Ben-Pazi 2015：189］。このように、ナチズム及びナチス・ドイツによるショアーは人間の所業を超えた動物性としばしば表象されてきた。

修正主義シオニズムの第一人者として知られる、ゼエヴ・ジャボティンスキ（Владимир Евгеньевич Жаботинский：1880–1940年）は、一九三九年に、ナチス・ドイツによる反ユダヤ主義について警鐘を鳴らす際にこのように述べている。

> 私はあなたたち敬愛なる同胞に告ぐ。これは、見過ごして良いことではない、破滅に向かうものである。破滅。この語を口にして学んでほしい、そして私が間違っているといいのだが。移住の問題は常に必須であったが、しかし今日ではそれはとりわけより喫緊である。狼［ドイツ人ら］は寝ているけれども、すなわち最近の何か月かは我々の人々に対する攻撃はより少なかったけれども、我々のうちの者が愚かにも狼の眠りが何日も延びるだろうと信じるなどあり得ない。その眠りは非常に短いものになるだろう、そしてすぐに止むだろう。腹が減ったら、

すぐに我々の土地に悪い獣は現れるだろう。そうしている今でさえ明らかに、耳のついている者であれば誰でも、寝ている間のうなり声が聞こえるのだ。［Makhon Jaboṭinsqi Be-Yisra'el 2020、傍点は引用者］

ジャボティンスキは、この演説で、迫りくるナチス・ドイツの反ユダヤ主義的政策の危険性に警鐘を鳴らし、パレスチナに移住してシオニズム運動に加勢する重要性を強調している。引用部分でジャボティンスキは、忍び寄る反ユダヤ主義の危険性を狼と表現している。ここで狼の形象が用いられつつ強調されているのは、捕食者としてのナチス・ドイツの危険性、ひいては生命の危機である。また、狼と共に、その食欲の比喩が同時に用いられていることによって、狼であるナチス・ドイツによる迫害の見境のなさとコントロールの利かなさが強調されている。

一方、ショアーにおけるユダヤ人の受動性についてたびたび言及されるのが、「屠殺される羊のように（ke-tso'n la-ṭevaḥ）」という言葉である。この言葉は元来、聖書に由来を持つ表現である[5]。歴史家のリチャード・ミドルトン＝カプランによると、第二次世界大戦中の一九四二年、アバ・コヴネルというヴィリニュス出身のレジスタンスが口にしたとされる「我々は、決して屠殺される羊のようには連れて行かれまい。我々は弱く、無力であるというのは正しい。しかし殺人《マーダー》に対する唯一の応答とは反乱である」という発言が由来となっている［Middleton-Kaplan 2014: 6］。

しかし、この表現は戦後、元々の意図とは裏腹に、ショアーにおけるユダヤ人の受動性を強調するものと理解されるようになった［*Ibid.*: 7］。ダン・ポラットによれば、イスラエルでは、建国当初、ショアーは国家の恥と見做され、一九六七年の第三次中東戦争以後まで教育の場でもあまり取り扱われることはなかった［Porat 2004: 621］。「受動的と見做されたことは、多くのイスラエル人を動揺させた。一九五〇年代初頭のイスラエルは、蒼白で、弱々しく、弱気で、流浪のユダヤ人のイメージにとってかわる、「新しいユダヤ人」、つまり日に焼け、男らしい勇敢なユダヤ人のイメージに囚われていた」［*Ibid.*: 623］のである。

ここで用いられている羊の形象は、宗教的な催事に頻繁に用いられることから、犠牲者性を最も端的に表す比喩として用いられている。(6) ショアーにおける羊の形象は、初期のイスラエルの国家的アイデンティティにとって克服されるべき弱さ・受動性・被害者性の象徴として用いられるようになった。

一九四二年、当時ユダヤ機関の長官であったダヴィド・ベン＝グリオンは、ユダヤ人の独自の軍隊の創設を訴える際にショアーを引き合いに出している。「我々の子供や女性、女性同胞、老人たちだけが、裁判も、意味も理由も、罪もなく、ナチスの刑法に則ることすらもせず、特別な仕打ちを受け、掘り返された墓に生きたまま埋められ、火葬場で焼かれマシンガンで殺されている。それはユダヤ人の子であるというたった一つの咎によってである。なぜならユダヤ人には擁護者も、兵士もいないからである。(中略) ユダヤ人には、立場も、国旗も、ユダヤ人の軍も、ユダヤ人の独立も、そして安全で独立した故郷もないからである」[Mandel 2013]。さらに、例えば一九六七年に第三次中東戦争で戦死したイスラエル国防軍の兵士であるオメル・フェニゲルの手紙では、ショアーの被害者性に対する解決策として、ユダヤ人や軍隊の強さを求める言説が端的に表現されている。曰く、

> 私は全ての恐怖と無力さから、私の中に強くあるための強大な力が沸き上がるのを感じる。泣けるほど強く、ナイフのように鋭く、静かだが恐ろしい、そのように私はなりたいのだ。私は再び電気柵の背後から絶望の目が私を見つめるようなことがないと確かめたい！ 私が強くなることでのみそうなるだろう！ もし我々全員が強く、誇り高くなれば！ もう二度と屠殺場には連れて行かれまい。['Ahara-i – 'Armon Ha-Natsiv 2008]

ショアーをめぐるシオニストらによる言説には、加害者側であるナチス・ドイツ及び被害者側であるユダヤ人の双方どちらに言及する際にも、動物の形象が用いられていることが分かった。しかし、シオニストらにとってより重要

な意味を持つようになったのは、被害者側であるユダヤ人を表す羊の形象と、それによって強調される受動性の方であった。それは、より強固で頑強なイスラエルのヒロイズム及び男性性を傷つけるものと見做されていたからである。フェニゲルの論理に明白なように、もう二度と羊のような非人間的な扱いを受けてはならないという教訓が、シオニズムの「強さ」を要請している。

これまで見てきたように、シオニズムに関連する人々の言説の中では、動物の形象が比喩として様々な形で用いられてきた。この言説の中で共通しているのは、動物性が棄却されるべき特質と重ね合わせられ、そうした特質の比喩として機能していることである。ハイーム・ナフマン・ビアリクの『殺戮の街で』の事例では反ユダヤ主義に直面し逃げ惑うユダヤ人の「臆病さ」を表すネズミとして、マックス・ノルダウによる「頽廃した道徳性及び精神性」を表す獣として、アハロン・ゴルドンにおいては他者への依存を表す寄生虫として表現されていた。また、ショアーに際しては、迫りくるナチスの脅威に対するユダヤ人の弱さと受動性を表すために羊の形象が用いられていた。

5 ヴィーガン・ナショナリズムとシオニズム

ここまでの部分で明らかになったように、初期のシオニズム及びショアーに関する言説における動物性と動物の形象には、以下の二つの点で反ユダヤ主義の影響が色濃く反映されていた。一つ目は、ノルダウやゴルドンの事例のように、ユダヤ人に対する偏見を梃子として、「ユダヤ人の堕落した精神性・道徳性」を否定し、正常な精神性・道徳性を取り戻すことが強調されていた点である。二つ目は、ビアリクやショアーにおける羊の形象の事例のように、迫りくる反ユダヤ主義の物質的な脅威に対して、「強さ」や「ヒロイズム」を求める際の根拠としての棄却するべき「受動性」と「臆病さ」が強調されていた点である。このように、シオニストらの言説においてユダヤ人が動物と見做される際、そのユダヤ人の動物性は、国家の建設を通じて肉体的・精神的な近代化を達成することによって解消されると主張されている点で、二重の意味で「克服されるべきもの」と描かれていた。その二重の克服とは、近代性に照らし合わせた精神的な動物性と同時に、物質的な非ユダヤ人からの非人間的扱いという二つの状態の否定である。

それでは、シオニズムにおける動物性及び動物の形象は、第3章で論じた新しいユダヤ人の創設の議論にいかなる意味を持つのだろうか。第3章で見てきたように、シオニズムにおけるユダヤ人像に関する先行研究では、肉体的な鍛錬を通じ、否定された男性性を取り戻すという点が確認されている。例えば、先述のプレスナーのシオニズムにおける男性性についての研究では深く考察されることはないが、興味深いことに、ノルダウに顕著な男性性の回復の言説において、これらの回復が道徳の堕落からの脱却という最終的な目的を達成するために必要なものだと語られている。プレスナーのシオニズムの男性性の議論においては、「動物のように野蛮で、堕落した道徳性」から脱し、正常な道徳性を有したユダヤ人を目指すことが複数の個所で示唆されている［Presner 2007: 63, 90, 156］。しかし、プレスナーの研究ではこの道徳性と動物性に関する議論はほとんど考察されていない。

しかし、ここで取り上げたように、ノルダウの場合は、筋肉の獲得によって精神的・道徳的な堕落からの脱却を、ゴルドンの場合は土地に根差した肉体労働を通してユダヤ人の自立した精神性の獲得を最終的な目標に位置付けていた。つまり、ノルダウの論理に顕著なように身体的な鍛錬と男性性の回復はシオニズムにおける最終的な目標ではない。こうした身体的訓練を通じた肉体的な十全さは、あくまでユダヤ人の堕落した精神性や道徳性を克服するための手段にすぎなかったのである。ボヤーリンやプレスナー、プアなどのシオニズムの男性性に関する研究では、こうした身体的な鍛錬が、むしろユダヤ人の正常な倫理性或いは精神性を取り戻すという高次の目標に対する手段であり、シオニズムにおいて重要視されていたのは肉体・物質的な正常性よりも精神・道徳的な正常性であったという点が看過されている。

第3章で確認したボヤーリンからプアまでの一連の議論が明らかにしたユダヤ人の身体表象に関するシオニストらによる議論において重要だったのは、ユダヤ人（男性）が女性的でなよなよした同性愛的なものという表象の克服が、そもそもユダヤ「人」すなわち国家を持つのに相応しい西洋近代的な主体の獲得、すなわち十全な精神性を持った内面的・道徳的な主体の獲得という文脈において語られる必要性がシオニストらにはあったという点である。つまり、シオニズムにおいても、ヨーロッパ的な心身二元論に基づく精神の優越は一部踏襲されつつ、その正当性が主張されていたのである。ジャスビル・プアは、シオニズムを「健康で異性愛的な変形に必要な場」を求めるものとしたが、シオニズムにおける人間性／動物性のここまでの分析を踏まえながらそれを修正するならば、シオニズムの語りは、男性性・異性愛性の回復と同様、「動物のような非人間的な扱い」を受けてきた屈辱の歴史から立ち上がり、人間に備えられた正常な精神性・道徳性を再び獲得するという、主体としての人間性の回復という倫理的なモチーフでもあったのである。

それでは、ここまで見てきたシオニズムの動物性及び動物の形象と、人間性の回復のモチーフは現在イスラエル社会で見られるヴィーガン・ナショナリズムにいかに接続しているのだろうか。ここまでの議論を踏まえると、動物性を棄却し、十全な倫理性を持った主体であれというシオニズムの強さを求める語りはヴィーガン・ナショナリズムにおいてヴィーガンにも求められていることが分かる。重要なことに、このシオニズムにおける強さを求める言説及びそれに基づく男性性は、肉食／菜食の二項対立にも呼応している。

エコフェミニストらは、男性性と肉食の間の繋がりを考察してきた。ジュリア・トゥイッグは、肉食がセクシュアリティ、攻撃性、情熱と結び付けられていることを主張した最初期の人物の一人である［Twigg 1979; 1983］。肉食と男性性についての考察をさらに発展させたのが、キャロル・アダムズである［Adams 2015］。アダムズによれば、西洋の食の伝統においては、肉は男性性の象徴と見做されてきた。狩猟社会の分業体制というある種の「神話」的な語りに基づきながら、男性は動物を狩り、肉食を通じて強靭でたくましい身体を持つべきであるという家父長制的価値観と肉食が結び付けられてきたと主張する。その一方で野菜及び菜食は女性性、とりわけ女性の「受動性」と結び付けられている［*Ibid.*: 47–55, 60–63］。同様に、アラン・ビアーズワースとテレサ・キールによれば、肉食、とりわけ赤肉の摂取は牛等の自然の取り込み及び、強さと攻撃性の象徴と見られている［Beardsworth and Keil 1996 : 211］。

一方、ニック・フィズは、肉食の自然への支配という側面を強調する。フィズによれば、肉食は、単に人間の自然支配を象徴するだけではなく、殺害、料理、食という過程を通じて反対に人間の自然に対する優位性を作り上げる［Fiddes 1991: 65］。つまり、「何よりも肉が例示しているのは、ある態度である。すなわち自然と女性、「人種的」他者である男性の階層的な支配を捉え、重視し、そして正当化し、そしてその帰結として人間同士及び他の自然とのより支配的でない相互作用を貶める男性的な世界観」である［*Ibid.*: 210］。

ニル・アヴィエリは、イスラエルにおける男性性と肉食の繋がりについて論じている。両者の繋がりを顕著に表している事例は、イスラエル独立記念日におけるバーベキューを行う習慣である。イスラエルでは、一九八〇年代以降に独立記念日にバーベキューを行う文化が定着した［Avieli 2018］。アヴィエリによれば、イスラエルのこのバーベキューの習慣は、他の植民地国家と同様、イスラエルにおける男性性や力、空間の支配が象徴的に表れる場であるとしている［*Ibid.*: 54］。

第5章では、イスラエル国防軍のウェブサイトで組まれた特集で、ヴィーガンの兵士らのインタビューを取り上げた。そのインタビューでは、仮にヴィーガンであっても、肉食者と変わらない強い身体である必要があること、すなわち、「肉食者並み」が求められることが確認された。ここで、本章で確認したシオニズムの系譜を鑑みながらもう一度これを考察すると、この特徴が、それぞれシオニズムの動物性と動物の形象における語りと矛盾なく整合することに気づく。つまり、ショアー以後の男性性の系譜から確認されるように、シオニズムの理想においては、ユダヤ人は動物扱いされてはならず、そのために男性性が要請され、その時の「男性性」の基準は肉食者であることを含む。ここでは、仮にヴィーガン＝菜食者であってもたんぱく質を豊富に摂取することによって肉食者並みの身体的強靱さが求められ、伝統的ななよなよした、女性的でクィアな身体であってはならないのである。

一方で、この動物同然の扱いを受けたというユダヤ人の経験は、異なる経路を辿って動物の政治にも関わっている。「ヴィーガン革命」の立役者となった動物の権利活動家であるギャリー・ユーロフスキーは、二〇一〇年の "The Most Important Speech You Will Ever Hear" のヴィーガニズムと屠殺に関する講演の冒頭で、イスラエルの食肉加工工場の様子を例にこう述べている。

奴隷制度——所有、犠牲、利益、支配——とは人間種族に限られたことでしょうか。黒人やユダヤ人、女性と子供が残虐行為の唯一の被害者なのでしょうか。牛は奴隷化されてこなかったのでしょうか。（中略）屠殺場に関してはどうでしょう。「人道的な」屠殺などが存在すると本当に考えているのでしょうか。「人道的」とは本当の意味でどういう定義なのでしょうか。精神的・物質的な虐待・拷問・八つ裂き・殺害の他に、屠殺場で動物たちに何が起きていると考えているのでしょうか。（中略）もし「人道的な」屠殺などが存在すると本当に考えているなら、興味深いのですが、「人道的なレイプ」も存在すると考えているのでしょうか。「人道的な」児童虐待？「人道的な」奴隷制度？「人道的な」ホロコーストはどうでしょうか。実際のところ、ホロコーストの定義とは何でしょうか。人間の大量虐殺か、それとも無実の者の大量虐殺でしょうか。このことから、全てのうちの最も大きなホロコーストについて考えようと思います。［Yourofsky 2015］

興味深いのは、二〇一二年の「ヴィーガン革命」の発端となったギャリー・ユーロフスキーの動物の権利に関する講演では、動物の屠殺が「ホロコースト」と表現されていることである。事実、屠殺を「ホロコースト」と表現しているのはギャリー・ユーロフスキーだけではない。(7)

動物の被害をショアーに喩える語りは、二〇一三年に行われた「269」と呼ばれるキャンペーンでとりわけ顕著に見られる。このキャンペーンは、屠殺場から逃れたある一頭の牛に付けられていた「269」の個体識別番号に由来する運動で、269の鉄の焼き印を用いて自らの皮膚に焼き付けるというものである。テル・アヴィヴのいく人かの動物の権利活動家によって始められたこのキャンペーンは、徐々に賛同者を得ることに成功し、先述のタル・ギルボアが自らの体にその番号のタトゥーを入れる等、多くの動物の権利活動家を巻き込んでいった。さらにイスラエルだけでなく世界各地で連帯の動きが広まった。

ここで注目すべきは、このキャンペーンが、ショアーに深く関連した二つの比喩によって構成されている点である。ショアーの生存者と重なる救出された牛と、ナチスが管理のためにユダヤ人に着けるよう強制した黄色のダヴィデの星のバッジと重なる269のタトゥーである。例えば、二〇一三年の一月二八日の国際ホロコースト記念日には、269に関連して「動物たちにとって、屠殺は、常にトレブリンカである」というメッセージと共に動物の権利擁護を訴える動画をユーチューブに投稿する米国の活動家もいた［BiteSizeVegan.org 2013］。

これをきっかけに設立された269Lifeは、さらに二〇一六年の「ショアーと英雄の記憶の日」の直後に、「エルサレムでのパフォーマンス――個々それぞれに名前がある」(8)と題した動画をフェイスブック上に投稿した。その動画は、エルサレムにあるショアー記念館「ヤド・ヴァシェム」の入口にある「ヤド・ヴァシェム」の文字のモニュメントを背景に撮影されている。動画の中では、肉と骨でできたヴァイオリンと鎌状の骨でできた弓を模した楽器を女性が持ち、音楽に合わせて演奏する様子が撮影される。さらに、囚人服を着て縄に繋がれた、動物のお面をした四人の人間が、そのヴァイオリンを弾く演奏者の持つ鎌状の骨で殺害される様子が映される。このうちの馬のお面をした人物には269の文字が付けられた黄色のシールが張られ、269キャンペーンで取り上げられた動物とユダヤ人の共通性が強調されている。さらに、この投稿の説明文ではこのように書かれている。

ショアーの日の二日前に、ヤド・ヴァシェム博物館の近くの広場で、269Life運動のイスラエル人活動家らは挑発的な芸術パフォーマンスを実践しています。パフォーマンスの狙いは、人々にユダヤ人のショアーと動物のショアーの間の類比を晒し、毎日様々な産業で動物が経験する残虐性に対し人々を刮目させることです。我々は自分たちを啓蒙された社会と呼びますが、我々は未だにこの類比ができていません。動物は有感で意識のある生物であるものの、そのアイデンティティは完全に消されています。彼らは番号が付けられ、その想像を絶する量が屠殺され、屠殺場に連れていかれ、家族から引き離されます。我々は彼らの苦しみのうえに産業を構築し、彼らの体を骨まで利用します。それは、ショアーでユダヤ人の脂肪を使用したように、その脂肪を使うにいたるまでを含むものです。ショアーでユダヤ人に課せられた行為は、同じ神経系と同じ感知能力を持つ動物を搾取する産業で使用されている行為から取り入れられ、開発されました。全く同じ行為について話しているのに、なぜ人類文化は、動物について「ショアー」や「虐殺」という用語を［用いることを］非難するのでしょうか。偽善はもう沢山です！　第二次世界大戦で他の人種より優れてなどいなかったのと全く同様に、我々が動物よりも優れてなどいないということを人類種が理解する時が来たのです。全ての生物には搾取から解放される権利があるのです！　［269Life Tel-Aviv – Israel 2016］(9)

筆者のインタビュイーの中にも、ショアーとの関連で動物の権利の擁護を訴えるものもいた。イスラエル人ヴィーガンであり、ショアー生存者二世であるバルは、自身を政治的右派だと認識する。バルはインタビューの中で以下のように述べている。

私は、動物が酪製品産業で、肉製品産業、卵製品産業で経験していることとの間に明確な共通性を感じます。当然です。我々は動物を檻に入れ、利用し、ひどい状況に置いています。彼らがそこで生きているのは頻繁に抗生物質を与えられているというだけの理由であって、最終的には多くの、とても多くの数の動物たちをそこから取り出して殺しています。当然です。ホロコーストは人間にだけ用いられるのではないです、ユダヤ人だけのものではありません。［Bar 2020］

ショアーを比喩に用いることに対しては未だに根強い反感があるにも拘らず、この比喩は動物に対する残虐行為や被害者性を強調する際に頻繁に用いられてきた。アラウンによれば、これらの言説は、「イスラエルの国家的アイデンティティの中核にあるユダヤ人の迫害の究極的で特殊な表現」［Alloun 2020：4］である。こうした言説は、ユダヤ人は歴史上類を見ないおぞましい迫害を経験しているがゆえに、その苦痛の被害者の地位を例外的に占めるというイスラエルの例外主義に深く埋め込まれ、そして行為遂行的にそれを強化してもいる。

シオニズムにおける動物性の否定を通じた人間性の回復と強さを求める系譜は、ヴィーガン・ナショナリズムにおいてもヴィーガンにも同様に課されていることが確認できる。一方で、ショアーという非人道的な歴史的大惨事を経験したユダヤ人は、動物が経験する苦痛が理解でき、ユダヤ人がショアーを二度と経験してはならないのと同様、動物も不当な扱いを受けてはならないというシオニズムにおける倫理的な要請を引き出してもいる。この要請は翻って、動物の権利において倫理的なイスラエルが、現在進行中の対テロ戦争においても倫理的に優位でありシオニストであることとヴィーガンであることは矛盾しないという文化的優位性の主張を可能にしている。

6　おわりに

本章ではまず、ヨーロッパにおける反ユダヤ主義的な創作物において、ユダヤ人が様々な形で動物に喩えられ、非人間的存在としてしばしば表象されてきたことを確認した。こうした反ユダヤ主義的な創作物の特徴は、狡猾さ（すなわち正常な倫理観の欠如）、外来性や無力さ、そして寄生のニュアンスが込められたものであった。また反ユダヤ主義的動物の形象の系譜は一三世紀まで遡ることができるものの、とりわけ一九世紀以降の反ユダヤ主義的創作物は、それ以前のそれと異なり、動物性がユダヤ人の身体性と直接的に重ねられていたという意味で人種化されたものであった。

反ユダヤ主義的非人間化が行われている中で、シオニストらはこれらの反ユダヤ主義的身体像に対する一つの回答としてシオニズムを捉えていた。ハイーム・ナフマン・ビアリクの詩の中では市民生活の外側に追いやられた存在として犬の形象が用いられていた他、ユダヤ史上の古代のヒロイズムと対置する形で、臆病さの象徴としてネズミの形象が用いられていた。また、マックス・ノルダウは近代性と対置される頽廃の象徴として動物性を捉えており、さらに近代化が遅れている東欧ユダヤ人の「悲惨な状況」を人間性の剝奪された動物性と重ねていた。また、アハロン・ゴルドンは、ユダヤ人の精神的な寄生性の解決策を、農作業を通じて土地に根差すことに求めた。

本章ではさらに、その後ショアーをめぐる言説において、建国後のイスラエルではユダヤ人の受動性を強調するために羊の形象が用いられてきたことを確認した。ショアーにおける羊の形象は、初期のイスラエルの国家的アイデンティティにとって克服されるべき弱さ・受動性・被害者性の象徴である。ここでは、ショアーにおける非人間的な扱いを「二度と繰り返さない（le-'olam lo' 'od）」ことが強調され、身体的な強さを求める際に、いわばその鏡のようなものとして、否定されるべきユダヤ人の受動性と重ねられていた。

本章で明らかになったように、シオニズムにおける動物性と動物の形象の表れには、二つの特徴が存在する。一つ目は、ビアリクやショアーにおける羊の形象に特に顕著なように、ユダヤ人の動物性は、臆病さと受動性等、ある種の身体的弱さを示す文脈で用いられていたということである。既存のシオニズムにおける男性性研究は、シオニズムにおいて身体的な鍛錬を通じた強靱な肉体を持ったユダヤ人が称揚されてきた側面を明らかにしているが、動物性及び動物の形象は、身体的な鍛錬によって最終的に棄却されるべき弱さと非人道的扱いに結び付けられていることが分かる。

そして二つ目は、ノルダウとゴルドンの主張における論理に特に顕著なように、その動物性はある種の精神性及び道徳性と結び付けられていたという点である。ノルダウにとって、身体の鍛錬を通じた男性性と理想的なユダヤ人の身体像の獲得は、あくまでも精神的な堕落を克服する手段にすぎなかった。また、ゴルドンにとっても、農業を通じて土地に根差すことで獲得される自立したユダヤ人の確立によって最終的に目指されていたのは、崇高な精神性を獲得することであった。これらのシオニストらにとっては、身体的な優越よりも、むしろ精神的な優越に重きを置いていたという意味で、心身二元論に基づく精神の優越というヨーロッパ的価値観を踏襲するものであった。この論理において動物性は衝迫や理性で支配できない領域を表すものと見做され、望ましい精神性・道徳性と対置する存在と位置付けられていたことが分かる。マックス・ノルダウやアハロン・ゴルドンの事例に明らかなように、シオニズムの語りにおいては、単に西洋近代的な主体との関係において、男性性や傷つけられたユダヤ性の回復という男性性・障害のモチーフが見られるだけでなく、人間性及び道徳性の回復という倫理的モチーフも見られる。それは肉体的な正常性の回復よりも高次の目標と位置付けられていたのである。

一九世紀及び二〇世紀の反ユダヤ主義的現実を出発点にした、シオニズムにおけるこの二つの語りは、ヴィーガン・ナショナリズムにおける国家の両義的なヴィーガンの位置付けを明示している。つまり、一方でヴィーガンは身体的には十全な身体を有さない「弱い」身体と見做され、ユダヤ人が経験した苦い歴史を「二度と繰り返さない」ためには、シオニズムの望ましい主体である肉食者並みの働きが求められる。一方で、精神・倫理的な次元においては、ヴィーガンらは、イスラエルの倫理的な優位性を証明する存在である。そこでは動物の苦しみとユダヤ人の被害者性が重ねられる。その際、ヴィーガンは、現在進行中の対テロ戦争において、テロリスト＝動物ではなく、正常な人間性と倫理観を持った主体を仄めかしながら、倫理的に崇高な人間と見做されるのである。

註

（1） 図6を参照されたい。
（2） ポグロムとは、ロシア語で「破壊・破滅」を表す言葉で、一般的にユダヤ人或いはユダヤ人地区に対する迫害や破壊行為を指して用いられる。ロシア帝国やロシア語圏での迫害行為にとどまらず、一般的なユダヤ人の迫害を表す用語として使われる場合もある。
（3） イェフダ・マカビー（Yehudah Ha-Makabi）とは、紀元前二世紀当時セレウコス朝から独立を果たすきっかけとなった闘い、マカバイ戦争を率いた指導者とされる人物。
（4） ハウラーンとは、現在のシリア南部、ヨルダン北部にまたがる地域に対する呼称。
（5） ショアー以前のこの表現と、記憶の政治におけるその重要性については、[Feldman 2013] に詳しい。
（6） 現代ヘブライ語の「無垢な子羊（seh tamim）」という表現が、現在でも無垢さ、無実のものを表現するように、羊は、とりわけ無垢な被害者であることの象徴として用いられている。
（7） 例えば、動物の権利に対して積極的に発信している作家のチャールズ・パターソンは「永遠のトレブリンカ」と題した著作で、動物の扱いとショアーの間に明確な類似性を見出したことで知られている [Patterson 2002]。

（8）このタイトルは、ショアーについて歌った非常に有名な現代ヘブライ語の歌である「Le-Khol 'Ish Yesh Shem」（全ての人には名前がある）から取られていることが容易に想像できる。この歌のタイトルの一単語「'ish」を「'eḥad」に変えることで、「全ての（人も動物も含む）個」の意味に変えている。

（9）厳密には「yetsur ḥai」という表現は人間の「生物」という言葉よりも狭く、「ḥai」という動詞は魂を持った動物にのみ用いられる。そのため、ここでは魂を持たないとされる植物種は含められていない。

終章

1　まとめ

本書では、第Ⅰ部、第Ⅱ部とそれぞれ「性の政治」と「動物の政治」に分けて論じてきた。終章である本章では、各章で論じられた事柄を基に、第Ⅰ部と第Ⅱ部を横断し、第1章と第4章に共通する「新自由主義」、第2章と第5章に共通する「対テロ戦争」、第3章と第6章に共通する「シオニズム」の主題ごとにこれまでの章を整理してゆきたい。両者を改めて比較検討することによって、冒頭で触れた本書の意義がより一層浮き彫りになる。

まず、第1章と第4章で確認したのは、本書で取り上げた二つの運動のイスラエルの経済との関係である。第1章と第4章で確認したことを比較すると、まず、両者の顕著な共通性が浮かび上がってくる。

① テル・アヴィヴは両者の運動にとって重要な都市であること。

② テル・アヴィヴの一九九〇年代後半以降の新自由主義経済体制への移行に好ましいものと見做されるようになったこと。

③　「主流化」の過程で、「ゲイ」という主体と「ヴィーガン」という主体が中心化したこと。

このように、性的少数者の権利をめぐる政治と動物の権利をめぐる政治は両者共に、テル・アヴィヴを中心に発達した新自由主義経済に有益なものと描かれていることが分かる。この中で特に注目を集めるようになったのが、「ゲイ」と「ヴィーガン」という二つの主体である。

但し、第1章と第4章では、両者の差異も存在することに気を付けなければならない。とりわけ新自由主義経済体制で活用されるそのやり方には、双方に差異が見受けられる。第1章で確認されたように、性的少数者の包摂は、その人材の保護という観点から「多文化主義」、「多元主義」という価値観が前面化し、その価値観は、翻って国際的な「ゲイ・ツーリズム」の潮流に乗り、観光客を誘致する際の都市のブランディングに役立っている。一方で、動物の政治やヴィーガニズムに関してはその動きが前面化することはない。むしろ、ヴィーガニズムは食のテクノロジーとスタートアップという最先端技術等に紐づけられており、両者の活用のされ方には差異が見受けられる。

第2章と第5章で確認したのは、新自由主義の影響を受け「無害化」された運動の成果が、今度は現在進行中の対テロ戦争の文脈においてナショナリズムに結び付けられている点である。ここでも性的少数者の権利をめぐる政治と動物の権利をめぐる政治が極めて顕著な類似性を持っていることが明らかになった。ここでの両者の共通点は、以下のようにまとめられる。

①　ヴィーガンや性的少数者はもはや軍隊に排除されるのではなく、包摂されるべきものと見做されること。

②　この包摂はイスラエルの「道徳性」や「民主主義」等の先進性と結び付けられること。

③　この先進性はテロ組織の野蛮性に結び付けられながら、国家の優位性の根拠となること。

一方で、第5章の「おわりに」でも先述したように、ホモナショナリズムが「同性愛嫌悪的なイスラーム社会」という対置先との明確な対比に基づいていたのと異なり、ヴィーガン・ナショナリズムでは、そのような参照先となるようなイスラーム圏における動物に対する野蛮さが強調されることは、少なくとも現状において多くはない。むしろ、ヴィーガン・ナショナリズムでは、国家の正当性及び戦争における倫理性・人間性により焦点が合わせられており、その際に強調されるのはテロリストの非倫理性及び非人間性である。

第3章と第6章で確認したのは、それぞれ一つ前の章で鍵となるクィア性と動物性がシオニズムにおいてどのように扱われてきたかである。ここでの両者の共通点は、このように整理することができるだろう。

① 近代以降ヨーロッパにおいてクィア性及び動物性は、西洋近代主体との関係において棄却されるべき要素と見做されてきたこと。

② シオニズムでは、クィア性も動物性も棄却することを通じて身体的に強く、倫理的に十全なユダヤ人の創出が求められたこと。

③ 現在のホモナショナリズム及びヴィーガン・ナショナリズムの枠組においても、②のシオニズムの価値観に抵触しない形で、同性愛者であっても「異性愛者」並み、ヴィーガンであっても「肉食者」並みが求められること。

④ 但し同時に、ショアーに代表されるようにユダヤ人の西洋近代主体からの排除の歴史的経験は、同時に同性愛者の被害者性と動物の被害者性と呼応していること。

第3章と第6章で明らかになったように、ユダヤ人がヨーロッパの他者と規定されたという被害者としての歴史的経験は、強さを求める語りの根拠として機能している一方、同性愛者と動物の被害者性とも呼応している。その意味でシオニズムは両義的な語りでもあると言えるだろう。これは、西洋的な「道徳性」を備えた十全な主体を求める西洋中心主義的な希求という、これまでのホモナショナリズムやヴィーガン・ナショナリズムの枠組からは説明できない要素であり、イスラエルの性をめぐる政治と動物をめぐる政治の複雑性と固有性が垣間見える。この固有性とは、まずもってヨーロッパの他者と規定されてきたユダヤ人の経験に由来するという点で、西洋中心主義から完全に切り離されたものではないが、典型的に西洋と見做された他の国（例えば、米国やフランス、オーストラリアの動物をめぐる政治）の事例では見受けられないイスラエルの国家的アイデンティティの特殊性である。

本書では、第Ⅰ部の「性の政治」を経由し、第Ⅱ部を考察することによって、現在の権利運動とナショナリズムに関連する三つの主題において、両者の顕著な類似性が明らかになった。それでは、比較によって明らかになったこの類似性は、先行研究に対しどのような意義を持つのだろうか。第5章で述べた通り、イスラエルにおいて、動物の権利はナショナリズムと現在進行中の対テロ戦争の文脈に位置付けられている。この位置付けをいち早く分析したエリカ・ワイスやエステル・アラウンの研究は洞察に富んでいたものの、このナショナリズムを、現在のヴィーガンを公言する右派の擡頭の問題のみに帰すことはできない。本書は、これまでの批判的動物研究が、動物の権利とナショナリズムがどのように繋がっているかに関する説明を十分提供してこなかったというこの批判的視座に立脚している。本書の批判的動物研究に対する貢献を以下の三点に改めてまとめ、説明したい。

① イスラエル経済の新自由主義経済体制への移行の社会経済的影響と、その結果としての動物の権利運動の変質に対する考察を加えたこと。

第4章では、ヴィーガニズムが、もはや既存の社会体制と肉食に対する批判的視座を削ぎ落とされた、個人化された生活様式の一つと見做され、新自由主義経済がますます進行するテル・アヴィヴ市において特に顕著な形で主流化していることが明らかになった。それを特徴的に表しているのが「ヴィーガン・フレンドリー」という団体の活動である。この方針は、パレスチナ問題に言及することを避け、非政治的なものと提示する「シングル・イッシュー」であると同時に、ヴィーガニズムが経済を推進する原動力と見做されているという点で新自由主義的なものである。この個人化されたヴィーガニズムは、食の選択及び持続可能性の問題と再定義され、さらに代替肉等の食のテクノロジー分野という、イスラエルの先端技術の発展の一つに結び付けられている。

② 今日のイスラエルの動物の権利とナショナリズムの繋がりの議論において、「ヴィーガン」という主体の重要性に対する考察を加え、「アニマル・ナショナリズム」を批判的に考察、「ヴィーガン・ナショナリズム」の概念を導入したこと。

新自由主義の影響を受け個人化され、「扱いやすい」ものとなったヴィーガニズムは、第5章で確認されたように今度は国家の優位性に結び付けられ、ナショナリズムに用いられるようになっている。この時、イスラエル国防軍のSNSでの資料等から読み取れるように、ヴィーガニズムはもはや国家に対し反動的であったり対抗的であったりするものとは見做されない一方で、同時に国家の「倫理的優位性」を示してくれる、国家にとって都合の良い人々と描かれる。ヴィーガンは、この意味で保護される動物そのものの表象を肩代わりする文字通り代理人として機能し、実際に保護される動物は再び不可視化される。その際注意しなければならないのは、ヴィーガン・ナショナリズムの枠組では、文明的で国家を持つに相応しい道徳的な主体／野蛮で道徳的に劣ったテロリスト＝打倒するに相応しい動物という既存の人間と動物との境界が温存されているばかりか、ヴィーガンが包摂される際には、肉食並みの強さを求められる点で、既存の枠組を脅かさない範囲での例外的な包摂であるという点である。

既存の批判的動物研究では、イスラエルの事例は「アニマル・ナショナリズム」の一形態であると説明されてきたが、この「アニマル・ナショナリズム」の概念は、イスラエルの事例における、国家に望ましいものとして包摂される「ヴィーガン」の重要性及び、人間と動物の境界が幾重にも重なりあいながら作用する表象の政治の複雑性を十分に考察できていない。少なくともイスラエルの事例を考察する場合は、動物を代理するヴィーガンらが例外的に包摂されながら前景化し、実際の動物が再度不可視化されているという点で、単なる「アニマル・ナショナリズム」の一形態と措定することはできない。

③ シオニズムの系譜を分析することで、イスラエルにおける動物の権利とナショナリズムとの繋がりが、単に「道徳性」や「民主主義」等の西洋的価値観を求める単線的なものではなく、それに対する両義性を含むものであることを明らかにした点。

第5章で確認したように、ヴィーガン・ナショナリズムは、西洋近代主体の水準に照らして、人間／動物という境界及び肉食／菜食という二項対立を巧みに温存しながらも国家の優位性を主張する。しかし、第6章で確認できたように、西洋近代主体にそぐわない「人間以下の動物」と規定されたユダヤ人表象をその出発点にしたシオニズムの系譜は、一方で人間性と道徳性の回復を主張し、その一方でユダヤ人の被害者性と動物の被害者性の重なりを訴える二つの語りを内包している。シオニズムにおける、力を求め、鍛錬を通じた男性性を要求する語りは、ヴィーガン・ナショナリズムの下では、なよなよし、女性的な弱いヴィーガンではなく、肉食者並みの働きを求める。肉体的には肉食者並みである一方で、その内面すなわち精神において、動物への配慮を示すヴィーガンは、倫理的・道徳的に優れた存在と見做される。

一方で、ショアーに代表されるユダヤ人の被害者としての経験及びヨーロッパ的他者としての経験を出発点に持つシオニズムでは、動物という弱い立場にある者に対する共通性をも引き起こす。一方で強さを求め、一方で被害者性に訴えるというシオニズムの系譜におけるこの両義性は、まさにイスラエルの地域的な固有性及びユダヤ人の歴史の固有性の表れである。

それでは、本書で一体何が明らかになったのだろうか。本書で筆者が行おうとしていたのは、イスラエルにおいて、平等や解放を求め、思想的には左派的と思われてきた権利運動が右派政治と結び付くそのやり方を明らかにすることであった。本書では、ジェンダー・セクシュアリティ研究での知見を援用しながら性の政治と動物の政治の間の異同を考察することで、近年の動物の権利運動とナショナリズムの繋がりがヴィーガン・ナショナリズムと位置付けられること、そしてその経済的・社会的・思想的展開を明らかにした。序章で示唆したように、現在はホモナショナリズムだけでなく、フェモナショナリズム、クリップ・ナショナリズム等の用語が用いられている。これらの概念はそれぞれの領域におけるナショナリズムとの繋がりだけでなく、領域を超えた横の繋がりを考察する際の重要な一歩ともなっている。本書で明らかにした通り、動物の権利もその例外とは言えない。動物の権利はその新自由主義的規制の中で脱政治化され、シオニズムの身体政治を土台にしながら、対テロ戦争における倫理的優位性の言説に接続している。筆者は、本書で用いた「ヴィーガン・ナショナリズム」という概念が、ジェンダー・セクシュアリティ、障害や人種等様々な領域と動物性との交差性を考察する際の一助となることを望む。

2　今後の展望について

本書では、性の政治と動物の政治、ナショナリズムという三者の関係性を考察してきた。しかし、本書の主題の射程は、例えば男性性やユダヤ性、西洋との関わり、宗教との関わり、人種等非常に多岐に亘る問題を内包しており、本書ではその一部を考察したにすぎず、課題は多い。まず、技術的な部分から述べると、本書の分析の一つには各種のインタビュー調査が含まれていたが、それを十二分に盛り込むことができなかった。また、ホモナショナリズムの議論では生権力や例外状態といった哲学分野における議論がふんだんに盛り込まれているが、ヴィーガン・ナショナリズムの分析においてその部分に深く切り込むことができなかった。それは、筆者のインタビュー調査の分析能力の欠落あるいは、哲学領域における十分な先行研究の精査を行うための知識不足からくるもので、これらの批判は甘受する必要があると感じている。ここからは、これらの技術的な課題に加えて、本書において上手く整理できなかったと筆者が現時点で感じる、そして今後の展望に繋がるいくつかの要素を述べたい。

一つ目に、本書では動物の政治が性の政治に与える含意が考察できていない点である。元々の執筆予定では、第Ⅲ部「テロリスト、動物性、クィア性」を含めた第Ⅲ部構成となる予定であった。つまり、この第Ⅲ部を加えることによって、第Ⅰ部では性の政治とナショナリズムの関係を、第Ⅱ部では動物の政治とナショナリズムの関係を、そして第Ⅲ部では性の政治と動物の政治の関係を考察することができ、こうすることで初めて、性の政治と動物の政治、ナショナリズムの三すくみの分析が完成する予定であった。この元々の構想では、この第Ⅲ部があることによって、動物性に関して分析を加えてきた批判的動物研究がいかにジェンダー・セクシュアリティ研究に貢献しうるか、つまり「批判的動物研究→ジェンダー・セクシュアリティ研究」のベクトルを考察できる。しかしながら、時間的制約から、本書に第Ⅲ部を含めることができなかった。結果的に、本書ではジェンダー・セクシュアリティの議論を援用することにより批判的動物研究に対する貢献を試みる形、すなわち「ジェンダー・セクシュアリティ研究→批判的動物研究」という一方向のベクトルとなってしまったのである。この点に関しては、さらに批判的動物研究の理論的考察が進むのを期待すると同時に、本書以降の筆者の研究の中心的課題の一つとして取り組んでいきたいと考えている。

二つ目に、本書でなぜ性の政治と動物の政治の二つを取り上げたのかに対する十全な答えを用意できていない点である。イスラエルでは、ある種の権利運動が国家の優位性と結び付いてきたこと、その中でも性的少数者の権利と動物の権利は突出して注目を集めてきたことは間違いがない。そして、本書で確認したように先行研究の状況を鑑みれば、両者を取り上げる意義は十分にあると考えている。

しかし、隣接領域に目をやれば、女性の権利や障害者の権利に関しても同様のことが起きていることは否定ができない。伝統的にイスラエルでは男女平等がイスラエルの国家のリベラルさや先進性に結び付けられて語られてきたうえに、近年ではクネセトで耳の聞こえないクネセト議員として初めてシルリ・ピントが右派政党ヤミナから当選し、手話での答弁が話題になるなど、障害者の権利に関しても同様の事態が起きつつある。これらの問題を包括的に論じられなかったのはひとえに筆者の力量不足から来るものであり、今後筆者自身も注視してゆきたいと考えている。それと同時に、領域を横断した比較検討などを通じてこの分野における議論が充実してゆくことを願いたい。

三つ目に、本書では、宗教、特にユダヤ教との関わりを十分に考察できていない。第Ⅰ部の性の政治と第Ⅱ部の動物の政治に対する宗教の関わり方は非常に異なっている。とりわけユダヤ教伝統及びユダヤ教超正統派の人々にとって、性的少数者に対する忌避感は強固であり、第1章で述べた通り、現在でも世俗的な人々と宗教的な人々の強い緊張関係がある。一方、動物の政治に関しては、動物の権利概念が世俗的な価値観から派生し、ユダヤ教伝統とは倫理観及び思想的には根本的に異なるものの、動物の権利運動に対してユダヤ教の伝統を重んじる人々や超正統派ユダヤ人からの忌避感と反発は少ない。

この違いは、ホモナショナリズムとヴィーガン・ナショナリズムの違いにも間接的に繋がっている。ホモナショナリズムはイスラーム＝宗教を同性愛嫌悪の主因であると措定し、「頑迷で遅れたイスラーム＝宗教」対「進歩的で開放的な世俗主義」の二項対立を構成する。一方でヴィーガン・ナショナリズムでは、宗教が直接的な対立点にはなっておらず、イスラエルに即して言えばユダヤ教宗教派からの反発が少ない代わりに、イスラームとの対立点も作られづらい。このようにイスラエル社会においてユダヤ教やイスラームを含めた宗教がいかに性の政治や動物の政治にこれまで関わり、そして今後関わってゆくかは、今後も注視してゆきたいと考えている。

3 二〇二三年一〇月七日以後のホモナショナリズム／ヴィーガン・ナショナリズム

筆者が博士論文を提出してから本書を刊行するまでの間、二〇二三年一〇月七日のハマースによる大規模な越境攻撃が発生し、イスラエルが報復と人質の奪還を求めてガザ地区への大規模な空爆と地上侵攻に乗り出したことにより、イスラエル社会を取り巻く事態は急変した。この一連の出来事はこれを執筆している二〇二四年八月現在も停戦を見ず、先行きの不透明な状況が続いている。二〇二三年一〇月七日以後のイスラエル社会におけるホモナショナリズム及びヴィーガン・ナショナリズム的傾向は、一体どうなったのだろうか。ここでは最後に一〇月七日以後の動きを述べて本書の締めくくりとしたい。

今回の一連の事態は、例えば「ガザ戦争」「ガザ紛争」あるいは「イスラエルによるガザ地区へのジェノサイド」などのように、どのように呼称するか、また今回の事態の発端をどの時点に持ってきて語るべきかなど、高度に政治的な問題をはらんでおり、いまだに共通認識ができているとは言い難い。

しかしながら、現時点で確定的なことが二つある。一つ目に、今回のハマースの越境攻撃が、イスラエルに強い衝撃を与えたことである。その意味で今回の越境攻撃とその後の事態の急変がイスラエル社会及びパレスチナ問題における一つの転換点となったのは否定しがたい。ハマースの越境攻撃は、一〇〇〇人以上の民間人の犠牲者をイスラエル側に与えたが、この被害の大きさはイスラエル建国以来前例がないほどの規模であり、イスラエル社会全体に激震を与えた。イスラエル民主主義研究所の世論調査によると、その良し悪しは差し置いて、ハマースが長年国際的な関心の周辺に追いやられていたパレスチナ問題を再び国際社会の意識の俎上に載せたと認めるユダヤ人のイスラエル人は、全体の実に過半数の五八・五%に上る［Ha-Makhon Ha-Yisre'eli Le-Demoqratyah 2024］。このように、イスラエル社会にとって、パレスチナ問題は近年比較的情勢が安定しており、パレスチナ問題の「抑え込み」の裏でイスラエル社会は経済的繁栄を享受していた。イスラエル側が和平を見ずとも支配を確立させ、パレスチナ問題を脇に追いやりながら自らの安全を確保していたと思われていたその幻想を見事に打ち砕いたのである。

そして二つ目は、一つ目にも関連するが、今回の事態を受けてイスラエル社会において露骨なナショナリズムが発露していることである。イスラエルの主要テレビ放送局である「チャンネル12」が行った世論調査よると、今回の事態を受けて自らの政治的指向性が右傾化したと答えたイスラエル人は全体の三六%に上り、左傾化したと答えた六%を大きく上回った［Segal 2023］。街にはイスラエル国旗が踊り、人質返還要求のシンボルが多くの場所で見られ、メディアにはイスラエルの勝利を訴えるアイコンが見られる。

このように、今回の事態の急変によって、本書の分析したイスラエル社会のとりわけ権利をめぐる政治構造に関する分析は時代遅れで使い物にならないものになったのだろうか。その答えは否であろう。むしろ、イスラエルで近年見られるホモナショナリズム的な言説や、ヴィーガン・ナショナリズム的な雰囲気は一層その傾向を色濃くしている。

例えば、イスラエル国防軍は二〇二三年一一月一三日のガザへの地上侵攻のさなか、Xにレインボー・フラッグを掲げたイスラエル国防軍の兵士と戦車の写真を投稿した（写真16を参照）。そこには以下のような文章が添えられていた。

> ガザで初となるレインボー・フラッグが掲げられました（レインボーの絵文字）。LGBTQ＋コミュニティの一員であるヨアヴ・アツモニは、ハマスの残虐のもと暮らすガザの人々に希望のメッセージを送りたいと思っています。彼の意図は、平和と自由を求めるため、ガザでの初のプライド・フラッグを掲げることです。［Israel Yisra'el 2023］

写真16　イスラエルの兵士によって掲げられたレインボー・フラッグ

（註）　ガザ地区で撮影され、Xにイスラエル国の公式アカウントから投稿された写真のうちの一枚。掲げられたレインボー・フラッグには、英語、アラビア語、ヘブライ語の三つの言語で「愛の名のもとに」と書かれている。

（出典）［Israel Yisra'el 2023］

このレインボー・フラッグには、「愛の名のもとに」という文章が英語、アラビア語、ヘブライ語で書かれているが、この投稿が英語でなされていること、旗の一番上に英語が来ていることとを鑑みれば、ガザの人々を救うことを実際に意図しガザの人々に向けられたものであるというよりも、むしろ国際的な世論に向けられたプロパガンダとして理解するべきだろう。

この事例は、「テロリストの支配する抑圧的な体制から性的少数者を解放する」というホモナショナリズムの図式を端的に表す事例だと言える。他にも、例えば性的少数者の権利運動の中心団体であるハ＝アグダは、今回の事態を受けて、パレスチナとの連帯を重視し、イスラエルを非難する世界中のクィア系活動家を非難する声明を発出している。その声明の中では、ホモナショナリズムの典型的な修辞を用いながらハマースを非難している。曰く、

ガザ地区とヨルダン川西岸地区のＬＧＢＴＱＩ＋の個人はひどい迫害に晒され、クィアの活動はこれらの地域において法的に禁止されています。ＬＧＢＴＱＩ＋の選択・ライフスタイルの自主性に対するハマースの不寛容さは、パレスチナとイスラエルのＬＧＢＴＱＩ＋双方を差し迫った生命の危機に追いやってきました。我々は、この問題に対処すること及び、パレスチナ人同様イスラエル人が苦しんでいるこのおぞましい日々に、そのような立場の首尾一貫しない側面を認識することを求めます。我々はガザ地区における人々の苦しみを知り、認識しています。我々はみな寛容と包摂、正義、尊厳を推進し、暴力を減らす必要な全ての手段を取らなければなりません。しかしながら、ハマースの体制では、パレスチナ人もイスラエル人も、特にどちらの集団出身のＬＧＢＴＱＩ＋の人々も安全ではありません。［Ha-'Agudah Lema'an Ha-Lahata"b Be-Yisra'el | The Aguda 2023］

さらに、ハ＝アグダは、戦時下における特異な貢献を行った、勇敢な性的少数者の人々を称える「イスラエル・プライドの称号」のキャンペーンを始め、二〇二四年六月六日プライド月間に合わせたテル・アヴィヴでのイベントで六人のイスラエル人にこの賞が授与されることになった［Ma'arekhet Mako Ga'ayah 2024］。このように、戦争や国家

に貢献できる性的少数者の人々が称揚される傾向はますます強まっている。

一方で、動物をめぐる政治においても、本書の執筆以降、本書で分析したヴィーガン・ナショナリズム的な傾向は色褪せるどころかむしろ先鋭化している。例えば二〇二三年の一〇月七日のハマースの越境攻撃の一年ほど前になるが、ある出来事がイスラエルのメディアでショッキングなニュースとして報道された。それは、野良犬を殺した者は一匹につき二〇シェケルを与えるとヨルダン川西岸地区ヘブロン市長のタイスィール・アブー＝スネイネが発言したというものであった。ヨルダン川西岸地区では野良犬の衛生問題がかねてから指摘されていたが、この発言を受けて実際に野良犬に暴行を加える者が多数出ているとイスラエルのメディアでは衝撃を以て報じられている［Fisher 2022］。市長はこれらのニュースが拡散するとすぐに冗談であったと発言を撤回をしたが、例えばイスラエルの極右政治家であるイタマル・ベン＝グヴィールは、「ヘブロン市長はテロリストであり、六人のユダヤ人が殺された集団の一員でした（神の復讐がありますように）。もし彼が取引によって刑務所から解放されていなければ犬を撃ち殺すという彼の提案を聞く犬などいなかったでしょう。まさにこれらのことに対し、ユダヤの力（ベン＝グヴィールの所属政党）は必要な処置を要求します」と述べている［Ben-Gvir 2022］。さらにこれに関連して、タル・ギルボアのパートナーとして知られ、自身も動物の権利活動家として活動し、そしてリクード支持者を公言しているロイ・シュペルニクは、ラジオ番組に出演した際に、「テロにも関係する過激化のプロセスがある。動物を虐待するものは刑務所に入れられなければならない。雰囲気は暴力的で、人間にも動物にも敵対的な宗教的過激化が存在している」と発言している［103FM 2023］。このように、動物の権利の侵害や動物に対する残忍さを「野蛮さ」の証左と位置付け、パレスチナの「テロリズム」を非難する言説は一向に衰えることはない。

さらに、二〇二三年一〇月七日以降、ハマースの動物に対する残忍さを強調するという語りが表出していることも見逃せない。ハマースの越境攻撃が始まると、ロイ・シュペルニクはその様子の動画をXで投稿している。その際、

「ひどい映像なので閲覧に注意。家族やお年寄り、子供そして動物のたくさんいる入植地（イシューヴ）で殺戮が行われました。ガザに住む悪魔の背後に殺人的思想があるのを知らせるため世界中に拡散してください」と述べている。ここでは、守られるべきものとして動物を描く一方で、動物を含む多数を殺害する「ガザの悪魔」の残忍さを強調している［Shperniq 2023］。

一方で、二〇二三年一〇月七日以降、イスラエルのメディアは、イスラエル国防軍が戦争の影響を受けた動物を救出する様子をたびたび報道している［Curiel and Turgeman 2023; Curiel 2023; Qleiman 2023］。これらの報道では、イスラエル国防軍の兵士らが戦時下で悲惨な状況にある動物を救うという構図が繰り返され、その英雄的行為や慈悲深さが称えられる内容だ。さらに、本書で分析した、テロリストと同一視されるパレスチナ人を非人間化する言説の表出も顕著である。ハマースの越境攻撃の直後二〇二三年一〇月九日にイスラエルのヨアヴ・ガラント国防相は、ガザ地区へのライフラインの停止と封鎖を宣言する際、「我々は人間動物と闘っているのだ」と発言した［Zaiton 2023］。仮にこの人間動物という言葉がハマースのことだけを指していると好意的に解釈したとしても、ガザ地区全体のライフラインの停止宣言の際にこの発言がなされたことを鑑みれば、ガザ地区に住む人々が人間としての生を送るに値しないと事実上宣言したと解釈するべきだろう。本書の第5章で論じた通り、現在のイスラエルで表出しつつあるヴィーガン・ナショナリズムの下では、動物に対しても倫理的であることを国家の優位性に結び付ける言説が登場する一方で、規範的な人間／動物の境界を用いて戦争を正当化する人間中心主義的なナショナリズムも併存している。渦中のガラントの発言は、テロリストと同一視されるパレスチナ人がいかにして非人間化されているかを、まざまざと見せつけている。

これらの事例は、突如として戦争状態に入ったイスラエル社会で高まるナショナリズムとSOGIをめぐる政治、動物をめぐる政治の繋がりのほんの一部にすぎない。しかし、本書で分析したホモナショナリズム及びヴィーガン・

ナショナリズム的傾向は、本書の執筆以後、とりわけ二〇二三年一〇月七日以後も色褪せるどころか強まっていると言えるだろう。

註

（1）このヘブロン市長のタイスィール・アブー＝スネイネは六人のユダヤ人が犠牲となった一九八〇年のヘブロンの攻撃に関わったとして、イスラエルで終身刑を言い渡され拘束されていた。およそ三年後に捕虜交換によって解放されている。

（2）この投稿では、ha-shem yaqum damo という表現が用いられている。この表現は聖書に由来し、テロリズムや憎悪犯罪などユダヤ人がユダヤ人であることによって異教徒に殺害された際に用いられ、神による復讐及び制裁を願う表現である。

（3）「動物」という言葉によって示される含意には様々な可能性があるため、ここでの「人間動物」の含意を補足しておきたい。現代ヘブライ語において、人間動物（hayot 'adam）という表現は、「人間の形をしているもののその中身は動物のような存在」、すなわちその人の非人道性や冷酷さ、倫理観の欠如を表すために用いられる。

あとがき

人は、人ではない何かの概念に感謝を述べることは可能だろうか。例えば「二次方程式に感謝をしたい」とか「ゲーム理論に感謝したい」と言ってみたところで、これらの文章は日本語として成立しない。このように、一見してある概念に対して感謝を述べることはできないように思える。しかし、筆者にとってフェミニズムはそれが成立する概念であり、あとがきを書く段になって真っ先に思い浮かんだのが何よりもこのフェミニズムであった。

筆者が初めてフェミニズムにきちんと触れたのは大学四年生の頃であったと思う。お世辞にも優秀な学生とは言えなかった当時の筆者は、根拠も知識もなくフェミニズムに「批判的」な、平凡でナイーブな学生であった。当時、大学で清水晶子先生のフェミニズム・クィア理論の授業を受けたことは、その偏見で塗り固められた「僕の考えたフェミニズム像」が一つ一つはぎ取られてゆくプロセスであった。このプロセスはそれまでの自我に変更を迫り、フェミニズムは筆者を魅了する学問に映った。

同時にフェミニズムは、自らの経験に言葉と説明を与えてくれた。高校三年生の時の自分が、自らのセクシュアリティについてなぜあんなにも悩み、苦しまなければならなかったのか、教えてくれたような気がした。経験に対する言語化は、フェミニズムが筆者にくれた「力」だったように思う。

フェミニズムは、その成り立ちから、学術機関に限らず、在野のフェミニストらによって支えられ、醸成されてきた。パレスチナとイスラエルの問題に取り組んでいたフェミニストの団体や、勉強会を主催するフェミニストたち、或いはベジタリアンを実践するフェミニストたちに出会ったことは、直接的にも間接的にも筆者の関心を枠づけ、導いてくれたように思う。当たり前のようにセクシュアリティの問題を重視し、また当たり前のように動物の問題を重視するフェミニストらに筆者の問題意識は涵養された。もしこれらの匿名のフェミニストたちがいなかったら、博士論文の提出にこぎつけることができただろうか。おそらく実現しなかっただろう。フェミニズムは誰かの生存に関わる、生きた学問であり、視座であり、政治的態度だ。だからこそ、筆者はフェミニズムとそれを支えてきた匿名のフェミニストらにここで感謝と敬意を表したい。

また、より直接的に、筆者のなまくらの問題関心を、博士論文の水準まで鋭く研ぎ澄ましてくれたいわば「刀鍛冶」は、東京大学大学院総合文化研究科の先生方であった。まず、博士論文の主査である鶴見太郎先生には、感謝をしてもしつくせないほどの多大な指導をいただいた。先生には面談やメールでのやり取りにおいて、研究上の些細なことでも常に非常に親身に相談に乗っていただいた。また、筆者が研究上の試練に直面した時、それを察し優しく言葉をかけてくれた。この経験は、博士課程の学生としてだけでなく、今後の研究者としての姿勢やあり方を背中で教えてもらうようなものであった。

副査である清水晶子先生は、筆者の粗雑な議論と問題意識にも拘らず、筆者に対しいつも建設的なコメントをくださり、面談等でも親身に相談に乗ってくださった。もう一人の副査である井坂理穂先生は、各種コロキアムだけでなく研究室やメール等でも叮嚀且つ洞察に富んだコメントを筆者に提案し、筆者の研究をいつも気に掛けてくださった。また、博士論文公開審査で審査員を引き受けていただいた辻上奈美江先生、土佐弘之先生にも感謝を申し上げたい。辻上奈美江先生は修士課程や博士課程の初めの頃に大学の授業等で多大なお世話になった。土佐弘之先生には、筆者と面識がないにも拘らず、審査に加わることを快諾していただいた。

また、学部の頃の指導教員であった杉田英明先生や、大学院修士課程の頃の指導教員であった長澤榮治先生は、研究のいろはも知らない当時の筆者の研究に、忍耐強く、叮嚀に指摘やコメントをしてくださった。この二人の指導によって、現在の筆者の研究の礎が築かれた。

筆者は博士課程を通じて計三年半の間エルサレムに滞在することになったが、その際ニシム・オトマズギン・ヘブライ大学教授には、トルーマン記念平和研究所での客員研究員としての受け入れを快諾していただいた。ここに感謝を記したい。また、本書の元となる各論文の刊行にあたり、以下の人々には大変お世話になった。特に、筆者の論文の英語の校正に際し、友人でありランゲージ・エクスチェンジ・パートナーであるロン・ウングブ氏には多大な協力をいただいた。東京大学人文社会系研究科の犬塚悠太氏にはドイツ語の翻訳等についてアドバイスをいただいた。また、本書の元となる各論文の調査の中で行ったインタビューにおいて、多くの人々がインタビューに協力してくれた。これらの匿名の人々の協力がなければ本書が日の目を見ることはなかった。ここには名前を一人一人記すことはできないが、インタビューに協力くださった人々に感謝の意を表したい。

また、東京大学中東地域研究センター特任准教授である鈴木啓之氏や、国立民族学博物館外来研究員である新津厚子氏にはいつもコメントと激励の言葉をいただいた。さらに、東京大学総合文化研究科の上野祥氏、早川英明氏、二井彬緒氏、澤口右樹氏、戸澤典子氏、また早稲田大学比較法研究所助手である松田和樹氏は、分野の近い同輩として学会や研究会で筆者に対し鋭いコメントや指摘をくださっただけでなく、筆者を常に励まし応援してくださった。ここに感謝を申し上げたい。紙面の関係上個別のお名前を挙げることは差し控えるが、他にも、学会や研究会では非常に多くの方々にコメントや指摘をいただいた。ここにその感謝を記したい。

また、本書を刊行するにあたり、東京大学出版会の皆様には多大な支援を頂いた。第一四回南原繁記念出版賞の受賞に際し、東京大学出版会理事長である吉見俊哉先生、筆者の論文の主査を務めてくださった宇野重規先生、編集をご担当いただいた阿部俊一氏をはじめ、賞の審査から出版に至るまで関わられた全ての方にお礼を申し上げたい。

最後に、博士課程を通して、日本学術振興会及び公益財団法人平和中島財団には、筆者が研究を進めるうえで多大な支援をいただいた。ここに感謝を記したい。

保井啓志

二〇二四年一〇月

初出一覧

本書の一部の章の初出は以下の通りである。但し、いずれの章も本書への収載に際し、大幅な加筆・修正を行った。

序　章…　書き下ろし

第Ⅰ部

第1章…「「中東で最もゲイ・フレンドリーな街」――イスラエルの性的少数者に関する広報宣伝の言説分析」『日本中東学会年報』34(2)：35–70．(2018年)

第2章…　書き下ろし

第3章…「あなたには居場所がある――イスラエルのLGBT運動における国家言説とシオニズムとの関係」『女性学』28：56–78．(2021年)

第Ⅱ部

第4章…書き下ろし

第5章…"Vegan Nationalism?: The Israeli Animal Rights Movement in Times of Counter-Terrorism." *Settler Colonial Studies* 14(1)：3–23．(2024年)

第6章…「シオニズムにおける動物性と動物の形象――近代化とショアーをめぐる議論を事例に」『日本中東学会年報』38(1)：61–93．(2022年)

終　章…　書き下ろし

長沢栄治著　近代エジプト家族の社会史　A5　八八〇〇円

鶴見太郎著　ロシア・シオニズムの想像力　ユダヤ人・帝国・パレスチナ　A5　五二〇〇円

鈴木啓之著　蜂起〈インティファーダ〉　占領下のパレスチナ 1967–1993　A5　五八〇〇円

鈴木啓之編　UP Plus　ガザ紛争　A5　一九〇〇円

土屋和代・井坂理穂編　UP Plus　インターセクショナリティ　現代世界を織りなす力学　A5　二六〇〇円

ここに表示された価格は本体価格です．御購入の
際には消費税が加算されますので御了承下さい．

著者略歴

1992年　広島県生まれ。

2015年　東京大学教養学部教養学科卒業。2023年東京大学大学院総合文化研究科地域文化研究専攻博士課程修了。博士（学術）。2023年筑波大学ヒューマンエンパワーメント推進局助教を経て、

現　在　同志社大学研究開発推進機構（都市共生研究センター）学術研究員兼人間文化研究機構人間文化研究創発センター研究員。

専門はイスラエル研究、フェミニズム・クィア理論、批判的動物研究。

主要著作に、“Vegan Nationalism?: The Israeli Animal Rights Movement in Times of Counter-Terrorism”（Settler Colonial Studies, 14(1), 2024)、「シオニズムにおける動物性と動物の形象：近代化とショアーをめぐる議論を事例に」（『日本中東学会年報』38(1)）などがある。

権利の名のもとに
イスラエルにおける性的少数者の権利と動物の権利

2025年3月27日　初　版

［検印廃止］

著　者　保井啓志《やすいひろし》

発行所　一般財団法人　東京大学出版会

代表者　中島隆博

153-0041　東京都目黒区駒場 4-5-29
https://www.utp.or.jp/
電話 03-6407-1069　Fax 03-6407-1991
振替 00160-6-59964

装　幀　水戸部功
印刷所　株式会社精興社
製本所　牧製本印刷株式会社

ISBN 978-4-13-036291-7　Printed in Japan

凡例

1. 現代ヘブライ語のローマ字転写と片仮名表記

・本書における現代ヘブライ語のローマ字転写は、アメリカ図書館協会及びアメリカ議会図書館が定めるローマ字転写方式（ALA-LC Romanization）、ヘブライ語アカデミー（Ha-’Aqademyah La-Lashon Ha-‘Ivrit）、Encyclopedia Judaica（第二版）を参考に、以下の通り定める。

・子音に関して

子音については、以下の表の通り転写する。

א	’	ל	l
בּ	b	מ-ם	m
ב	v	נ-ן	n*
ג	g	ס	ṣ
ג'	j	ע	‘
ד	d	פּ	p
ה	h	פ-ף	f
ו	ṿ	צ-ץ	ts
ז	z	צ'	ch
ח	ḥ	ק	q
ט	ṭ	ר	r
י	y	שׁ	sh
כּ	k	שׂ	s
כ-ך	kh	ת	t

ALA-LC Romanization（Hebrew and Yiddish）、ヘブライ語アカデミー、Encyclopedia Judaica（第二版）による転写表記を参考に筆者作成。現代ヘブライ語において発音を区別しない二文字（א と ע、ב と ו、ח と כ-ך、ט と ת、כּ と ק、ס と שׂ の6組）は、原綴の復元性を優先し、その表記を分け、外来語を表記する際に用いられる文字も追加した。またヴァヴ（ו）は、外来語の発音に準じ、w と表記する場合がある。また、非分離型接続詞である ו に、ユッド以外のシュヴァのついた文字或いは、ベート、ヴァヴ、メム、ペー（בומ"ף）の文字を頭文字に持つ単語が接続した場合、u と表記する。

例：וכלבים (u-klavim)、וסערה (u-ṣe‘arah)、ובנות (u-banot)、ומדבר (u-midbar) 等。

＊ 強ダゲシュについて、現代ヘブライ語の発音慣例に従い、その有無を区別しない。しかし、第三語根がヌーン（נ）である動詞の過去形一人称複数形（例：הבנו→hevannu、ישנו→yashannu 等）に限り、その発音の慣例を考慮し、例外とする。

・母音・半母音・無母音に関して

母音については以下の表の通り転写する。

母音	מָ - מַ - מֲ	a	準母音を伴う母音	מִי	i
	מִ	i		מוּ	u
	מֻ	u		מוֹ	o
	– מֵי *1 מֵ - מֶ – מֱ	e			
	- מֳ מֹ – מָ *2	o			

二重母音	מַי - מַיי	ai	無母音	מְ *3	eもしくは表記なし
	מוּי	ui			
	מֵי	ei			
	מוֹי	oi			
	מָיו	aỵ			

*1　多くの場合、ツェレ・マレはeiと表記されるが、以下の場合に限り、eと表記する。

一、動詞の活用に喉音が加わったことで、ヒリーク・マレが音便化したもの。

例：נהניתי (neheneti)、ליהנות (lehanot)、שירות (sherut)、צירוף (tseruf)、ברירה (brerah)、אירוע （'erua'）、סירבו （ṣervu） הוריתי (horeti)、העלית (he'eleta) 等。

二、喉音の影響と思われるが、慣例的に e と読まれるもの。

例：ריק (req)、פירות (perot)、שיער (se'ar) 等。

*2　カマツは、アクセントのない閉音節内のシュヴァの前、或いはハタフ・カマツの前では o と表記し（小カマツの場合）、それ以外の場合（大カマツ）は a と表記する。

例：אָזְנַיִם ('oznaim)、צָהֳרַיִם (tsohoraim)、מָחֳרָתַיִם (moḥorataim) 等。

但し、人名である נעמי は現代ヘブライ語の発音の慣例を考慮し、Na'omi と表記することとする。

*3　シュヴァに関して、シュヴァ・ナアを e と表し、シュヴァ・ナハは母音

を表記しない。現代ヘブライ語の発音の慣例では、両者は細かく使い分けがなされているので、以下に述べる発音の慣例的規則に従い、ローマ字転写した。

語頭：

一、語頭の文字がラメッド、メム、ヌーン、レーシュ、ユッド（למנר״י）の場合は、シュヴァ・ナア。

例：לביבה や ילדים は levivah や yeladim と表記される。

二、直後の文字が喉音（אותיות גרוניות）、すなわちアレフ、ヘー、ヘット、アイン（אהח״ע）の場合は、シュヴァ・ナア。

例：שערים や זעקות は she‘arim や ze‘aqot と表記されるが、שלדים や זנבות は、shladim や znavot と表記される。

三、接頭辞のうち、ヴァヴ、カーフ、ラメッド、ベートはシュヴァ・ナア。

例：בראש は be-ro’sh と表記される。

語中：

一、二つの連続した同じ文字（※発音ではない）が現れる場合の最初の文字の子音につくシュヴァはシュヴァ・ナア。

例：גוררים は gorerim だが、גורמים は gormim と表記。

二、シュヴァが連続する場合一つ目はシュヴァ・ナハ、二つ目はシュヴァ・ナア。

これ以外の場合は全てシュヴァ・ナハである。但し、二人称単数女性形の動詞の活用は、シュヴァが連続するが、どちらもシュヴァ・ナハと扱うのがより現代ヘブライ語の発音に近いため、例外とした。

例：כתבת (katavt)、נדבקת (nidbaqt)

・アレフ、或いは語末のヘー（ה）は、音を持たない場合でも原綴の再現性を優先し、常に表記する。

例：אימא (’ima’)、זאת (zo’t)、לא (lo’)、הלכה (halakhah)、אישה (’ishah) 等。

・先読みのパタハは、発音の慣例に従い、母音を先に表記する。

例：גבוה (gavoah)、לוח (luaḥ)、מנוע (manoa‘) 等。

・省略表記（ラシェイ・テヴォット）は、以下の方針に従って表記する。

一、省略形が一つの単語として発音を持ち、その発音が定着している時は、その省略形を用いる。

例：תנ"ך、רמטכ"ל、ח"כ、מד"א、צה"ל、להט"בים 等は、tana"kh、ramaṭka"l、ḥa"k、mada"'、Tsaha"l、lahaṭa"bim と表記される。

二、それ以外の場合は、省略形が用いられている場合でも、元の単語を復元して表記し、省略形を用いない。

例：בתיה"ס、ארה"ב、ר'、מו"מ 等は、元の単語を表記する。

・ローマ字転写は固有名詞及び文頭の文字を大文字化する。

・メム、シーン、ヘー、ヴァヴ、カーフ、ラメッド、ベート（משהוכל"ב）の非分離型接続詞・前置詞・定冠詞の接頭辞は、後続の単語とハイフンで結ぶ。但し他の名詞と複合して前置詞的働きをする単語や不定詞についてはこの限りではない。さらに、非分離型接続詞・前置詞の結果直後の単語が音便化する場合、現代ヘブライ語の発音規則に従って表記する。

例：לבית הספר（le-beit ha-ṣefer）、מהארץ（me-ha-'arets）、לקראת（liqra't）、לשרוד（lisrod）、בירושלים（b-Irushalaim）、בפוליטיקה（be-foliṭiqah）等。

・片仮名表記において、母音はア、イ、ウ、エ、オと表記し、二重母音はアイ、ウイ、エイ、オイ、アヴと表記する。

・子音は原音に近いものを用いる。

・現代ヘブライ語において長音と短音の区別及び促音の有無は意味の違いに影響しないため、原則として日本語の長音符「ー」や促音の「ッ」は使用しない。但し、日本語のアクセントの規則に影響を受け現代ヘブライ語のアクセントが再現できない場合にのみ、これらの記号を使用する。

例：עתיד はアティドと表記した場合「アティド」と発音されるため、アティードと表記する。同様に促音の場合も、例えば בת の日本語表記は「バト」ではなく「バット」と表記する。

・人名の中にベン（בן）などハイフンが含まれる場合は、後続する語とダブルダーシ（＝）で結んで表記する。

例：דוד בן-גוריון ダヴィド・ベン＝グリオン（Dav̇id Ben-Guriyon）

2. アラビア語のローマ字転写と片仮名表記

・本書におけるアラビア語のローマ字転写は、*International Journal of Middle East Studies* を参考に、以下の通り定める。

・子音について

子音については、以下の表の通り転写する。

ء	ʼ	ط	ṭ
ب	b	ظ	ẓ
ت	t	ع	ʻ
ث	th	غ	gh
ج	j	ف	f
ح	ḥ	ق	q
خ	kh	ك	k
د	d	ل	l
ذ	dh	م	m
ر	r	ن	n
ز	z	ه	h
س	s	و	w
ش	sh	ي	y
ص	ṣ	ة	t
ض	ḍ		

International Journal of Middle East Studies による転写表記を参考に筆者作成。

・語頭のハムザ（أ）、語末のターマルブータ（ة）は表記しない。但し、長母音 ā の後に続くターマルブータは t と表記する。

例：صلاة (ṣalāt)、زكاة (zakāt) 等。

・定冠詞 al-（ال）は後続の単語の先頭の文字が太陽文字であるか月文字であるかに拘らず、al- と表記する。

例：القدس (al-Quds)、الزهرة (al-zahra) 等。

・定冠詞 al-（ال）が非分離接続詞に後続する場合は、l- と表記する。

例：للتعددية الجنسية（li-l-ta‘addudīya al-jinsīya）等。

・母音について

母音については、以下の表の通り転写する。

短母音	َ	a	長母音	ـا - ـى - آ	ā
	ِ	i		ـِي	ī
	ُ	u		ـُو	ū

二重母音	ـَي	ay	無母音	ْ	
	ـَو	aw			

International Journal of Middle East Studies による転写表記を参考に筆者作成。

・片仮名表記は、［大塚ほか 2002］を参考にした。長母音はアー、イー、ウー、短母音はア、イ、ウ、二重母音はアイ、アウと表記する。但し、パレスチナの地名や人名は現地の方言の発音を優先させる。

例：بيت جالا（ベイト・ジャラ）等。

・子音は、原音に近い仮名を当てる。

・人名や地名にイダーファが用いられている場合は、一語として表現する。

例：عبد الله（アブドゥッラー）、رام الله（ラーマッラー）等。

人名索引

事項索引

さ 行

た 行

な 行

は 行

ま 行

や 行

ら 行

巻末資料

1　用語解説

・**アウティング（outing）**　第三者のSOGIを本人の許可なく公表してしまうこと。アウティングはアウティングされた人物の生活を破壊する行為であるため、作為的・非作為的に拘らず倫理的問題を伴う。米国では、性的少数者であるにも拘らず保守的で同性愛嫌悪的な姿勢を改めようとしない政治家を標的に、運動の一つの手法としてアウティングが用いられたこともある。

・**イスラエルにおける人種区分**

アシュケナジーム（'ashkenazim）　ポーランドやドイツ等、中世キリスト教圏のヨーロッパに住んでいたユダヤ人（地理的にはフランスからルーマニアを大凡の南限とする）及び、南アフリカや米国等にそこから移住したユダヤ人の子孫の人々のことを指す言葉。イスラエルでは、ミズラヒームと共にユダヤ人の中の二大人種的カテゴリーを構成する。

ミズラヒーム（mizraḥim）　中東北アフリカ諸国或いはスペイン出身の、いわゆるアラブ系・トルコ系・ラテン系ユダヤ人及びその子孫のことを表す。イスラエルではアシュケナジームと共に二大人種的カテゴリーを構成する。混血が進んでいるとはいえ、イスラエル内にはこのカテゴリーの間の人種的階層が存在するとされる。また、「スペイン系」の意味で、中世イスラーム教圏に住んでいたユダヤ人を指すスファラディーム（ṣfaradim）という言葉とほぼ同じ意味で用いられていたが、現在ではミズラヒームという言葉がより頻繁に使われるようになっている。

・**イスラエルの政党及び政党リスト**

イェシュ・アティード（Yesh 'Atid）　2010年に結党された政党で、国内では中道として知られる。自由主義と世俗主義を標榜する。2022年から首相を務めたヤイル・ラピードによって結党された。

イスラエル我らの家（Yisra'el Beite-nu）　1999年に結党されたシオニスト右派政党で、ソ連崩壊以降流入した主にロシア系ユダヤ人移民を支持基盤とする。イスラエル国内では極右政党と見做され、対パレスチナ政策においては強硬路線を採る。世俗主義、自由主義、経済自由主義を標榜する。

青と白（Kaḥol Lavan）　青と白は、2019年に元イスラエル国防軍参謀総長であるビンヤミン（ベニ）・ガンツにより結成された政党リストで、中道諸

政党から成る。世俗主義を標榜する。一時期はイェシュ・アティードと合同の政党リストを形成していた。

シヌイ（Shinui） 中道左派政党で、1974年に結成された。経済自由主義、世俗主義を標榜した。2006年の選挙で候補者を立てなかったことから、事実上の解党となった。

統一リスト（Ha-Reshimah Ha-Meshutefet） アラブ・ナショナリズムとパレスチナ人の民族自決を求めるアラブ系政党と共産党からなる文字通り統一リストで、2015年に結成された。非シオニズム系政党リストであり、イスラエル国内では最左派として知られている。

トーラー・ユダヤ（Yahadut Ha-Torah） アシュケナジーム系ユダヤ教超正統派を支持基盤にする宗教政党。1992年に結成された。ユダヤ教に基づく宗教的保守主義を標榜する。パレスチナ問題に対する統一した見解を持たない。

ハダシュ（Ḥada"sh） Ha-Ḥazit Ha-Demoqraṭit Le-shalom U-Le-Shiṿyon（直訳で、平和と平等への民主戦線）の略称で、イスラエルの左派政党。1977年に結党され、共産主義、社会主義、アラブ人との共存、二国家解決案を標榜する。非シオニズム政党と見做されており、アラブ系政党と統一リストを組んでいる。

マパム（Mapa"m） Mifleget Ha-Po'alim Ha-Me'uḥedet（統一労働者党）の略称で、1948年の建国時に、社会主義・共産主義系のシオニズム組織であるハ＝ショメル・ハ＝ツァイルを中心に結成された。共産主義や社会主義を標榜した。1997年にメレツに吸収される形で解党した。

メレツ（Merets） シオニスト左派政党で、社会民主主義・世俗主義・自由主義を標榜する。1992年に結党され、1997年に、ラツとシヌイ、マパムを吸収する形で統合した。二国家解決案を支持する。

ヤミナ（Yaminah） パレスチナへの積極的な入植を推進し、パレスチナ人の排斥を求める宗教シオニストらを支持基盤にするシオニスト極右政党。また、世俗的な政治機構をユダヤ教の教義に基づくものへ変更することをしばしば求める。

ユダヤの家（Ha-Bait Ha-Yehudi） 宗教シオニズムの流れを汲み、パレスチナへの入植の推進、イスラエル国家の領土的妥協を認めない大イスラエル主義を掲げるシオニスト極右政党。上述のヤミナと共同リストを作成するなど、政治的スタンスが近い。

ラツ（Rats） Ha-Tnu'ah Li-Zkhuyot Ha-'Ezraḥ U-Le-Shalom（市民の権利

と平和のための運動）の略称で、1973年に結党され、社会民主主義・世俗主義・自由主義・女性の権利の擁護を標榜した。1997年にメレツに吸収される形で解党した。

リクード（Likud） シオニスト右派政党で、世俗主義・経済自由主義を標榜する。1973年にメナヘム・ベギンやアリエル・シャロンを中心に複数の中道政党と右派政党をまとめる形で結党された。修正主義シオニズムの流れを汲み、対パレスチナにおいて強硬姿勢を取る。

労働党（Mifleget Ha-'Avodah） シオニスト中道左派で、社会民主主義・世俗主義・自由主義・労働シオニズムを標榜する。1968年にマパイ、アハドゥット・ハ＝アヴォダ、ラフィ等の諸政党を統合する形で結党された。1993年のオスロ合意の和平プロセスと二国家解決案を支持する。

・**異性愛** 性的指向のうちの一つで、性愛（及びしばしば恋愛）の対象が異性に向くことを指す。また、そのような人を異性愛者と言う。ゲイ・コミュニティから派生した用語として異性愛者を「ストレート（straight）」と表現する場合がある。本書ではheterosexuality、heterosexualの訳語として「異性愛」、「異性愛者」を採用している。

・**異性愛規範** heteronormativityの訳語で、異性愛のみを唯一の性愛の形態でありかつ至上のものとする社会制度や規範のことを指すものとしてマイケル・ワーナーが用いた［Warner 1991］。フェミニズム・クィア理論では、婚姻制度等を通じて異性愛者を優遇する社会編成を指す言葉が作られてきた。最初期のものは、アドリエヌ・リッチの強制的異性愛（compulsory heterosexuality）で、この言葉を用いてリッチは、婚姻を通じた男性による女性の支配において、女性のセクシュアリティが常に異性愛と前提され、そのような社会編成の下では同性同士の性愛が抹消されがちであるという側面を強調した［Rich 1980］。また、性差別（sexism）が異性愛を中心化していることを強調する際に用いられるものに、異性愛主義（heterosexism）がある。これらの言葉はほとんど同じ指示対象を指すが、強調したい文脈が異なる。異性愛規範は、異性愛者を中心化する考え方が、特定の主義・主張による抑圧というよりは人々の習慣や日々の規範意識から作り出されることを強調するためにしばしば用いられる。

・**オープンリー（openly）** 自らの性的指向や性自認を隠さず公表しているこ

とを一般に表す言葉。現代ヘブライ語の mutshar の訳語にもこの語を当てた。

・**カシュルート（Kashrut）** ユダヤ教食事規定のこと。日本語ではコシェルやコーシャとも呼ばれる。規定は多数あり、また解釈や実践の幅があるが、豚肉の禁止と肉製品と乳製品の分離がよく知られている。

・**家父長制** patriarchy の訳語で、婚姻制度等、家族の中で年長の男性が階層的に権力を持つ構造、或いはそれに基づく社会編成のことを指す。

・**カミングアウト（coming out）**「coming out of the closet＝クローゼットから出てくること」を簡略化した表現で、自らの性的指向や性自認、或いは性的少数者の一員であることを公表する行為を表す。またその状態を「out＝アウト」或いは「openly＝オープンリー」、反対にそれらを秘匿した状態を「in the closet＝クローゼットの中にいる、クローゼットの」と表現することもある。現代ヘブライ語でも、「yetsi'ah me-ha-'aron」「ba-'aron」等、この表現の直訳が用いられる。

・**キブツ（Qibuts）** 労働シオニズム及び社会主義の影響を受けて結成された集団農場のことで、私有財産を否定し、共同経営を行うユダヤ人の農業共同体である。建国以来イスラエルの農業生産の中核的役割を長く担ってきたが、2024 年 8 月現在のキブツ人口は人口の 1 割程にすぎないとされる。

・**クィア（queer）** 元々は「風変りな」という意味の英単語であったが、19 世紀頃から同性愛を指すようになり、さらに同性愛者への強い侮辱語として用いられるようになった。しかし 1980 年代後半頃から、HIV/AIDS の流行に伴い主流社会からの強い同性愛嫌悪に同性愛者らが晒されるようになると、同性愛者らの側がこの言葉を敢えて積極的に用いることで、同化を拒否し、この言葉を肯定的に意味付けなおそうとしてきた経緯がある。本書では、クィアという語を、性に関わる規範からの逸脱を強調し、それに対する開き直りの態度を肯定的に表現する際にこの語を用いる。

・**クィア理論** 英語の queer theory の訳語で、第三波フェミニズム（フェミニズムの項を参照）と、1970 年代以降のゲイ・レズビアン・スタディーズ

の蓄積を基に、1990年代に形成された学問領域である。クィア理論（queer theory）という言葉を初めて使ったとされるテレサ・デ・ローレティスが述べているように、クィア理論は、それまで自明視されていた「ゲイ」や「レズビアン」といったアイデンティティを自明視せず、人種に関わる問題等にさらに注意を払うことを目指す［De Lauretis 1991: viii-x］。クィア理論は、社会の逸脱者という視点から、それまで当然視されてきた性に関わる規範や社会制度のあり方を明らかにするという志向性を持っている。本書では、クィア理論とフェミニズムは不可分な形で関わってきた歴史を考慮し、「フェミニズム・クィア理論」という表現を用いている。

・**クネセト（Kneṣet）** 日本の国会に相当するイスラエルの議会のこと。イスラエルは議会制民主主義を採用しており、クネセトは120議席から成る。議員は全国を一区とした完全比例代表制で選ばれ、任期は四年である。クネセトの中から首相が選出される。

・**ゲイ・コミュニティで用いられる用語**

トゥインク（twink） 英語圏のゲイ・コミュニティで使われるスラングの一つで、10代から20代の若く、華奢で体毛の少ない、性的な魅力にあふれた男性同性愛者のことを指す。

ドラァグ（drag） 華美な衣装を纏い化粧をした異性装のことで、ドラァグ・クイーンは女性装、ドラァグ・キングは男性装のことを指す。多くの場合見世物としてクラブやバー等に登場しパフォーマンスを行う。主に米国のゲイ・バイ男性の間で人気の文化。

ベアー（bear） 英語圏のゲイ・コミュニティの中のスラングの一つで、ふくよかな体型に濃い体毛を蓄えた男性同性愛者のことを指す。

・**ゲイ・フレンドリー（gay-friendly）** 同性愛者に対し抑圧的でなく、寛容な、或いは支援的な態度を表す肯定的な言葉として一般的に用いられている。似た言葉として、「LGBTフレンドリー」等が用いられることもある。

・**ジェンダー（gender）** 性器の形状等生物学的・物質的な性差を表すセックスに対し、職業役割分担や服装や振る舞いに関する規範等の性差の社会的側面を強調するためにフェミニズムの中で用いられるようになった言葉で、社会的な性差という意味で一般的に用いられている。但し、筆者はこのジェン

ダーとセックスの切り分けというフェミニズムの功績を擁護しつつ、ジェンダーをさらにセックスをも措定する装置と定義する。ジュディス・バトラーは、「セックスは常に既にジェンダーである」と主張し、ジェンダーの前存在としてのセックスという領域を措定することは誤りであり、セックスと呼ばれるものも既に社会構築物すなわちジェンダーである点を強調した[Butler 1990]。本書でも、ジェンダーを用いる時、社会的性差としてのこの側面を強調しているが、このジェンダーの作用（ジェンダー化）の重要性は過小評価されるべきではない。とりわけ2024年現在高まりつつあるトランスジェンダーに対する差別言説の世界的な流布を鑑みると、この点は言及しておかなければならない。

・**シオニズム（Tsiyonut）** ユダヤ人の離散状態を解消し、ユダヤ人による国家の創設を求める思想。ユダヤ啓蒙主義を基盤に、19世紀後半から本格化した。シオニズムという言葉は、1890年にナタン・ビルンバウムが自身の新聞『自己解放』で用いたのが初出とされる。政治的シオニズム、実践的シオニズム、社会主義シオニズム、修正主義シオニズム、或いは宗教シオニズム等、いくつかの種類が存在する。しかし、文化的シオニズム等、ユダヤ人の改革と自律性を重視し、領土の確保を強く志向しなかったシオニズムの一派も存在する。

実践的シオニズム（Tsiyonut Ma'asit） ヨーロッパの他の政治組織との交渉と妥協を優先した政治的シオニズムに対し、パレスチナへの入植と現地経済の創出という既成事実作りを優先したのが実践的シオニズムである。19世紀末の入植を推進する運動であるヒバット・ツィヨンの活動や、レオン・ピンスケル、本書で登場するアハロン・ゴルドン等の人物もこの実践的シオニズムに位置付けられる。

社会主義シオニズム（Tsiyonut Ṣotsya'lisṭit） 実践的シオニズムの一部と社会主義が融合した思想で、労働シオニズムとも呼ばれる。シオニズムによって設立されたユダヤ人コミュニティ内で、社会主義的・ユートピア的な平等を達成することを目指した。さらに、農作業を通じた共同生産に基づくコミュニティの建設を重視し、この影響を強く受けて形成されたのがキブツである。主に社会主義シオニズムは、東欧出身のユダヤ人を中心に支持された。イスラエル建国後は、この社会主義シオニズムの流れを汲んだ労働党が長らく政権を担ってきた。代表的な社会主義シオニストに、ナフマン・スィルキンや、ベル・ボロホヴ等がいる。

宗教シオニズム（Tsiyonut Datit） ユダヤ教の教義に基づきシオニズムを擁護する思想で、近代国家として設立されたイスラエルを聖書における神の国家の再臨と見做す。ラビ、アブラハム・クックの思想に大きく依拠している。近年、ヨルダン川西岸地区や東エルサレムへの入植を積極的に推進するイスラエルの極右の多くがこの宗教シオニズムを信奉する人々とされている。

修正主義シオニズム（Tsiyonut Reṿizyonisṭit） 1925年に、本書にも登場するゼエヴ・ジャボティンスキが創設した修正主義同盟に始まり、ロマン主義的なユダヤ人の民族的一体性を重視したシオニズムの一派で、シオニズム右派を形成した。いかなるパレスチナの領土の分割にも反対し、政治的シオニズム等国際政治を重視したシオニストらの妥協的姿勢を批判し、それを「修正する」という意味でこの語が用いられた。イスラエルの政党であるリクードは、この修正主義シオニズムの直系にあたる。

政治的シオニズム（Tsiyonut Medinit） 「シオニズムの父」と呼ばれるテオドール・ヘルツルに代表されるシオニズムの一派で、当時の西欧列強との政治的・外交的交渉によってパレスチナにおけるユダヤ人国家の建設を目指した。この政治的シオニズムは、最初期のシオニズムの主流派を形成した。本書で登場するマックス・ノルダウも政治的シオニズムの一員と見られている。

文化的シオニズム（Tsiyonut Ruḥanit） 世俗的なユダヤ人のアイデンティティの創出と文化・歴史・言語の教育によるユダヤ人の自律性を重視したシオニズム。まずディアスポラにおいて精神的なユダヤ人の文化水準の向上の後入植を目指した点で、領土の獲得を重視した他のシオニズムとは一線を画し、政治的影響力は強くなかった。有名な支持者にアハド・ハ＝アムやエリエゼル・ベン＝イェフダ、マルティン・ブーバー等がいる。

・**シスジェンダリズム（cisgenderism）** シスジェンダー（トランスジェンダーの項を参照）のみをジェンダーの唯一のものと前提し、またそれを至上のものと見做す価値観のこと。

・**種差別（speciesism）** 動物種のうち、人間のみを優位で特権的な存在と見做し、他の動物種を劣位のものと見做す思想及び規範のこと。人間中心主義（anthropocentrism）も類似の概念に数えられるが、人間中心主義が個人の具体的な思想や考え方を指し示す時に用いられることが多いのに対し、種差別は肉食といった、それに基づく無意識の慣習等まで射程におさめて用いられることが多い。

・**性差別**　sexism の訳語で、男性を女性よりも優位と見做す規範及び差別構造のことを指す。公的領域の平等の達成を目指した第一波フェミニズムを批判する形で発展した第二波フェミニズムでは、制度面だけでなく社会における不平等に着目することに重点が置かれ、それを可視化するために、1960年代頃からフェミニズム運動の中で次第に用いられるようになった言葉である。

・**性自認**　gender identity の訳語で、自らをどのようなジェンダーと認識するかを表す言葉。

・**性的アイデンティティ**　sexual identity の訳語で、どのようなセクシュアリティを指向するかに関する自己の認識及び確証のこと。「性的指向」がより客観的なセクシュアリティのあり方を表すのに対し、この語は性的指向をどう捉え、自らの振る舞いに性的指向が与える影響までを含めたやや広い含意を込めて用いられる。ジェンダーに言及する性自認と対比的に、セクシュアリティに言及する際に用いられる。

・**性的指向**　sexual orientation の訳語で、どのようなジェンダーを、性愛（及びしばしば恋愛）の対象に取るかを表した言葉。

・**性的少数者**　一般にこの言葉は、SOGI をはじめとした性にまつわる規範におけるマイノリティを指す言葉で、SOGI に基づく差別の撤廃を求める運動の場で頻繁に使われてきた。但し、この用語の使用には二点注意を要する。一点目は、この言葉が含める人々の範囲の問題である。ゲイル・ルービンが「性を考える」の論考で「良い」性行為と「悪い」性行為の二項対立の存在を指摘した［Rubin 1984］ように、性にまつわる規範は、年齢や、関係性の築き方、対物性愛、無性愛等非常に広範囲にまたがる。そのため、本来この言葉を用いるだけでは SOGI に限定することはできないはずである。例えば日本の性的少数者の権利運動やコミュニティの中でもポリアモリー（一対一の関係性ではなく、複数の人との親密な関係を築く恋愛スタイルのこと）等の関係性が取り上げられ、これに該当する人々が活動を行う等、性的少数者のコミュニティの中には常に不可分な形でこれらの人々も存在し、運動やコミュニティに関わりあってきた。そのため「性的少数者」がどの程度の範囲を示すものなのかは、注意が必要である。本書では、「性的少数者」という

言葉を、性にまつわる規範におけるマイノリティを指す総称として用いる。しかし、その際、その用語の下でとりわけSOGIに関わる問題が中心化され優先されてきた歴史を含むことは註記しておかなければならない。

二点目は翻訳の問題である。日本語圏では、英語のsexual minorityの訳語として「性的少数者」或いは「性的マイノリティ」が紹介され、用いられてきた。しかし、厳密に言えば、英語のsexual minorityは、主にゲイ、バイセクシュアル、レズビアンの人々を呼称する際に用いられ、そこにトランスジェンダーは含められていない。英語圏ではトランスジェンダーはむしろジェンダーに関わる問題のためgender minorityと見做されている。一方、日本語では一般に「性的少数者」或いは「性的マイノリティ」の語は、トランスジェンダーを含める用語と見做されてきた。但し、セクシュアリティの項でも説明したが、日本語の「性」概念は英語のsexual/sexuality概念よりも広いため、厳密には間違いとは言えない。こうした経緯があるため、性的少数者を英語のsexual minorityと同一視するのは危険である。本書では、「性的少数者」という言葉を用いる際、人口に膾炙した用法を考慮し、性的指向に関するsexual minorityと性自認に関するgender minorityの両方を含めることとする。一方、英語のsexual minorityの訳語には「セクシュアル・マイノリティ」を当てることとした。

・**セクシュアリティ（sexuality）**　元々ミシェル・フーコー［フーコー 1986］がその著書の中で用いたセクシュアリテ（sexualité）から一般化した言葉で、人間の特質のうち、性器、性行動や性行為、欲望、エロティシズム等に関わる事柄の総体のことを指す。一般には「性のあり方」と訳されるが、日本語の「性」という言葉は性別やジェンダーまでを含むより広い概念であり、セクシュアリティは、性的なこと、或いは性的欲望・性行為に関わることが念頭に置かれている。本書では、性器や性行動、性行為、欲望、エロティシズムに関わることを強調したい時に「セクシュアリティ」を用い、さらに広い文脈に言及したい時は「性」という言葉を使う。

・**ソドミー法（Sodomy law）**　近代以降ヨーロッパ及びその植民地で成立した、非規範的な、或いは「自然ではない」性交渉を違法とする法律群のこと。聖書のソドムとゴモラの章の記述に基づき、口腔性交から自慰行為、肛門性交まで、「生殖を伴わない」性行為を異常と見做すキリスト教の倫理観を強く反映している。長くこの成文化された条項は多くの国で同性愛者らへの偏見

の根拠となってきたとされ、廃止が求められてきた。日本でも、1870年代に大英帝国の刑法の影響で「鶏姦罪」として導入された歴史がある。

・**同性愛**　性的指向のうちの一つで、性愛（及びしばしば恋愛）の対象が同性に向くことを指す。またそのような人を同性愛者と言う。本書では、homosexuality、homosexualの訳語としてそれぞれ「同性愛」、「同性愛者」を採用している。

・**同性愛嫌悪**　homophobiaの訳語で、同性愛者に対する忌避感と嫌悪、憎悪を表す心理学用語。19世紀以降、同性愛が病理化されてきたのに対し、同性愛が病理なのではなく、むしろ同性愛を排除したがる個人及び集合的な欲望の方を問題化・病理化し、同性愛を排除する社会に対抗する文脈で理論化された。

・**肉食主義**　carnismの訳語。carnismは心理学者のメラニー・ジョイが用いた用語で、肉食を前提とし、それを至上のものとする社会のあり方を指す［Joy 2010］。ジョイによれば、何を食べても良いか、何を食べてはいけないのかという個人の感覚は文化ごとに異なり、肉食は自然なものではなく、社会的に構築されたものであるという側面を強調する。ヴィーガニズムの対義語である。

・**ヒスタドルート（Hiṣtadrut）**　Ha-Hiṣtadrut Ha-Klalit Shel ‘Ovdim Be-’Erets Yisra’el（直訳で祖国イスラエル労働者総合連盟）の略称で、イスラエル最大の労働組合団体。1920年に結成され、建国以降、イスラエル最大の銀行バンク・ハ＝ポアリームや最大の保険組織であるクラリットを有していたことから、イスラエルの多くの産業に強い影響力を持ち、イスラエル経済において中核的役割を担ってきた。

・**ピンク・トライアングル（pink triangle）**　ナチス・ドイツが、強制収容所の収容者に対し、罪状を表すために着用を命じた印の一つで、ピンク色の逆さの三角形は、同性愛者等「非生産的な」セクシュアリティを持つとされる人々に割り当てられた。このピンク・トライアングルは、1970年代の性的少数者の権利運動で、同性愛者に対する抑圧の深刻さを表すために用いられるようになった。特に1980年代後半以降のHIV/AIDS危機に際しては、同

性愛者らがピンク・トライアングルを積極的に用いた。

・**フェミニズム（feminism）** 男性支配からの女性の解放を目指す思想。1789年のフランス革命と人権宣言に大きな影響を受け、ヨーロッパで始まった。フェミニズムはその時期と主張の内容によって、大きく三つに分かれる。「第一波フェミニズム」と呼ばれるフェミニズムの流れは、1945年の第二次世界大戦終了までのフェミニズムを指し、その特徴は、公的制度の改変と男女の平等を目指した点である。このフェミニズムの手法を批判して登場したのが「第二波フェミニズム」で、1960年代から活発になった。この頃のフェミニストらは、女性に対する不平等は、公的制度の改変のみでは解消されないと批判し、社会に蔓延る不平等を「性差別」と名付け、その性差別からの解放をこそ目指すべきだと主張した。しかし、この第二波フェミニズムはその盛り上がりの只中にあって既にフェミニズム内部から批判されてきた。第二波フェミニズムでは性差別からの解放を唱える際に、しばしば白人中流階級の女性が運動の手法や解放の担い手であると前提とされており、それに対する様々な立場の女性からの異議申し立てが行われていたのである。黒人女性や有色の女性、或いはレズビアン、障害女性等、立場の異なる女性から「女性」のカテゴリーが自明視できないことが明らかにされた。この様々な立場の女性からの批判を踏まえたフェミニズムの形態を「第三波フェミニズム」と呼ぶ。

・**プライド（pride）** 元々は同性愛や非規範的な性が恥と見做されてきたことを背景に、ジェンダーやセクシュアリティに関する肯定的な意味付けを行うために用いられてきた言葉である。1969年に米国ニュー・ヨークで起きたストーンウォール事件を記念するために翌年から始まった年に一度のデモ行進イベントは次第に世界各地に広がり、「テル・アヴィヴ・プライド」や、「東京レインボープライド」等、プライドという言葉が冠されるようになった。2000年から、より国際的な連帯を示すために、「ワールド・プライド」というイベントも開催されるようになっている。

・**ユダヤ教超正統派** ユダヤ教の一派で、ユダヤ啓蒙主義による改革を目指したユダヤ教改革派等とは異なり、近代化及びユダヤ啓蒙主義に反対し、ユダヤ教の戒律や伝統的な解釈を厳格に守りながら暮らすユダヤ人の人々を指す。現代ヘブライ語では「（神を）畏れる者」を意味するḥaredimが用いられて

いる。イスラエルの人口の15%程を構成するマイノリティだが、建国時の取り決めにより、ユダヤ教超正統派はイスラエルで承認される唯一のユダヤ教の宗派であり、安息日や婚姻等社会生活に関する権限と従軍義務の免除という二つの特権を享受してきた。他にも、特定の地区に集まってコミュニティを形成し、独自の教育制度を持ち、さらに政府の補助金で暮らす人も多い等、イスラエルでは社会的に特殊な集団と見做されている。

・**ユダヤ啓蒙主義**　「ハスカラ（Haskalah）」とも呼ばれ、ヨーロッパ啓蒙主義の影響を受けた、18世紀後半から19世紀にかけてのヨーロッパにおけるユダヤ人の改革運動。個人の権利や解放を取り入れ、ユダヤ教を改革する志向性を持った。この影響により、ユダヤ啓蒙主義を受け入れたユダヤ教改革派及びユダヤ教保守派、ユダヤ啓蒙主義に反発したユダヤ教超正統派に分かれることとなった。

・**DINKs**　Double Income No Kidsの略称で、二つの収入源があり、子供を持たないカップルのことを指す。子供に関する時間的・経済的負担がないため、可処分所得が高く、市場への貢献度が高いとされ、1980年代頃から注目されるようになった。さらにその典型として注目されたのが同性カップルである。

・**LGBT**　L（レズビアン）、G（ゲイ）、B（バイセクシュアル）、T（トランスジェンダー）の頭文字を取った略称。個別のアイデンティティの説明については以下を参照。一般には、性的少数者の総称として用いられるようになっているが、それぞれのアイデンティティを自明視している点や、四つのアイデンティティが性的少数者の総体を代表するかのような用いられ方に対しては運動内部からの批判がある。この批判から、英語圏ではさらに文字を追加した、LGBTQやLGBTQ+、LGBTQIAA等の言葉が用いられることの方が多い。一方現代ヘブライ語では、一般的にゲイを表す「homo＝ホモ、同性愛」が用いられたlahaṭa"bが一般的に使われる。この語を直訳するとLHBTとなるものの、意味の互換性を考慮し、この語をLGBTと訳した。本書では、性的少数者の総称としてよりは、「LGBT」という冠の下行われてきた運動や政治のニュアンスをそのまま用いたい時にこの語を用いる。
ゲイ（gay）　一般には男性同性愛者のことを指す。但し、英語でgayはジェンダーに関係なく、「同性愛の」という意味の形容詞として用いられるこ

とも多い。そのため、本書ではその都度文脈を確認しながら適切な訳語を当てた。日本語圏では、「ゲイ」という言葉は男性同性愛者を指すことが多いが、本書では紛らわしさを回避するため、形容詞として男性女性どちらにも言及されていると判断される場合には「同性愛の」という訳を当て、男性同性愛者を表す際には「ゲイ」、「ゲイ男性」という表現を用いている。また、現代ヘブライ語ではこのゲイ男性を表す際に「homo＝ホモ」、或いは、「homoṣeqṣu'al＝ホモセクシュアル」の音を当てた単語が用いられるが、本書では「ゲイ男性」と表記した。

トランスジェンダー（transgender） 出生時に割り当てられた性別と異なる性自認を持つ、或いはそれとは異なるジェンダーで生きる人のことを表す。この語は、身体的な改変を伴い、自らの望む性別に身体を近づけることを望むトランスセクシュアル、身体的な改変を望むというより、装いやしぐさといった社会的な生における性別の移行をより強く望む（狭義の）トランスジェンダー、或いは部分的な異性装を求めるトランスヴェスタイト等様々な人を包括するアンブレラ・タームとして用いられてきた経緯がある。トランスジェンダーの対義語に、シスジェンダーがある。

バイセクシュアル（bisexual） 一般には両性愛者を指し、性愛及び恋愛の対象に男女二つのジェンダーを含む。日本語で「バイ」という表現は差別的なニュアンスを含むこともあるため、本書では外来語の翻訳と「ゲイ・バイ男性」等の特定の表現以外は、「バイセクシュアル」と表すこととした。

レズビアン（lesbian） 一般には女性同性愛者のことを指す。本書では英語の lesbian、現代ヘブライ語の「leṣbit」の訳語としてこの語を採用している。

・**SOGI** Sexual Orientation and Gender Identity（性的指向及び性自認）の略称で「LGBT」が特定のアイデンティティに依拠した用語であるのに対し、「SOGI」は個人のジェンダーのあり方、セクシュアリティのあり方の総体を呼称するものである。そのため、特定のアイデンティティを前提としない状況を描写する場合に、より適している。日本では2010年代後半以降使われはじめた言葉のため一般的な知名度が高いわけではないが、本書では「SOGIに基づく差別」などの形でこの語を頻繁に用いている。

2 運動略史年表

年代	年号	SOGIをめぐる政治	動物をめぐる政治	主要な出来事
1950年代以前	1927年		動物の福祉に関する団体「Tsa'ar Ba'alei Ḥayim（動物の苦痛）」が設立。	
1950年代	1955年		「Ha-Ḥoq La-Haganat Ḥayat Ha-Bar（野生動物の保護に関する法律）」が制定。	
	1956年	リナ・ナタンがイスラエル初となる性別適合手術を受ける。		
1960年代	1960年	ヘブライ語で初めて同性愛について書かれた本「Ha-Dayqa'im（ハ＝ダヴカイーム）」が出版される。		
	1961年	ヘブライ語で初めて女性同士の性愛に関する小説が出版される。		
	1964年	「ソドミー法」の撤廃を法相が提案するも、内閣の合意を得られず。		
	1968年	テル・アヴィヴに初めて同性愛者向けのクラブがオープンする。		
1970年代	1971年	クネセト議員であるウリ・アブネリが、ソドミー法の撤廃を提案するも廃案に。		
	1974年	同性愛者らの権利を訴えた「Mits'ad Ha-Maṣekhot（マスクの行進）」が行われ、20人程が参加。		
	1975年	イスラエル初となる性的少数者の権利擁護を求める団体「Ha-'Agudah Li-Shmirat Zkhuyot Ha-Praṭ（ハ＝アグダ）」が設立される。		
	1977年	イスラエルで初めてとなるプライド・イベントが行われる。		
	1978年	イスラエルで初のレズビアン団体「'Irgun Leṣbi Feminiṣti（アレフ）」が設立される。		
1980年代	1983年		動物実験に反対する「Ha-'Agudah Ha-Yisre'elit Neged Niṣuyim Be-Ba'alei Ḥayim（動物実験に反対するイスラエルの団体）」が設立。	
	1986年		動物の権利団体「Tnu La-Ḥayot Liḥyot（動物を生かせ）」が設立。	
	1987年	レズビアン団体「Qehilah Leṣbit Feminiṣtit（クラフ）」が設立される。		

	1988年	「ソドミー法」の撤廃。		
	1989年	性的少数者の親の支援団体「Tehila"h（テヒラ）」設立。		
1990年代	1990年	エルサレムの性的少数者の学生団体「Ha-'Ashiron Ha-'Aḥer（異なる10%）」が設立。		
	1992年	職場における差別禁止法制定。		ラビン政権発足。
	1993年	イスラエル国防軍が反差別規定を制定。 「女性の地位の向上とジェンダー平等に向けた委員会」がクネセト内に設立。 プライド・イベントがテル・アヴィヴで開催される。	動物の保護を求める団体「Noaḥ（ノアハ）」が設立。	オスロ合意。
	1994年	最高裁が同性カップルが異性カップルと同等の権利があることを確認。 右派の性的少数者当事者団体が「ヤド・ヴァシェム」に同性愛者への言及を求める。	動物の権利団体「'Anonimuṣ Li-Zkhuyot Ba'alei Ḥayim（動物の権利のためのアノニマス）」が設立。 海生動物の保護を訴える「Yad La-Yoneq Ha-Yami（海生哺乳類に手を）」が設立。 包括的な動物の保護について明記した二つの「動物の苦痛に関する法」が成立。	パレスチナ暫定自治政府の発足。
	1995年	ドラァグ・クィーンのバンド、「Bnot Peṣyah（ブノット・ペスィア）」が結成。 教育相が同性愛に言及したハンドブックの作成を指示。 ベン・グリオン大学の性的少数者の学生団体「Ṣago"l（サゴル）」が設立。		
	1996年	メレツ内の性的少数者団体、「Forum Ha-Ge'ot（プライド・フォーラム）」が設立される。 不妊治療における差別の禁止を最高裁が確認。 エゼル・ヴァイツマン大統領（当時）の同性愛嫌悪的発言に対する抗議運動。		
	1997年	テレビ・シリーズ「Florenṭin（フロレンティン）」が放送。 エルリレム・オープン・ハウスの設立。		
	1998年	テル・アヴィヴ・プライド初開催。 ダナ・インターナショナルがユーロビジョン優勝。		

2000年代	2000年			第二次インティファーダ勃発。
	2001年	エイラト・プライド初開催。 パレスチナ初のLGBT団体「al-Qaws（アル・カウス）」が活動開始（2008年に正式発足）。 若者支援を行う「'Irgun No'ar Ge'eh（イーギー）」設立。 ジェンダー・セクシュアリティ研究団体「Ṣeqṣ 'Aḥer（もう一つの性）」が発足。 主流化路線と占領に反対するクィア系団体「Kviṣah Shḥorah（ブラック・ラウンドリー）」が設立。	動物の苦痛に関する法（動物の保護）が改正、サーカスにおける動物の使用が禁止に。	シャロン政権発足。
	2002年	エルサレム・プライド初開催。 セーフ・スペースとして「Beit Dror（ベイト・ドロール）」設立。 初の当事者議員が誕生（ウズィ・エヴェン）。	「Ḥoq Le-Hasdarat Ha-Piquaḥ 'Al Klavim（イヌの監督の規定に関する法）」が制定。	
	2003年	パレスチナ系のレズビアン支援を中心に行うAṣwāt（アスワート）が発足。 テル・アヴィヴ市が同性カップルを異性カップルと同等と扱うことを決定。	「Ma'avaq 'Eḥad（一つの闘争）」がパレスチナの連帯を重視し、アノニマスから分岐して活動を行う。	
	2004年	教育支援を行う「Ḥoshe"n（ホシェン）」設立。 同性カップルの相続における異性カップルと同等の権利を確認。		
	2005年	宗教的ユダヤ人女性支援「Bat Qol（バット・コル）」設立。 最高裁が同性カップルの養子縁組を承認。 エルサレム・プライドで刺傷事件。	「Shiḥrur Ba'alei Ḥayim Be-Yisra'el（イスラエルにおける動物の解放）」がアノニマスから分岐して活動を行う。	イスラエル軍ガザからの撤退。
	2006年	海外で婚姻した同性カップルを婚姻と認める裁定。		オルメルト政権発足。
	2007年	ハイファ・プライド初開催。 宗教的ユダヤ人男性支援「Ḥavruta'（ハヴルタ）」の設立。		
	2008年	正統派ユダヤ人男性支援「Ho"d（ホッド）」の設立。 テル・アヴィヴにLGBTセンターが設立。	ハイファ地裁の判決により、フォアグラの生産が禁止に。	

	2009 年	テル・アヴィヴのイーギーの事務所襲撃事件。 ロン・ヨセフが同性愛を公表している人物として初めて正統派ラビに。		ネタニヤフ政権発足。
2010 年代	2010 年	文化省がプライド・イベントに国家予算から後援を付けることを決定。 最高裁が、エルサレム・オープン・ハウスへの予算執行を拒否したエルサレム市に対し、予算執行を命じる。	ギャリー・ユーロフスキーが「あなたが人生で聞く最良のスピーチ」の講演を行う。	
	2011 年	ユヴァル・トフェルがイスラエルでトランスジェンダー男性として初めて子を出産。	パレスチナで動物の保護活動を行う Palestinian Animal League（PAL）が発足。	
	2012 年		ヴィーガニズムを推進する団体「Ṿigan Frendli（ヴィーガン・フレンドリー）」が設立。 動物の権利団体「269life」が設立。 ギャリー・ユーロフスキーの講演にヘブライ語の字幕が付けられる。	
	2013 年	新規移民の支援を行う団体、「LGBT Olim」の設立。 トランスジェンダー支援を行う「Ma'avarim（移行）」の設立。	動物の解放を求める「Ha-Ḥazit Le-Shiḥrur Ba'alei Ḥayim（動物解放戦線）」が設立。	
	2014 年	代理母出産を通じた養子縁組を認める最高裁裁定。	屠殺場の残虐行為に反対する「Qirot Shqufim（透明な壁）」が設立。 タル・ギルボアがテレビ番組の「Ha-'Aḥ Ha-Gadol（ビッグ・ブラザー）」で優勝。 ミキ・ハイモヴィッチがクネセトで「ミートレス・マンデー」のキャンペーンを始める。	
	2015 年	性別変更の際の手術要件の撤廃。 エルサレム・プライドで再び刺殺事件。		
	2016 年	クネセトで初めて LGBT コミュニティの権利の日に言及される。 ベエル・シェヴァでプライド・イベントが中止されたことに対するデモンストレーションが起きる。		
	2017 年		リヴリン大統領が活動家であるアサ・ケイサルに対し感謝状を贈る。	

	2018年	代理母出産に関する大規模デモンストレーション。 シャロン・アフェクが同性愛を公表した人物としては初めてイスラエル国防軍のアルーフに。	「動物の権利のためのアノニマス」が「'Animalṣ Lema'an Ba'alei Ḥayim（動物のためのアニマルス）」に名称を変更。	
	2019年	アミル・オハナが同性愛を公表した閣僚としては初めて法相に就任。	タル・ギルボアがネタニヤフ政権の動物に関する政府アドバイザーに就任。	
2020年代	2021年		「野生生物の保護に関する法」が改正、毛皮の売買が禁止に。	ベネット政権発足。

［Ha-'Agudah Lema'an Ha-Lahaṭa"b Be-Yisra'el n.d.］等を参考に筆者作成。

参考文献

インタビュー

・性的少数者の権利運動の活動家に対するインタビュー

1. Haim　2022年3月3日、エルサレムにて。
2. Yotam　2022年3月21日、エルサレムにて。
3. Barziv　2022年3月24日、テル・アヴィヴにて。
4. Amit　2022年6月28日、テル・アヴィヴにて。

・動物の権利活動家及びヴィーガンに対するインタビュー

1. Meir　2019年3月1日、東京にて。
2. Adi　2019年7月17日、レホヴォットにて。
3. Asaf　2019年7月23日、テル・アヴィヴにて。
4. Anna　2019年7月24日、テル・アヴィヴにて。
5. Hannah　2019年7月25日、テル・アヴィヴにて。
6. Binyamin　2019年7月26日、ハイファにて。
7. Dor　2019年7月28日、テル・アヴィヴにて。
8. Gilly　2019年7月28日、テル・アヴィヴにて。
9. Doron　2019年7月29日、テル・アヴィヴにて。
10. Chen　2019年7月31日、エルサレムにて。
11. Irit　2019年8月1日、エルサレムにて。
12. Leah　2019年8月3日、ベエル・シェヴァにて。
13. Sara　2019年8月5日、テル・アヴィヴにて。
14. Nurit　2019年8月7日、テル・アヴィヴにて。
15. Matan　2019年8月13日、エルサレムにて。
16. Maya　2019年8月28日、テル・アヴィヴにて。
17. Nir　2019年9月1日、ラマト・ガンにて。
18. Michal　2019年9月1日、ラマト・ガンにて。
19. Liron　2019年9月3日、ホド・ハシャロンにて。
20. Liran　2019年9月5日、ホド・ハシャロンにて。
21. Noam　2019年11月24日、メールで回答。
22. Noga　2020年10月21日、Zoomにて。
23. Roni　2020年10月21日、Zoomにて。
24. Tal　2020年10月22日、Zoomにて。

25. Stav　2020年10月23日、Zoomにて。
26. Yael　2020年10月24日、Zoomにて。
27. Yuval　2020年10月25日、Zoomにて。
28. Zohar　2020年10月25日、Zoomにて。
29. Yarden　2020年10月25日Zoomにて。
30. Omer　2020年10月27日、エルサレムにて。
31. Hadar　2020年10月30日、Zoomにて。
32. Bar　2020年11月2日、Zoomにて。
33. Dafna　2020年11月3日、Zoomにて。
34. Adam　2020年11月10日、Zoomにて。

日本語文献

Tokyo Rainbow Week Executive Committee 2014.『Who Magazine?　あなたの居場所はどこですか？』.

石井香江. 2001.「公的言説に刻印された両性関係（ジェンダー）：1909年のドイツ刑法典準備草案をめぐる議論を事例として」『一橋研究』25(4): 133-156.

市川裕，臼杵陽，大塚和夫，手島勲矢編. 2008.『ユダヤ人と国民国家――「政教分離」を再考する』岩波書店.

井上太一. 2022.『動物倫理の最前線――批判的動物研究とは何か』人文書院.

大塚和夫，小杉泰，小松久男，東長靖，羽田正，山内昌之編. 2002.『岩波イスラーム辞典』岩波書店.

菊地夏野. 2019.『日本のポストフェミニズム――「女子力」とネオリベラリズム』大月書店.

清水晶子. 2013.「『ちゃんと正しい方向に向かってる』――クィア・ポリティクスの現在」三浦玲一，早坂静編『ジェンダーと「自由」――理論、リベラリズム、クィア』彩流社，313-331.

鈴木啓之. 2020.『蜂起〈インティファーダ〉――占領下のパレスチナ 1967-1993』東京大学出版会.

ソフトバンク（SoftBank）. 2019. YouTube, 4月26日, https://www.youtube.com/watch?v=0rpsDBUIBgw（2022年8月17日閲覧）.

第10回関西クィア映画祭2016. n.d. 特集3：ピンクウォッシュってなに？. https://kansai-qff.org/2016/pinkwash_index.shtml（2022年8月17日閲覧）.

テイラー，スナウラ．2020．『荷を引く獣たち――動物の解放と障害者の解放』（今津有梨訳）洛北出版（Sunaura Taylor. *Beasts of Burden: Animal and Disability Liberation*. New York: The New Press, 2017）．

デリダ，ジャック．2014．『ジャック・デリダ講義録　獣と主権者Ⅰ』（西山雄二，郷原佳以，亀井大輔，佐藤朋子訳）白水社．

――――．2016．『ジャック・デリダ講義録　獣と主権者Ⅱ』（西山雄二，郷原佳以，亀井大輔，佐藤朋子訳）白水社．

東京レインボープライド．2019．『東京レインボープライド2019』無事終了いたしました！　https://trp2019.trparchives.com/news/notice/14655/（2022年8月9日閲覧）．

特定非営利活動法人東京レインボープライド．n.d. 沿革．https://tokyorainbowpride.org/about/history/（2022年6月15日閲覧）．

フーコー，ミシェル．1975．『狂気の歴史――古典主義時代における』（田村俶訳）新潮社．

――――．1986．『性の歴史――知への意志』（渡辺守章訳）新潮社．

堀川修平．2016．「日本のセクシュアル・マイノリティ運動の変遷からみる運動の今日的課題――デモとしての「パレード」から祭りとしての「パレード」へ」日本女性学会編『女性学』23: 64-85．

保井啓志．2018．「「中東で最もゲイ・フレンドリーな街」――イスラエルの性的少数者に関する広報宣伝の言説分析」『日本中東学会年報』34(2): 35-70．

――――．2021．「あなたには居場所がある――イスラエルのLGBT運動における国家言説とシオニズムとの関係」『女性学』28: 56-78．

――――．2022．「シオニズムにおける動物性と動物の形象――近代化とショアーをめぐる議論を事例に」『日本中東学会年報』38(1): 61-93．

ワディウェル，ディネシュ．2019．『現代思想からの動物論――戦争・主権・生政治』（井上太一訳），人文書院（Dinesh Wadiwel. *The War against Animals*. Leiden and Boston: Brill Rodopi, 2015）．

英語・ドイツ語文献

269Life. 2013. Facebook, June 16, “Interview with Santiago Gomez, an Activist Who Has Been Part of the 269 Initiative from the Beginning.” https://www.facebook.com/notes/388475285506504/ (Accessed July 2, 2022).

Abu-Lughod, Lila. 2002. “Do Muslim Women Really Need Saving? Anthropo-

logical Reflections on Cultural Relativism and Its Others." *American Anthropologist* 104(3): 783-790.

Adams, Carol. 2015. *The Sexual Politics of Meat: A Feminist-Vegetarian Critical Theory*. Bloomsbury Revelations edition. London and New York: Bloomsbury Academic (First published 1990)（キャロル・アダムズ『肉食という性の政治学——フェミニズム－ベジタリアニズム批評』鶴田静訳、新宿書房、1994 年).

——, and Lori Gruen, eds. 2014. *Ecofeminism: Feminist Intersections with Other Animals and The Earth*. New York and London: Bloomsbury Academic.

Alfasi, Nurit, and Tovi Fenster. 2005. "A Tale of Two Cities: Jerusalem and Tel Aviv in an Age of Globalization." *Cities* 22(5): 351-363.

Allen, Karma. 2019. "About 5 Million People Attended WorldPride in NYC, Mayor Says." *ABC News*, July 3, https://abcnews.go.com/US/million-people-crowed-nyc-worldpride-mayor/story?id=64090338 (Accessed August 9, 2022).

Allington, Daniel, and Tanvi Joshi. 2020. ""What Others Dare Not Say": An Antisemitic Conspiracy Fantasy and Its YouTube Audience." *Journal of Contemporary Antisemitism* 3(1): 35-54.

Alloun, Esther. 2018. "'That's the Beauty of It, It's Very Simple!' Animal Rights and Settler Colonialism in Palestine-Israel." *Settler Colonial Studies* 8(4): 559-574.

——. 2020. "Veganwashing Israel's Dirty Laundry? Animal Politics and Nationalism in Palestine-Israel." *Journal of Intercultural Studies* 41(1): 24-41.

Almog, Shmuel. 1987. *Zionism and History: The Rise of a New Jewish Consciousness*. trans. Ina Friedman, Jerusalem: The Magnes Press, The Hebrew University.

Arad, Dafna. 2013. "Domino's Launches Its First-ever Vegan Pizza - in Israel." *Haaretz*, December 16, https://www.haaretz.com/2013-12-16/ty-article/.premium/dominos-launches-vegan-pizza-in-israel/0000017f-e743-d97e-a37f-f7673eb90000 (Accessed June 21, 2022).

Avieli, Nir. 2018. *Food and Power: A Culinary Ethnography of Israel*. Oakland: University of California Press.

Baldwin, Peter. 1980. "Liberalism, Nationalism, and Degeneration: The Case of Max Nordau." *Central European History* 13(2): 99-120.

BBC News. 2014. "Tel Aviv Unveils First Memorial to Gay Holocaust Victims." January 10, https://www.bbc.com/news/world-europe-25687190 (Accessed August 22, 2022).

Beardsworth, Alan, and Teresa Keil. 1996. *Sociology on the Menu: An Invitation to the Study of Food Policy*. London: Routledge.

Beck, Valentin, and Bernd Ladwig. 2021. "Ethical Consumerism: Veganism." *Wiley Interdisciplinary Reviews: Climate Change* 12(1): e689.

Belkin, Aaron, and Melissa Levitt. 2001. "Homosexuality and the Israel Defense Forces: Did Lifting the Gay Band Undermine Military Performance?" *Armed Forces & Society* 27(4): 541-565.

Ben-Zikri, Almog. 2018. "Israeli Defense Chief: Anyone Who Flies Drones Over IDF Soldiers Puts Himself at Risk." *Haaretz*, April 8, https://www.haaretz.com/israel-news/2018-04-08/ty-article/.premium/lieberman-anyone-who-flies-drones-over-idf-soldiers-endangers-himself/0000017f-db72-d3ff-a7ff-fbf28ce80000 (Accessed July 3, 2022).

Ben-Zvi, Yael. 1998. "Zionist Lesbianism and Transsexual Transgression: Two Representations of Queer Israel." *Middle East Report* 206: 26-28+37.

Berlin, Isaiah. 2013. "Nationalism: Past Neglect and Present Power." In *Against the Current: Essays in the History of Ideas*. ed Isaiah Berlin, 2nd edition. 420-448. Princeton: Princeton University Press (First published 1979).

Binnie, Jon. 1995. "Trading Places: Consumption, Sexuality and the Production of Queer Space." In *Mapping Desire: Geographies of Sexualities*. eds. David Bell and Gill Valentine, 166-181. New York and London: Routledge.

BiteSizeVegan.org. 2013. YouTube, January 28, "Human Branding: Animal Activism in Iowa." https://www.youtube.com/watch?v=4IHRP9Fiwoo&has_verified=1 (Accessed January 13, 2021).

BlueStar. n.d. "Gay Rights." http://www.bluestarpr.com/poster/gay-rights/ (Accessed June 12, 2022).

Blus-Kadosh, Inna, and Gilly Hartal. 2024. ""We Have Knowledge That Is Unique": Patient Activism and the Promotion of Trans-Inclusive Primary Care." *Social Science & Medicine* 344 (116654) DOI: doi.org/10.1016/j.

socscimed.2024.116654.
Boyarin, Daniel. 1995. "Are There Any Jews in "The History of Sexuality"?" *Journal of History of Sexuality* 5(3): 333-355.
———. 1997. *Unheroic Conduct: The Rise of Heterosexuality and the Invention of the Jewish Man*. Berkeley and Los Angeles: University of California Press.
———, Daniel Itzkovitz and Ann Pellegrini, eds. 2003. *Queer Theory and the Jewish Question*. New York: Columbia University Press.
Braverman, Irus. 2013. "Animal Frontiers: A Tale of Three Zoos in Israel/Palestine." *Cultural Critique* 85: 122-162.
———. 2017. "Captive: Zoometric Operations in Gaza." *Public Culture* 29(1): 191-215.
Britt, Brett. 2015. "Pinkwashed: Gay Rights, Colonial Cartographies and Racial Categories in the Pornographic Film Men of Israel." *International Feminist Journal of Politics* 17(3): 398-415.
Butler, Judith. 1990. *Gender Trouble: Feminism and the Subversion of Identity*. New York and London: Routledge（ジュディス・バトラー『ジェンダー・トラブル——フェミニズムとアイデンティティの攪乱』竹村和子訳、青土社、1999年）.
———. 2009. *Frames of War: When Is Life Grievable?* New York: Verso（———.『戦争の枠組——生はいつ嘆きうるものであるのか』清水晶子訳、筑摩書房、2012年）.
Byrne, Rachel. 2013. "Cyber Pinkwashing: Gay Rights under Occupation." In *The Moral Panics of Sexuality*. eds. Breanne Fahs, Mary Dudy and Sarah Stage, 134-148. Basingstoke and New York: Palgrave Macmillan.
Crenshaw, Kimberle. 1989. "Demarginalizing the Intersection of Race and Sex: A Black Feminist Critique of Antidiscrimination Doctrine, Feminist Theory and Antiracist Politics." *University of Chicago Legal Forum* 8(1): 139-167.
Curiel, Ilana. 2023. "Furry and Feathered Heroes: IDF Soldiers Rescue Forgotten Animals in Gaza." *Ynet*, December 12, https://www.ynetnews.com/environment/article/by2s113si6 (Accessed August 23, 2024).
———, and Meir Turgeman. 2023. "IDF Troops Find Puppy Near Gaza Rocket Sites, Bring It to Safety in Israel." *Ynet*, November 16, https://www.

ynetnews.com/environment/article/rkdue5f4a (Accessed August 23, 2024).

Dale, Daniel. 2010. "Pride Prohibits Phrase 'Israeli Apartheid'." *Toronto Star*, May 21, https://www.thestar.com/news/gta/2010/05/21/pride_prohibits_phrase_israeli_apartheid.html (Accessed August 17, 2022).

Dalziell, Jacqueline, and Dinesh Wadiwel. 2016. "Live Exports, Animal Advocacy, Race and 'Animal Nationalism'." In *Meat Culture*. ed. Annie Potts, 73-89. Leiden and Boston: Brill.

Davis, Janet. 2013. "Cockfight Nationalism: Blood Sport and the Moral Politics of American Empire and Nation Building." *American Quarterly* 65(3): 549-574.

De Lauretis, Teresa. 1991. "Queer Theory: Lesbian and Gay Sexualities (An Introduction)." *Differences: A Journal of Feminist Cultural Studies* 3(2): iii-xviii.

Derrida, Jacques, and David Wills. 2002. "The Animal That Therefore I Am (More to Follow)." *Critical Inquiry* 28(2): 369-418.

Dickstein, Jonathan, Jan Dutkiewicz, Jishnu Guha-Majumdar and Drew Robert. 2020. "Veganism as Left Praxis." *Capitalism Nature Socialism* DOI: 10.1080/10455752.2020.1837895.

Duggan, Lisa. 2003. *Twilight of the Equality?: Neoliberalism, Cultural Politics, and the Attack on Democracy.* Boston: Beacon Press.

Einhorn, Talia. 2008. "Same-Sex Family Unions in Israeli Law." *Utrecht Law Review* 4(2): 222-235.

Elia, Nada. 2012. "Gay Rights with a Side of Apartheid." *Settler Colonial Studies* 2(2): 49-68.

El-Tayeb, Fatima. 2012. "'Gays Who Cannot Properly Be Gay': Queer Muslims in the Neoliberal European City." *European Journal of Woman's Studies* 19(1): 79-95.

Ettinger, Yair, and Jonathan Lis. 2007. "Haifa Prepares for Its First Gay Pride Parade Thursday." *Haaretz*, June 4, https://www.haaretz.com/2007-06-14/ty-article/haifa-prepares-for-its-first-gay-pride-parade-thursday/0000017f-f50d-d460-afff-ff6fc24f0000 (Accessed August 9, 2022).

Farris, Sara. 2012. "Femonationalism and the "Regular" Army of Labor Called Migrant Women." *History of the Present* 2(2): 184-199.

Feldman, Yael. 2013. "'Not as Sheep Led to Slaughter'? On Trauma, Selective Memory, and the Making of Historical Consciousness." *Jewish Social Studies: History, Culture, Society* 19(3): 139-169.

Fiddes, Nick. 1991. *Meat: A Natural Symbol*. London and New York: Routledge.

Firestone, Reuven. 2012. *Holy War in Judaism: The Fall and Rise of a Controversial Idea*. New York: Oxford University Press.

Fitzgerald, Amy, and Nik Taylor. 2014. "The Cultural Hegemony of Meat and the Animal Industrial Complex." In *The Rise of Critical Animal Studies: From the Margins to the Centre*. eds. Nik Taylor and Richard Twine, 165-182. London and New York: Routledge.

Francione, Gary. 1996. *Rain without Thunder: The Ideology of the Animal Rights Movement*. Philadelphia: Temple University Press.

Franke, Katherine. 2012. "Dating the State: The Moral Hazards of Winning Gay Rights." *Columbia Human Rights Law Review* 44(1): 1-46.

Friedman, David (@USAmbIsrael). 2019. Twitter, November 12, https://twitter.com/USAmbIsrael/status/1194285106069942272?s=20 (Accessed January 13, 2021).

Friedlander, Dov, and Carole Feldmann. 1993. "The Modern Shift to Below-Replacement Fertility: Has Israel's Population Joined the Process?" *Population Studies* 47(2): 295-306.

Gal, Hannah. 2020. "Tal Gilboa: 'We Can Shout and Scream but All We Achieve Is Offending People'." *The Vegan Review*, October 16, https://theveganreview.com/tal-gilboa-we-can-shout-and-scream-but-all-we-achieve-is-offending-people/ (Accessed July 2, 2022).

Geller, Jay. 1995. "The Conventional Lies and Paradoxes of Jewish Assimilation: Max Nordau's Pre-Zionist Answer to the Jewish Question." *Jewish Social Studies* 1(3): 129-160.

German Propaganda Archive. 1998. "Caricatures from *Der Stürmer*: 1933-1945." https://research.calvin.edu/german-propaganda-archive/sturmer.htm (Accessed November 25, 2021).

GFI Israel. 2020. "GFI Israel - Israeli Foodtech Alternative Protein Solutions." https://gfi.org.il/ (Accessed February 17, 2022).

———. 2022. "Israel State of Alternative Protein Innovation Report 2022 – Mid

Year Update." https://gfi.org.il/resources/israel-state-of-alternative-protein-innovation-report-2022-mid-year-update/ (Accessed October 24, 2022).

Gilboa, Tal (@talgilboa). 2020. Twitter, April 29, https://twitter.com/talgilboa/status/1255452893777473542 (Accessed November 5, 2022).

———. 2021. Twitter, May 19, https://twitter.com/talgilboa/status/1395078817895657479?s=20 (Accessed July 3, 2022).

Gillespie, Kathryn, and Yamini Narayanan. 2020. "Animal Nationalisms: Multispecies Cultural Politics, Race, and the (Un) Making of the Settler Nation-State." *Journal of Intercultural Studies* 41(1): 1–7.

Gilman, Sander. 1991. *The Jew's Body*. New York and London: Routledge.

Glazer, Hilo. 2015. "How Likud's Youngest MK Went from the Peace Camp to the Right." Haaretz, September 29, https://www.haaretz.com/2015-09-29/ty-article/.premium/from-peace-activist-to-likuds-youngest-mk/0000017f-e39b-d75c-a7ff-ff9f97380000 (Accessed July 3, 2022).

The Good Food Institute Israel. 2020. "Prime Minister Benjamin Netanyahu Tastes Cultivated Meat." https://www.youtube.com/watch?v=HKzV86zWVo0&t=3s (Accessed February 18, 2022).

———. 2021. "The Good Food Conference 2021." https://www.youtube.com/watch?v=7i8I6qHsjMs&t=2664s (Accessed February 19, 2022).

Greenebaum, Jessica. 2012. "Veganism, Identity and the Quest for Authenticity." *Food Culture & Society* 15(1): 129–144.

Gross, Aeyal. 2001. "Challenges to Compulsory Heterosexuality: Recognition and Non-Recognition of Same Sex Couples in Israeli Law." In *Legal Recognition of Same-sex Partnerships: A Study of National, European and International Law*. eds. Robert Wintemute and Mads Andenæs, 391–414. Oxford: Hart Publishing.

———. 2013. "Vegans for (And against) the Occupation." *Haaretz*, November 14, https://www.haaretz.com/opinion/2013-11-14/ty-article/.premium/vegan-while-occupying/0000017f-dbc2-df62-a9ff-dfd7db420000 (Accessed July 3, 2022).

———. 2015. "The Politics of LGBT Rights in Israel and beyond: Nationality, Normativity and Queer Politics." *The Columbia Human Rights Law Review* 46(2): 81–152.

Gross, Kelsey. 2019. "Israel: Vegan Capital of the World." *Kedma: Penn's Journal on Jewish Thought, Jewish Culture, and Israel* 2(1): 6–25.

Gvion, Liora. 2021. "Vegan Restaurants in Israel: Health, Environmentalism and Mainstreaming." *Food, Culture & Society* DOI: 10.1080/15528014.2021.2015941.

Haaretz. n.d. "Israel News, the Middle East and the Jewish World - Haaretz." https://www.haaretz.com/ (Accessed August 10, 2022).

Halberstam, Judith. 2005. *In a Queer Time and Place: Transgender Bodies, Subcultural Lives*. New York and London: New York University Press.

Halperin-Kaddari, Ruth, and Yaacov Yadgar. 2010. "Between Universal Feminism and Particular Nationalism: Politics, Religion and Gender (In) Equality in Israel." *Third World Quarterly* 31(6): 905–920.

Haraway, Danna. 1991. *Simians, Cyborgs, and Women: The Reinvention of Nature*. New York: Routledge.

Harel, Alon. 2000. "The Regulation of Speech: A Normative Investigation of Criminal Law Prohibitions of Speech." In *Freedom of Speech and Incitement against Democracy*. eds. David Kretzmer and Francine Hazan, 247–274. The Hague, London and Boston: Brill.

Harkov, Lahav. 2016. "Netanyahu Voices Support for Gay Rights on Knesset LGBT Day." *The Jerusalem Post*, February 23, https://www.jpost.com/israel-news/netanyahu-voices-support-for-gay-rights-on-knesset-lgbt-day-445867 (Accessed June 16, 2022).

Harlap, Itay. 2017. "The New Normative: Gay Fatherhood on Israeli Television." *GLQ: A Journal of Lesbian and Gay Studies* 23(4): 559–587.

Hartal, Gilly. 2016. "The Politics of Holding: Home and LGBT Visibility in Contested Jerusalem." *Gender, Place & Culture* 23(8): 1193–1206.

Hartal, Gilly, and Orna Sasson-Levy. 2017. "Being [in] the Center: Sexual Citizenship and Homonationalism at Tel-Aviv's Gay-Center." *Sexualities* 20(5–6): 738–761.

———. 2021. "The Progressive Orient: Gay Tourism to Tel Aviv and Israeli Ethnicities." *Environment and Planning C: Politics and Space* 39(1): 11–29.

———. 2022. "Failing Homonationalism? Gay Israeli Eurovision Geeks Negotiating Nationalism and Masculinity." *Journal of Homosexuality* DOI: 10.10

80/00918369.2022.2038967.

Hennessy, Rosemary. 1994-1995. "Queer Visibility in Commodity Culture." *Cultural Critique* 29 : 31-76.

Herbst, Anat, and Orly Benjamin. 2012. "It Was a Zionist Act : Feminist Politics of Single-Mother Policy Votes in Israel." *Women's Studies International Forum* 35(1) : 29-37.

Herzl, Theodor. 1988. *The Jewish State : An Attempt at a Modern Solution of the Jewish Question*. trans. Sylvie d'Avigdor. Dover edition. New York : Dover Publications (First published 1896).

Horwitz-Wasserman Holocaust Memorial Plaza. 2020. "Antisemitism Explained." https://www.philaholocaustmemorial.org/antisemitism-explained/ (Accessed May 24, 2021).

Israel. 2015. YouTube "Tel Aviv - World's Vegan Food Capital." https://www.youtube.com/watch?v=aWxfOGtACGY&t=124s (Accessed February 3, 2022).

———. 2018. YouTube, November 11, "How Did Tel Aviv Become the Vegan Capital of the World?" https://www.youtube.com/watch?v=O4kljDaXhK4 (Accessed July 3, 2022).

Israel Defense Forces. 2012a. Facebook, June 12, https://www.facebook.com/photo/?fbid=425165480839661&set=its-pride-month-did-you-know-that-the-idf-treats-all-of-its-soldiers-equally-let (Accessed June 19, 2022).

Israel Defense Forces (@IDF). 2012b. Twitter, November 1, https://twitter.com/IDF/status/264016373469020160 (Accessed 3 May, 2019).

———. 2015a. Facebook, July 27, https://www.facebook.com/photo.php?fbid=1012962835393253&id=125249070831305&set=a.250335824989295&locale=bg_BG (Accessed June 19, 2022).

Israel Defense Forces (@IDF). 2015b. Twitter, November 2, https://twitter.com/idf/status/660838006690078720 (Accessed August 10, 2022).

Israel Defense Forces. 2015c. Facebook, December 31, https://m.facebook.com/idfonline/photos/a.250335824989295.62131.125249070831305/1085843984771804/?type=3&p=10&_ft_=top_level_post_id.1085843984771804%3Atl_objid.1085843984771804%3Athid.125249070831305 (Accessed August 22, 2022).

Israel Defense Forces (@IDF). 2018. Twitter, August 14, https://twitter.com/

IDF/status/1029448371646423041?s=20 (Accessed July 3, 2022).
Israel Defense Forces (@IDF). 2019. Twitter, November 1, https://twitter.com/IDF/status/1190277042182512641 (Accessed July 3, 2022).
IsraeliPM. 2016. "PM Netanyahu: I Ask You to Stand in Solidarity with Our Brothers and Sisters in the LGBT Community." https://www.youtube.com/watch?v=m6hMiuq4nYI (Accessed November 11, 2022).
Israel Ministry of Foreign Affairs. n.d. "1897: The First Zionist Congress Takes Place in Basel, Switzerland." https://mfa.gov.il/Jubilee-years/Pages/1897-The-First-Zionist-Congress-takes-place-in-Basel,-Switzerland.aspx (Accessed August 22, 2022).
Israel Yisra'el (@Israel). 2023. X, November 13, https://x.com/Israel/status/1723971340825186754 (Accessed August 23, 2024).
The Jerusalem Post 2009. "TA Gay Attack Bears Marks of Terrorism." August 6, https://www.jpost.com/israel/ta-gay-attack-bears-marks-of-terrorism (Accessed July 4, 2022).
Jewish Vegetarian Society. 2020. "Omri Paz from Vegan Friendly." https://www.youtube.com/watch?v=HPiMIZLyNdc&t=1037s (Accessed June 22, 2022).
Joy, Melanie. 2010. *Why We Love Dogs, Eat Pigs and Wear Cows: An Introduction to Carnism*. San Francisco: Conari Press.
JTA. 2017. "Marine Le Pen: Ban Halal and All Ritual Slaughter." *The Times of Israel*, April 25, https://www.timesofisrael.com/marine-le-pen-ban-halal-and-all-ritual-slaughter/ (Accessed July 5, 2022).
Kafer, Alison. 2003. "Compulsory Bodies: Reflections on Heterosexuality and Able-bodiedness." *Journal of Women's History* 15(3): 77-89.
———. 2013. *Feminist, Queer, Crip*. Bloomington and Indianapolis: Indiana University Press.
Kama, Amit. 2000. "From Terra Incognita to Terra Firma: The Logbook of the Voyage of Gay Men's Community into the Israeli Public Sphere." *Journal of Homosexuality* 38(4): 133-162.
———, and Sharon Livne. 2021. ""Who Owns This Holocaust Anyway?" The Homosexuals' and Lesbians' Memorial Ceremony at Yad Vashem." *Yad Vashem Studies* 49(1): 119-153.
Kaplan, Michele. 2015. "The Dangers of Hero Worship in an Activist Move-

ment." Vegan Feminist Networks, April 23, https://veganfeministnetwork.com/tag/palestine/ (Accessed July 4, 2022).

Kelly, Jennifer. 2020. "Israeli Gay Tourist Initiatives and the (In) Visibility of State Violence." *GLQ: A Journal of Lesbian and Gay Studies* 26(1): 160-173.

The Knesset. 2014. ""Meatless Mondays" Now at the Knesset." https://m.knesset.gov.il/en/news/pressreleases/pages/pr11478_pg.aspx (Accessed July 2, 2022).

Kymlicka, Will. 2013. "Neoliberal Multiculturalism?" In *Social Resilience in the Neoliberal Era*. eds. Peter Hall and Michèle Lamont, 99-126. New York: Cambridge University Press.

Lifshitz, Shahar. 2008. "A Potential Lesson from the Israeli Experience for the American Same-Sex Marriage Debate." *Brigham Young University Journal of Public Law* 22(2): 359-382.

Lior, Ilan. 2015. "10,000 March in Largest-Ever Animal Rights Parade in Israel." *Haaretz*, October 5, https://www.haaretz.com/2015-10-05/ty-article/.premium/10-000-march-in-largest-ever-animal-rights-parade-in-israel/0000017f-e4a2-d38f-a57f-e6f2785e0000 (Accessed July 5, 2022).

Lungen, Paul. 2008. "Brand Israel Campaign Launched." *The Canadian Jewish News*, September 3, http://www.cjnews.com/news/brand-israel-campaign-launched (Accessed August 17, 2022).

Maltz, Judy. 2015. "What Does Israel's New Justice Minister Really Think About Arabs?" *Haaretz*, May 11, https://www.haaretz.com/2015-05-11/ty-article/.premium/what-does-ayelet-shaked-really-think-about-arabs/0000017f-dc2f-df62-a9ff-dcffae240000 (Accessed July 3, 2022).

Mandelkern, Ronen, and Michael Shalev. 2018. "The Political Economy of Israeli Neoliberalism." In *The Oxford Handbook of Israeli Politics and Society*. eds. Reuven Hazan, Alan Dowty, Menachem Hofnung and Gideon Rahat, 652-672. Oxford: Oxford University Press.

Markotić, Nicole, and Robert McRuer. 2012. "Leading with Your Head: On the Borders of Disability, Sexuality, and the Nation." In *Sex and Disability*. eds. Robert McRuer and Anna Mollow, 165-182. Durham and London: Duke University Press.

Maron, Asa, and Michael Shalev, eds. 2017. *Neoliberalism as a State Project:*

Changing the Political Economy of Israel. Oxford and New York: Oxford University Press.

Massad, Joseph. 2007. *Desiring Arabs*. Chicago and London: University of Chicago Press.

———. 2015. *Islam in Liberalism*. Chicago and London: University of Chicago Press.

Matar, Haggai. 2013. "Can animal rights take precedence over human rights?" *+972*, November 12, https://www.972mag.com/promoting-animal-rights-at-the-expense-of-human-rights/ (Accessed July 4, 2022).

McCormick, Joseph. 2016. "Israeli Prime Minister Sends Strong Message of Solidarity with Orlando: 'We Will Fight Back' (VIDEO)." *Pink News*, June 15, http://www.pinknews.co.uk/2016/06/15/israeli-prime-minister-sends-strong-message-of-solidarity-with-orlando-we-will-fight-back-video/ (Accessed June 16, 2022).

McRuer, Robert. 2010. "Disability Nationalism in Crip Times." *Journal of Literary & Cultural Disability Studies* 4(2): 163–178.

Merin, Yuval. 2005. "The Right to Family Life and Civil Marriage under International Law and Its Implementation in the State of Israel." *Boston College International and Comparative Law Review* 28(1): 1–68.

Merom, Gil. 1999. "Israel's National Security and the Myth of Exceptionalism." *Political Science Quarterly* 114(3): 409–434.

Middleton-Kaplan, Richard. 2014. "Myth of Jewish Passivity." In *Jewish Resistance against the Nazis*. ed. Henry Patrick, 3–26. Washington, D.C.: Catholic University of America Press.

Ministry of Agriculture and Rural Development. 2022. "The Ministry of Agriculture, in an Analysis of the Beef Market in Israel: Over the Past Decade, There Has Been a Regular and Steady Increase in Beef Consumption in Israel." https://www.gov.il/en/pages/ministry_of_agriculture_in_analyzing_the_beef_market_in_israel (Accessed June 23, 2022).

Misgav, Chen. 2015a. "With the Current, Against the Wind: Constructing Spatial Activism and Radical Politics in the Tel-Aviv Gay Center." *An International E-Journal for Critical Geographies* 14(4): 1208–1234.

———. 2019. "Planning, Justice and LGBT Urban Politics in Tel-Aviv: A Queer Dilemma." *Documents d'Anàlisi Geogràfica* 65(3): 541–562.

Mission of Israel to EU and NATO. 2018. "The Vegan Nation: Following the Startup Nation, Here Comes the Vegan." https://embassies.gov.il/eu/NewsAndEvents/Newsletter/Pages/Following-the-startup-nation,-here-comes-the-Vegan-nation.aspx (Accessed February 17, 2022).

Mission of Israel to the UN in Geneva. 2014. "Statement by PM Netanyahu Following Jerusalem Synagogue Attack." https://embassies.gov.il/UnGeneva/NewsAndEvents/Pages/Statement-by-PM-Netanyahu-following-Jerusalem-synagogue-attack-18-Nov-2014.aspx (Accessed July 3, 2022).

The Monday Campaigns. n.d. "About Meatless Monday." https://www.mondaycampaigns.org/meatless-monday/about (Accessed July 2, 2022).

Morgensen, Scott. 2012. "Queer Settler Colonialism in Canada and Israel: Articulating Two-Spirit and Palestinian Queer Critiques." *Settler Colonial Studies* 2(2): 167-190.

Mosse, George. 1992. "Max Nordau, Liberalism and the New Jew." *Journal of Contemporary History* 27(4): 565-581.

Naor, Arye. 2011. "Jabotinsky's New Jew: Concept and Models." *Journal of Israeli History* 30 (2): 141-159.

Nordau, Anna, and Maxa Nordau. 1943. *Max Nordau: A Biography*. New York: The Nordau Committee.

Nordau, Max. 2013. *Entartung*. Karin Tebben ed. Berlin: De Gruyter (First published 1892-3).

——. 2018. *Reden und Schriften zum Zionismus*. Karin Tebben ed. Berlin und Boston: De Gruyter Oldenbourg.

Officielles Organ d. jüdischen Turnvereins Bar Kochba. 1900. *Jüdische Turnzeitung.* Berlin: 2.

A Paper Bird. 2014. "Egyptian Activists to Netanyahu's PR Men: Our Lives Are Not Propaganda." https://paper-bird.net/2014/11/26/egyptian-activists/ (Accessed April 5, 2017).

Pappé, Ilan. 2015. "What Is Left of the Israeli Left? (1948-2015)" *The Brown Journal of World Affairs* 22(1): 351-367.

Patterson, Charles. 2002. *Eternal Treblinka: Our Treatment of Animals and the Holocaust*. New York: Lantern Books.

Peace Now. n.d. "Population." https://peacenow.org.il/en/settlements-watch/settlements-data/population (Accessed August 18, 2022).

Peled, Shachar. 2018. "Netanyahu Responds to LGBT Criticisms: Proud to Lead One of World's Most Open Democracies." *Haaretz*, August 6, https://www.haaretz.com/israel-news/2018-08-06/ty-article/.premium/netanyahu-responds-to-lbgt-criticisms-proud-of-israels-record/0000017f-ea67-d3be-ad7f-fa6ff81f0000 (Accessed November 11, 2022).

Peritz, Eric, and Mario Baras, eds. 1992. *Studies in the Fertility of Israel*. Jerusalem: Institute of Contemporary Jewry, The Hebrew University of Jerusalem.

Pines, Noam. 2018. *The Infrahuman: Animality in Modern Jewish Literature*. Albany: State University of New York Press.

Plant Based News. 2019. "'It's A Misconception That All Vegans Are Leftists'?Says?Vegan Activist Tal Gilboa." *Plant Based News*, February 14, https://plantbasednews.org/culture/vegan-activist-tal-gilboa-its-a-misconception-that-all-vegans-are-leftists/ (Accessed July 2, 2022).

Porat, Dan. 2004. "From the Scandal to the Holocaust in Israeli Education." *Journal of Contemporary History* 39(4): 619-636.

Portugese, Jacqueline. 1998. *Fertility Policy in Israel: The Politics of Religion, Gender, and Nation*. Westport: Praeger Publications.

Potts, Annie, ed. 2016. *Meat Culture*. Leiden and Boston: Brill.

Presner, Todd. 2003. ""Clear Heads, Solid Stomachs, and Hard Muscles": Max Nordau and the Aesthetics of Jewish Regeneration." *Modernism/modernity* 10(2): 269-296.

———. 2007. *Muscular Judaism: The Jewish Body and the Politics of Regeneration*. New York: Routledge.

Prime Minister's Office. 2009. "PM Netanyahu's Speech at the UN General Assembly." https://www.gov.il/en/departments/news/speechun240909 (Accessed June 12, 2022).

Puar, Jasbir. 2002. "Circuits of Queer Mobility: Tourism, Travel, and Globalization." *GLQ: A Journal of Lesbian and Gay Studies* 8 (1-2): 101-137.

———. 2006. "Mapping US Homonormativities." *Gender, Place & Culture* 13 (1): 67-88.

———. 2007. *Terrorist Assemblages: Homonationalism in Queer Times.* Durham and London: Duke University Press.

———. 2013. "Rethinking Homonationalism." *International Journal of Middle*

East Studies 45(2): 336-339.

——. 2017. *The Right to Maim: Debility, Capacity, Disability*. Durham and London: Duke University Press.

Ravid, Barak. 2016. "Netanyahu: We'll Surround Israel with Fences 'To Defend Ourselves Against Wild Beasts.'" *Haaretz*, February 9, https://www.haaretz.com/israel-news/2016-02-09/ty-article/.premium/netanyahu-well-surround-israel-with-fences/0000017f-e166-d804-ad7f-f1fe74bd0000 (Accessed November 1, 2022).

Rayman, Noah. 2010. "TA's 'Gay Vibe' Aims to Set Tourism Records." *Jerusalem Post*, July 21, https://www.jpost.com/israel/tas-gay-vibe-aims-to-set-tourism-records (Accessed June 15, 2022).

Regan, Tom. 1983. *The Case for Animal Rights*. Berkeley and Los Angeles: University of California Press.

Reizbaum, Marilyn. 2003. "Max Nordau and the Generation of Jewish Muscle." *Jewish Culture and History* 6(1): 130-151.

Remennick, Larissa. 2000. "Childless in the Land of Imperative Motherhood: Stigma and Coping among Infertile Israeli Women." *Sex Roles* 43(11): 821-841.

Rich, Adrienne. 1980. "Compulsory Heterosexuality and Lesbian Existence." *Signs: Journal of Women in Culture and Society* 5(4): 631-660.

Ritchie, Jason. 2010. "How Do You Say 'Come out of the Closet' in Arabic?: Queer Activism and the Politics of Visibility in Israel-Palestine." *GLQ: A Journal of Gay and Lesbian Studies* 16(4): 557-575.

——. 2015. "Pinkwashing, Homonationalism, and Israel-Palestine: The Conceits of Queer Theory and the Politics of the Ordinary." *Antipode* 47(3): 616-634.

Rubin, Gayle. 1984. "Thinking Sex: Notes for a Radical Theory of the Politics of Sexuality." In *Pleasure and Danger: Exploring Female Sexuality*. ed. Carole Vance, 267-319. Boston, London, Melborn and Henley: Routledge and Kegan Paul（ゲイル・ルービン「性を考える」河口和也訳、『現代思想　臨時増刊レズビアン／ゲイ・スタディーズ』25(6)、94-114、青土社、1997年）.

Ryder, Richard. 2010. "Speciesism Again: The Original Leaflet." *Critical Society* 2(1) 1-2.

Sadeh, Danny. 2009. "Tel Aviv – The Pink City." *Ynet*, March 13, http://www.ynetnews.com/articles/0,7340,L-3685800,00.html (Accessed August 10, 2022).

Said, Edward. 1978. *Orientalism*. New York: Pantheon Books（エドワード・サイード『オリエンタリズム』今沢紀子訳、平凡社、1986 年）.

The Salt. 2015. "As More Israelis Go Vegan, Their Military Adjusts Its Menu." December 10, https://www.npr.org/sections/thesalt/2015/12/10/459212839/why-so-many-israeli-soldiers-are-going-vegan (Accessed July 3, 2022).

Samuels, Gabriel. 2016. "Israeli Politician Calls Palestinian Residents 'Animals' Following Deadly Jerusalem Terror Attack." *The Independent*, October 11, https://www.independent.co.uk/news/world/middle-east/jerusalem-mayor-palestinians-animals-terror-attack-two-killed-meir-turgeman-a7355116.html (Accessed July 3, 2022).

Schulman, Sarah. 2012. *Israel/Palestine and the Queer International*. Durham and London: Duke University Press.

Sedgwick, Eve. 1985. *Between Men: English Literature and Male Homosocial Desire*. New York: Columbia University Press.

Shildrick, Margrit. 1996. "Posthumanism and the Monstrous Body." *Body and Society* 2(1): 1–15.

Shir-Vertesh, Dafna. 2012. ""Flexible Personhood": Loving Animals as Family Members in Israel." *American Anthropologist* 114(3): 420–432.

Singer, Peter. 2009. *Animal Liberation: The Definitive Classic of the Animal Movement*. Harper Perennial edition. New York: HarperCollins Publishers (First published 1975)（ピーター・シンガー『動物の解放』改訂版、戸田清訳、人文書院、2011 年）.

Snellings, Satchie. 2019. "The "Gayfication" of Tel Aviv: Investigating Israel's Pro-Gay Brand." *Queer Cats Journal of LGBTQ Studies* 3(1): 27–55.

Söder, Hans-Peter. 1991. "Disease and Health as Contexts of Modernity: Max Nordau as a Critic of Fin-de-Siècle Modernism." *German Studies Review* 14(3): 473–487.

Somfalvi, Attila. 2009. "Peres at Gay Support Rally: Bullets Hit Us All." *Ynet*, August 8, https://www.ynetnews.com/articles/0,7340,L-3758881,00.html (Accessed August 9, 2022).

Spivak, Gayatri. 1988. "Can the Subaltern Speak?" In *Marxism and the Interpretation of Culture*. eds. Cary Nelson and Lawrence Grossberg, 272–313. Basingstoke: Macmillan Education.

Stelder, Mikki. 2018. "'From the Closet into the Knesset': Zionist Sexual Politics and the Formation of Settler Subjectivity." *Settler Colonial Studies* 8 (4): 442–463.

Taylor, Nik, and Richard Twine, eds. 2014. *The Rise of Critical Animal Studies: From the Margins to the Centre*. London and New York: Routledge.

Tel Aviv-Yafo Municipality. 2014. "Tel Aviv Smart City." https://www.tel-aviv.gov.il/en/WorkAndStudy/Documents/SMART%20CITY%20TEL%20AVIV.pdf (Accessed February 17, 2022).

———. n.d.a. "Tel Aviv Nonstop City – The Brand Story." https://www.tel-aviv.gov.il/en/abouttheCity/Pages/TelAvivBrand.aspx (Accessed June 15, 2022).

———. n.d.b. "Welcome to Tel Aviv." https://www.telavivpress.com/everything-you-need-to-know-about-t (Accessed July 4, 2022).

———. n.d.c. "Tel Aviv Smart City." https://www.tel-aviv.gov.il/en/abouttheCity/Pages/SmartCity.aspx (Accessed February 17, 2022).

The Times of Israel. 2016. "LGBT Community: Spend Less on Promoting Pride Week, More on Us." June 3, https://www.timesofisrael.com/lgbt-community-spend-less-on-promoting-pride-week-more-on-us/ (Accessed November 11, 2022).

———. 2018. "'What Iran Hides, Israel Will Find': Full Text of Netanyahu's UN Speech." September 27, https://www.timesofisrael.com/what-iran-hides-israel-will-find-full-text-of-netanyahus-un-speech/ (Accessed August 9, 2022).

———. 2019a. "Netanyahu Meets with LGBT Leaders for First Time in 10 Years." April 7, https://www.timesofisrael.com/netanyahu-meets-with-lgbt-leaders-for-first-time-in-10-years/ (Accessed August 17, 2022).

———. 2019b. "Netanyahu Taps Vegan Activist Tal Gilboa as Animal Rights Adviser." June 18, https://www.timesofisrael.com/liveblog_entry/netanyahu-taps-vegan-activist-tal-gilboa-as-animal-rights-adviser/ (Accessed August 17, 2022).

Toch, Eran, and Eyal Feder. 2016. "International Case Studies of Smart Cities -

Tel Aviv, Israel." *Inter-American Development Bank* DOI: 10.18235/0000416.

Tress, Luke. 2016. "Animal Rights Activists Hold Silent Protest in Tel Aviv." *The Times of Israel*, September 9, https://www.timesofisrael.com/animal-rights-activists-hold-silent-protest-in-tel-aviv/ (Accessed July 3, 2022).

Triger, Zvi. 2012. "Freedom from Religion in Israel: Civil Marriages and Cohabitation of Jews Enter the Rabbinical Courts." *Israel Studies Review* 27 (2): 1-17.

Twigg, Julia. 1979. "Food for Thought: Purity and Vegetarianism." *Religion* 9 (1): 13-35.

———. 1983. "Vegetarianism and the Meaning of Meat." In *The Sociology of Food and Eating: Essays on the Sociological Significance of Food*. ed. Anne Murcott, 18-30. Aldershot: Gower.

United States Holocaust Memorial Museum. 2004. "Anti-Semitic Cartoon by Seppla (Josef Plank) - An Octopus with a Star of David over Its Head Has Its Tentacles Encompassing a Globe." https://collections.ushmm.org/search/catalog/pa4913 (Accessed December 12, 2020).

———. 2015. "An Antisemitic Nazi Propaganda Poster Entitled, "The Cats Will Not Let the Mice Be!"." https://collections.ushmm.org/search/catalog/pa1123135 (Accessed December 12, 2020).

———. 2016. "Election Poster of a Jewish Snake Crushing the Austrian Eagle." https://collections.ushmm.org/search/catalog/irn542649 (Accessed December 12, 2020).

van der Laarse, Robert. 1999. "Masking the Other: Max Nordau's Representation of Hidden Jewishness."*Historical Reflections/Réflexions Historiques* 25 (1): 1-31.

The Veganary. n.d. "The Largest VEGAN Festival in the World!" https://www.theveganary.com/the-largest-vegan-festival-in-the-world/ (Accessed February 19, 2022).

The Vegan Society. n.d. "Definition of Veganism." https://www.vegansociety.com/go-vegan/definition-veganism (Accessed January 25, 2022).

Vidal, Elihay. 2021. "PM Bennett: The Startup Nation's Next Mission Is to Solve Global Problems." *CTech*, November 16, https://www.calcalistech.

com/ctech/articles/0,7340,L-3922679,00.html (Accessed February 19, 2022).

Warner, Michael. 1991. "Introduction: Fear of a Queer Planet." *Social Text* 29: 3-17.

Weiss, Erica. 2016. "'There Are No Chickens in Suicide Vests': The Decoupling of Human Rights and Animal Rights in Israel." *Journal of Royal Anthropological Institute* 22(3): 688-706.

World Zionist Organization. 1898. *Stenographisches Protokoll der Verhandlungen des II. Zionisten-Congresses gehalten zu Basel : vom 28. bis 31. August 1898.* Wien: Vereines "Erez Israel".

Wrenn, Corey. 2011. "Resisting the Globalization of Speciesism: Vegan Abolitionism as a Site for Consumer-Based Social Change." *Journal for Critical Animal Studies* 9(3): 9-27.

———. 2017. "Toward a Vegan Feminist Theory of the State." In *Animal Oppression and Capitalism*. ed. David Nibert, 201-230. Santa Barbara: Praeger Press.

Yacobi, Haim, and Erez Tzfadia. 2019. "Neo-Settler Colonialism and the Re-Formation of Territory: Privatization and Nationalization in Israel." *Mediterranean Politics* 24(1): 1-19.

Yad Vashem. 2021. "Photo Details." https://photos.yadvashem.org/photo-details.html?language=en&item_id=61105&ind=96 (Accessed May 26, 2021).

Yasui, Hiroshi. 2024. "Vegan Nationalism?: The Israeli Animal Rights Movement in Times of Counter-Terrorism." *Settler Colonial Studies* 14(1): 3-23.

Yourofsky, Gary. 2015. YouTube, "Gary Yourofsky - The Most Important Speech You Will Ever Hear." February 7, https://www.youtube.com/watch?v=U5hGQDLprA8 (Accessed 22 August, 2022).

Ziv, Amalia. 2010. "Performative Politics in Israeli Queer Anti-Occupation Activism." *GLQ: A Journal of Lesbian and Gay Studies* 16(4): 537-556.

現代ヘブライ語文献

103FM (@radio103fm). 2022. Twitter, November 6, https://x.com/radio103fm/status/1589172102158225409 (2024年8月23日閲覧).

14 ʻAkhshay. 2019. "Tsfu ba-re'ayon ha-male' Ya'ir Netanyahu be-re'ayon bilʻa-

di: “Zeh kmo linch she-ha-neshamah shel-kha ‘overet.”” https://www.now14.co.il/%E2%80%8F-בראיון-ראשון-ובלעדהערב-יאיר-נתניהו/（2022 年 7 月 3 日閲覧）.

269Life Tel-Aviv-Israel. 2016. Facebook, May 6, https://www.facebook.com/watch/?v=857467817696884（2022 年 7 月 14 日閲覧）.

Aguda. n.d. “’Odot.” https://www.lgbt.org.il/about（2022 年 5 月 30 日閲覧）.

The Aguda（@AgudaIsraelLGBT）. 2021. Twitter, May 27, https://twitter.com/AgudaIsraelLGBT/status/1397878226505117700（2022 年 8 月 22 日閲覧）.

’Agudat Tsa‘ar Ba‘alei Ḥayim Be-Yisra’el. n.d. “‘Alei-nu.” https://spca.co.il/עלינו/（2022 年 6 月 23 日閲覧）.

’Aḥara-i – ’Armon Ha-Natsiv. 2008. “Mikhtav mashma‘ut ha-sho’ah.” http://aharay.goop.co.il/Web/?PageType=0&itemid=228138（2021 年 4 月 23 日閲覧）.

’Almog, ‘Oz. 1997. Ha-Tsabar: Dyoqan. Tel ’Aviv: ‘Am Oved.

‘Amutat Noaḥ Lema‘an Ba‘alei Ḥayim. n.d. “Mi ’anaḥnu.” https://www.noah.org.il/about（2022 年 6 月 23 日閲覧）.

’Anonimuṣ Li-Zkhuyot Ba‘alei Ḥayim. n.d.a. “Ḥayot be-mof‘ei bidur: Ha-Ḥoq be-Yisra’el.” https://anonymous.org.il/art179.html（2022 年 6 月 27 日閲覧）.

———. n.d.b. “Harsha‘at mifṭam ha-’ayazim ha-ri’shon.” https://anonymous.org.il/art601.html（2022 年 6 月 27 日閲覧）.

’Ari’el, Marq,（‘orekh）. 1993a. **Maga‘im**. gilayon 47, Tel ’Aviv.

———. 1993b. **Maga‘im**. gilayon 49, Tel ’Aviv.

———. 1993c. **Maga‘im**. gilayon 51, Tel ’Aviv.

———. 1993d. **Maga‘im**. gilayon 53, Tel ’Aviv.

———. 1993e. **Maga‘im**. gilayon 54, Tel ’Aviv.

———. 1994. **Maga‘im**. gilayon 58, Tel ’Aviv.

’Avidar, ’Eli（@avidareli）. 2019. Twitter, April 8, https://twitter.com/avidareli/status/1115144458746642433?s=20（2022 年 6 月 30 日閲覧）.

Beit Dror. n.d. “Qtsat ‘alei-nu.” https://bethdror.org/about（2022 年 5 月 31 日閲覧）.

Beit Ha-Mishpaṭ Ha-‘Eliyon. 1994. Baga”ts miṣpar 721/94. http://www.lgbtlaw.tau.ac.il/sites/default/files/field/judgment/file/721-94%20Danilovich.pdf（2022 年 5 月 30 日閲覧）.

Bender, 'Ariq. 2009. "Netanyahu: Le-Retsaḥ ha-no'ar ha-ge'eh ṣameman shel pigua'." nrg, August 6, https://www.makorrishon.co.il/nrg/online/1/ART1/926/746.html (2022 年 8 月 22 日閲覧).

Ben-Gvir, 'Itamar (@itamarbengvir). 2022. Twitter, November 6, https://x.com/itamarbengvir/status/1589210934387429376 (2024 年 8 月 23 日閲覧).

Ben-Pazi, Ḥanokh. 2015. "Leibovits: Ha-Sho'ah ke-tamrur 'azharah mipnei ha-le'umiyut." **Ha-Ḥinukh U-Ṣviv-o** 36: 181–202.

Bernhaimer, 'Avner. 2009. "Ha-Qorban ha-ba': Homo mefurṣam ba-'aron." mako, August 12, https://www.mako.co.il/pride-culture/magazine/Article-a259719973e0321004.htm (2022 年 9 月 6 日閲覧).

Divrei Ha-Kneṣet. 1991. November 18.

———. 1994 June 1.

———. 2015. December 28.

'Eṭinger, Ya'ir, Yehonatan Liṣ, Yuval Yo'az ṿe-Nadav Shraga'i. 2006. "Ha-Yom b-Irushalaim: 'Atseret bimqom mits'ad ha-ga'aṿah." **Ha-'Arets**, November 9, https://www.haaretz.co.il/misc/2006-11-09/ty-article/0000017f-e50f-df5f-a17f-ffdfae220000 (2022 年 9 月 8 日閲覧).

Fisher, No'ah. 2022. "Meza'zea': Ro'sh ha-'ir ḥevron hitsia' 20 sheqel le-mi she-yaharog kelev, klavim rabim humtu." **Ynet**, November 5, https://www.ynet.co.il/environment-science/article/rydqsa7bj (2024 年 8 月 23 日閲覧).

Gil-'Ad, Hadar. 2020. "Netanyahu hishṿah nashim mukot le-ba'alei ḥayim: "Gam 'ota-m lo' makim."" **Ynet**, November 23, https://www.ynet.co.il/news/article/HyRtRmY5v (2022 年 6 月 30 日閲覧).

Gil, Yaṣmin. 2009. "Ga'aṿah meqomit be-Tel 'Aviv." **Kalkaliṣṭ**, May3, https://www.calcalist.co.il/local/articles/0,7340,L-3276878,00.html (2022 年 7 月 4 日閲覧).

Gordon, 'Aharon. 1951–1952 (5712). **Kitvei 'Aharon Daṿid Gordon: Ha-'Umah ṿe-ha-'avodah, ṣefer ri'shon.** (Shmu'el Bergman ve-Eli'ezer Shoḥaṭ, 'orkhim) Yerushalaim: Ha-Ṣifriyah Ha-Tsiyonit 'Al Yedei Hanhalat Ha-Hiṣtadrut Ha-Tsiyonit.

Groṣ, 'Eyal. 2000. "Miniyut, gavriyut, tsava' ṿe-'ezraḥut: Sherut homo'im ṿe-leṣbiyot be-Tsaha"l be-mishqafaim hashṿa'atiyim." **Plilim** 9: 95–183.

———. 2013. “Ha-Poliṭiqah shel zkhuyot lahaṭa”b: Bein (homo) normaṭiviyut ṿe-(homo) le’umiyut le-foliṭiqah qwirit.” **Ma‘asei Mishpaṭ** 5: 101-183.

———, ‘Amalyah Ziv ṿe-Yoṣef Raz, (‘orkhim). 2016. **Ṣeqṣ ’aḥer: Mivḥar ma’amarim be-limudim lahaṭa”bim u-qwirim yisre’eliyim**. Tel ’Aviv: Reṣing.

Ha-’Agudah Ha-Yisre’elit Neged Niṣuyim Be-Ba‘alei Ḥayim. n.d. “‘Al ha-’agudah.” http://www.isav.org.il/על-האגודה (2022年6月23日閲覧).

Ha-’Agudah Lema‘an Ha-Lahaṭa”b Be-Yisra’el. 2020. Instagram, February 20, https://www.instagram.com/p/B8yzee5gHxk/?hl=ja (2022年7月17日閲覧).

———. n.d. “Ha-Hiṣṭoryah ha-ge’ah ba-’arets.” http://www.portal.lgbt.org.il/files/articles/files/ההיסטוריה_הגאה_בארץ___חוברת__הוועדה_הגאה_של_ראשל_צ.pdf (2022年8月10日閲覧).

Ha-’Agudah Lema‘an Ha-Lahaṭa”b Be-Yisra’el | The Aguda (@AgudaIsraelLGBT). 2023. X, October 26, https://x.com/AgudaIsraelLGBT/status/1717502770532536787 (2024年8月23日閲覧).

Ha-’Arets. 1998. ““Mits‘ad ha-ga’aṿah” shilshom be-Tel ’Aviv. “Be-Shanah ha-ba’ah nikhbosh ’et Yerushalaim,” ’amar yo”r ’agudat ha-homoṣeqṣu’alim, Menaḥem Shezaf.” June 28.

Ha-’Arkiyon Ha-Tsiyoni Ha-Merkazi. n.d. “Hatsharat Balfor.” http://www.zionistarchives.org.il/datelist/Pages/Balfour.aspx (2022年7月18日閲覧).

Ha-Bait Ha-Patuaḥ. n.d. “‘Alei-nu.” https://joh.org.il/about (2022年5月30日閲覧).

Ha-Kneṣet. 1992. **Ṣefer ha-ḥoqim 1377**, 2.1.1992. Ha-Kneṣet. https://fs.knesset.gov.il/12/law/12_lsr_211492.PDF (2022年5月30日閲覧).

———. 1994a. **Ṣefer ha-ḥoqim 1447**, 18.1.1994. Ha-Kneṣet. https://fs.knesset.gov.il/13/law/13_lsr_210735.PDF (2022年6月23日閲覧).

———. 1994b. **Ṣefer ha-ḥoqim 1479**, 15.8.1994. Ha-Kneṣet. https://fs.knesset.gov.il/13/law/13_lsr_211118.PDF (2022年6月27日閲覧).

———. 2002. **Ṣefer ha-ḥoqim 1844**, 15.8.1994. Ha-Kneṣet. https://fs.knesset.gov.il/15/law/15_lsr_300617.pdf (2022年6月27日閲覧).

———. 2014. “Megamat tsimḥonut ṿe-ṭiv‘onut be-Yisra’el u-ba-‘olam.” https://m.knesset.gov.il/activity/info/research/pages/incident.aspx?docid=6d596b58-e9f7-e411-80c8-00155d010977&businesstype=1 (2022年2

月 14 日閲覧).

Ḥalavi, ʻInav, Ḥayim Golditsh, ṿe-ʼAdir Yanqo. 2022. "Yo"r Ha-Kneṣet be-mitsʻad ha-gaʼaṿah b-Irushalaim: "Zkhut-khem lehinaseʼ ṿe-lehaqim mishpaḥah. ḥayim be-shiṿyon ʼeina-m privilegyah."" **Ynet**, June 2, https://www.ynet.co.il/news/article/b1crtzio9 (2022 年 8 月 10 日閲覧).

Ha-Lishkah Ha-Merkazit Li-Ṣṭaṭiṣṭiqah. 2012. "Ha-Ṣeqer ha-ḥevrati – Kolel nosʼim yiḥudiyim: Briʼut ṿe-ʼoraḥ ḥayim, ṿe-shimush ba-maḥshev u-ba-ʼInṭerneṭ 2010." https://www.cbs.gov.il/he/publications/Pages/2012/הסקר-החברתי-2010-כולל-נושאים-ייחודיים-בריאות-ואורח-חיים-ושימוש-במחשב-ובאינטרנט.aspx (2022 年 2 月 14 日閲覧).

———. 2016a. "Leqeṭ netunim ḥadash mitokh ha-ṣeqer ha-ḥevrati 2014 ba-noseʼ: Tsarkhanut ṿe-shiqulim ṣvivatiyim." https://www.cbs.gov.il/he/mediarelease/Pages/2016/לקט-נתונים-חדש-מתוך-הסקר-החברתי-2014-בנושא-צרכנות-ושיקולים-סביבתיים.aspx (2022 年 2 月 14 日閲覧).

———. 2016b. "Ha-Ṣeqer ha-ḥevrati 2014-Kolel nosʼim yiḥudiyim: ʼEkhut ha-ṣvivah ṿe-hon ḥevrati." https://www.cbs.gov.il/he/publications/Pages/2016/הסקר-החברתי-2014-כולל-נושאים-ייחודיים-איכות-הסביבה-והון-חברתי.aspx (2022 年 2 月 14 日閲覧).

———. 2020. "ʼUkhluṣiyat Yisraʼel be-fitḥah shel shnat 2021." https://www.cbs.gov.il/he/mediarelease/Pages/2020/אוכלוסיית-ישראל-בפתחה-של-שנת-2021.aspx (2022 年 8 月 18 日閲覧).

———. 2022. "Leqeṭ netunim leregel Yom Yerushalaim, 2022." https://www.cbs.gov.il/he/mediarelease/pages/2022/לקט-נתונים-לרגל-יום-ירושלים-2022.aspx (2022 年 8 月 19 日閲覧).

Ha-Makhon Ha-Yisreʼeli Le-Demoqratyah. 2024. "Ṣeqer merts 2024: Ki-shlish bilvad me-ha-tsibur ṣvurim she-ha-memshalah tashlim ʼet kehunat-ah ka-ḥoq." https://www.idi.org.il/articles/53492 (2024 年 8 月 23 日閲覧).

Ha-Misrad La-Haganat Ha-Ṣvivah. 2019. "Ha-Ḥoq le-haganat ḥayat ha-bar (1955-)." https://www.gov.il/he/departments/legalInfo/wildlife_protection_law_1955 (2022 年 8 月 10 日閲覧).

———. 2021. "ʼOṣrim ʻal ṣaḥar be-farṿot! Ha-Sarah La-Haganat Ha-Ṣvivah Gilah Gamliʼel ḥaṭmah ʻal taqanot ha-ʼoṣrot matan heiterim le-ṣaḥar be-farṿot le-maṭarot ʼofnah." https://www.gov.il/he/departments/news/fur_trade_is_prohibited (2022 年 8 月 10 日閲覧).

Ha-Ṿa‘adah Le-’Ekhut Ha-Ṣvivah. 2017. “Proṭoqol ha-ṿa‘adah le-‘inyan ṭeva‘ ‘ironi u-ba‘alei ḥayim.” https://www.tel-aviv.gov.il/Transparency/DocLib3/פרוטוקול ועדת איכות הסביבה 4.12.17.pdf（2022 年 2 月 17 日閲覧）.

Ḥavruta’ Homo’im Datiyim. n.d. “Hisṭoryah.” https://havruta.org.il/היסטוריה/（2022 年 5 月 31 日閲覧）.

Hekhṭ, Raṿit. 2017. “Ḥa”k ’Amir ’Oḥanah: “Homo’im be-yamin ’ohavim ’et ‘atsma-m yoter me-homo’im be-smo’l” Siḥah ‘im ha-dor ha-ba’ shel han-hagat Ha-Likud.” **Ha-’Arets**, September 19, https://www.haaretz.co.il/magazine/2017-09-19/ty-article/.premium/0000017f-df1e-df9c-a17f-ff1e476f0000（2022 年 8 月 22 日閲覧）.

Ḥen, Ṭohar. 2019. “Lamah ’atem ḥoshvim she-kol ha-ṭiv‘onim smo’lanim?.” **Yisra’el Ha-Yom**, January 14, https://www.israelhayom.co.il/article/624215（2022 年 8 月 17 日閲覧）.

Ḥoshe”n. n.d. “’Odot.” https://www.hoshen.org/אודות/（2022 年 5 月 31 日閲覧）.

IGY n.d. “Trumah.” https://igy.org.il/donateigy/（2022 年 6 月 15 日閲覧）.

’Irgun Ho”d. n.d. Facebook, https://www.facebook.com/ort.gays/（2022 年 5 月 31 日閲覧）.

’Irgun Leṣbiyot Datiyot. n.d. “Bat Qol.” http://www.bat-kol.org/（2022 年 5 月 31 日閲覧）.

‘Iriyat Tel ’Aviv-Yafo. 2002. **Profil ha-‘ir ’Oqṭober 2002**. Tel ’Aviv: ‘Iriyat Tel ’Aviv-Yafo, Ha-yeḥidah le-tikhnun ’aṣtraṭegi.

———. 2005. **Ḥazon ha-‘ir ma’i 2005**. Tel ’Aviv: ‘Iriyat Tel ’Aviv-Yafo, Ha-yeḥidah le-tikhnun ’aṣtraṭegi.

———. 2017. “Ha-Tokhnit ha-’aṣtraṭegit le-Tel ’Aviv-Yafo: Ḥazon ha-‘ir Detsember 2017.” https://www.tel-aviv.gov.il/Residents/Development/DocLib1/%202017-מסמך%20חזון%20העיר.pdf（2022 年 6 月 20 日閲覧）.

———. 2019. “2030 Tayarut be-Tel ’Aviv-Yafo: Tokhnit ’av.” https://www.tel-aviv.gov.il/About/DocLib5/%202030תוכנית%20אב%20תיירות.pdf（2022 年 6 月 15 日閲覧）.

———. 2020. “’Anaḥnu ‘al ha-mapah（ṭiv‘onit）!” https://www.tel-aviv.gov.il/Pages/MainItemPage.aspx?webId=3af57d92-807c-43c5-8d5f-6fd455eb2776&listId=81e17809-311d-4bba-9bf1-2363bb9debcd&itemId=1257（2022 年 10 月 22 日閲覧）.

———. n.d. “Mediniyut mazon ‘ironit.” https://www.tel-aviv.gov.il/Residents/

Environment/Pages/FoodPolicy.aspx（2022 年 2 月 17 日閲覧）.

IsraeliPM 2013. “Ro’sh ha-memshalah ẏe-ra‘yat-o mesoḥaḥim ‘im Miqi Ḥaimovits ‘al “Yom Sheni Lelo’ Basar.”” https://www.youtube.com/watch?v=GVEeyjuj6jY（2022 年 6 月 30 日閲覧）.

’Iziqovits, Gili. 2014. “Ṭal Gilboa‘ zakhtah ba-“’Aḥ Ha-Gadol.”” **Ha-’Arets**, August 31, https://www.haaretz.co.il/gallery/television/2014-08-31/ty-article/0000017f-f5ee-d887-a7ff-fdee0dbd0000（2022 年 6 月 21 日閲覧）.

Ka’n 11 – Ta’agid Ha-Shidur Ha-Yisre’eli. 2020. “Ṭeqeṣ hadlaqat ha-mesu’ot le-tsiyun yom ha-‘atsuma’ut ha-72 shel medinat Yisra’el 28.04.2020.” https://www.youtube.com/watch?v=9_OF0lCo_gE&t=795s（2022 年 7 月 18 日閲覧）.

Landa’u, No‘ah, Li Yaron Ẏi-Honatan Liṣ. 2020. “Netanyahu ‘al ’alimut klapei nashim: Yesh laḥmol ‘alei-hen kfi she-ḥomlim ‘al ba‘alei ḥayim.” **Ha-’Arets**, November 23, https://www.haaretz.co.il/news/murder/2020-11-23/ty-article/.premium/0000017f-e209-d804-ad7f-f3fbe0ab0000（2022 年 7 月 3 日閲覧）.

Liṣ, Yehonatan. 2006. “Nidḥah mits‘ad ha-ga’aẏah b-Irushalaim.” **Ha-’Arets**, July 23, https://www.haaretz.co.il/misc/2006-07-23/ty-article/0000017f-e25c-d7b2-a77f-e35f5a4f0000（2022 年 9 月 8 日閲覧）.

Ma’amoṣ, ’Ahuvah. 2009. “Mits‘ad ha-ga’aẏah be-’Eilat: Gidufim, beitsim ve-“’ein kniṣah.”” **Ynet**, May 16, https://www.ynet.co.il/articles/0,7340,L-3716515,00.html（2022 年 8 月 22 日閲覧）.

Ma‘arekhet Mako Ga’aẏah. 2024. “’Elu hem ha-’anashim she-qiblu ‘et “‘Iṭur Ha-Ga’aẏah Ha-Yisra’elit.”” https://www.mako.co.il/pride-news/Article-298327c795edf81026.htm（2024 年 8 月 29 日閲覧）.

Makhon Jaboṭinṣqi Be-Yisra’el. 2020. “Jaboṭinṣqi ha-sho’ah ẏe-ha-qri’ah la-’aẏ a’qu’atsyah（pinui）.” http://www.jabotinsky.org/זאב-זבוטינסקי/זבוטינסקי-והשואה/（2021 年 4 月 22 日閲覧）.

Mako. 2018. “Mits‘ad ha-ga’aẏah be-Tel ’Aviv ḥogeg 20: Logo ha-ga’aẏah 2018 neḥesaf.” May 18, https://www.mako.co.il/pride-news/local/Article-568d2016e144361006.htm（2022 年 8 月 19 日閲覧）.

Mandel, Ro‘i. 2013. “Ha-Ne’um ha-metsunzar shel Ben Guriyon be-’42: ‘Yeladei-nu niqbarim.’” **Ynet**, April 7, https://www.ynet.co.il/articles/0,7340,L-4365052,00.html（2021 年 4 月 19 日閲覧）.

Misgav, Ḥen. 2015b. “Tikhnun, tsedeq ve-foliṭiqah ‘ironit lahaṭa”bit: Ha-Merkaz ha-ge’eh be-Tel-’Aviv.” **Tikhnun** 12(1): 180–195.

Misrad Ha-Mishpaṭim. 2019. “Biṭul ha-‘averah shel mishkav she-lo’ ke-derekh ha-ṭeva‘-1988.” https://www.gov.il/he/departments/publications/reports/roots_1988 (2022 年 5 月 30 日閲覧).

Netanyahu, Binyamin. 2018. Facebook, April 11, https://www.facebook.com/Netanyahu/videos/10155518076782076/ (2022 年 7 月 6 日閲覧).

Netanyahu, Yair (@YairNetanyahu). 2019. Twitter, April 15, https://twitter.com/YairNetanyahu/status/1117720736683241473?s=20 (2022 年 7 月 3 日閲覧).

Proṭoqol Yeshivah 161. 1994. **Ṿa‘adat Ha-Ḥinukh Ṿe-Ha-Tarbut**, Ha-Kneṣet Ha-13, February 9.

Proṭoqol Yeshivah 4. 1996. **Ha-Ṿa‘adah Le-Qidum Ma‘amad Ha-’Ishah**, Ha-Kneṣet Ha-13, July 22.

Proyeqṭ Ben-Yehudah n.d. a. “Be-‘Ir Ha-Harigah / Ḥayim Naḥman Bi’aliq.” https://benyehuda.org/read/1784 (2020 年 12 月 29 日閲覧).

———. n.d. b. “‘Al Ha-Shḥiṭah / Ḥayim Naḥman Bi’aliq.” https://benyehuda.org/read/6243 (2021 年 11 月 27 日閲覧).

Qleiman, Shaḥar. 2023. “Ti‘ud meragesh: Ḥayalei Tsaha”l meḥaltsim gur klavim me-harisot be-‘Azah.” **Yisra’el Ha-yom**, December 17, https://www.israelhayom.co.il/animals/article/14960559 (2024 年 8 月 23 日 閲覧).

Qoṭler, ‘Amit. 2009. “La-ri’shonah: Kinuṣ tayarut ge’eh ne‘erakh be-Tel ’Aviv.” **Ynet**, October 11, https://www.ynet.co.il/articles/0,7340,L-3788398,00.html (2022 年 6 月 15 日閲覧).

Qubovits, Yaniv. 2018. “Ha-praqliṭ ha-tsva’i Sharon ’Afeq yequdam, ṿe-yihyeh la-homo ha-ri’shon miḥuts la-’aron be-dargat ’aluf.” **Ha-’Arets**, May 3, https://www.haaretz.co.il/news/politics/2018-05-03/ty-article/0000017f-f95e-d460-afff-fb7efb490000 (2022 年 9 月 7 日閲覧).

Ram, ’Uri. 2005. **Ha-Globalizatsyah shel Yisra’el: Maq’world be-Tel ’Aviv, Jiha’d b-Irushalaim**. Reṣling: Tel ’Aviv.

Reinah, No‘ah. 2017. “Ma magia‘ li? Tsaha”l yediduti la-ṭiv‘onim: Bgadim, manot qrav ṿa-’aruḥot.” https://www.mitgaisim.idf.il/
/#/כתבות/ראשי/זכויות-וחובות/טבעונים-כל-המידע-שאתם-חייבים-לדעת (2022 年 7 月

3 日閲覧).

Roṭ-'Avneri, Dani'el. 2019. ""Birat ha-ṭiv'onut": Tel 'Aviv – bein 'aseret ya'adei ha-'okhel ha-movilim ba-'olam." **Yisra'el Ha-Yom**, December 2, https://www.israelhayom.co.il/article/712075 (2022 年 2 月 14 日閲覧).

Ṣegal, 'Amit. 2023. "Ṣeqer "ha-yom she-'aḥarei": 44% me-ha-tsibur rotse lehityashev shuv be-'Azah, 58% be'ad bḥirot ḥadashot | Kol ha-netunim." **N12**. November 18, https://www.mako.co.il/news-politics/2023_q4/Article-9f47fed9563eb81027.htm (2022 年 2 月 14 日閲覧).

Shaḥar, Shaḥar ('orekh). 2017. **'Orekh ha-din**. gilayon 35, Tel 'Aviv.

Shapira' 'Aniṭah. 1997. **Yehudim ḥadashim yehudim yashanim**. Tel 'Aviv: 'Am 'Oved.

Shperniq, Ro'i (@shpernik). 2023. X, October 10, https://x.com/shpernik/status/1711474984718086164 (2024 年 8 月 23 日閲覧).

Shṭern, Dudi. 2017. "Re'uven Rivlin: Ha-Ṭiv'onut 'einenah raq tsay muṣari 'ela' gam yehudi." **Ṭiv'onyuz**, November 28, http://www.tivonews.co.il/Articles/News/20171128-Rivlin.aspx (2022 年 7 月 5 日閲覧).

Tel 'Aviv-Yafo Ha-Yeruqah. n.d. Facebook, https://www.facebook.com/greentelaviv/ (2022 年 2 月 17 日閲覧).

Tnu La-Ḥayot Liḥyot. n.d. "'Odot." https://www.letlive.org.il/?page_id=35 (2022 年 8 月 10 日閲覧).

Ṭwizer 'Imbar. 2019. "Miqi Ḥaimovich: "Lo' 'ukhal lashevet 'al kise' 'Or ba-meli'ah."" **Ynet**, April 29, https://www.ynet.co.il/articles/0,7340,L-5501249,00.html (2022 年 6 月 30 日閲覧).

Tsaha"l. 2018. "Loḥamim u-sh'ar yeraqot: Bein dilemah le-nose' ma'amats pri – 'Eikh nir'et ha-shigrah shel ha-qraviyim ha-ṭiv'oniyim be-Tsaha"l." https://www.idf.il/
/והלוגיסטיקה/כל-הכתבות/2018/לוחמים-טבעונימאתרי-יחידות/אגף-הטכנולוגיה- (2022 年 7 月 3 日閲覧).

——. n.d. "Ma'arakh ha-mazon." https://www.idf.il/אתרי-יחידות/מערך-המזון/ (2022 年 7 月 3 日閲覧).

Vegan Friendly. 2015. "Pniyah le-liv-o shel kol 'aqṭiviṣṭ - Ne'um-o shel 'Omri Paz, Ha-Qongreṣ Ha-Ṭiv'oni." https://www.youtube.com/watch?v=idyfxmA_I50&t=49s (2022 年 2 月 19 日閲覧).

Vegan-Friendly. n.d. "Pe'ilut ha-'amutah." https://vegan-friendly.co.il

/העמותה%20פעילות/25/תוכן（2022 年 6 月 21 日閲覧）.

Ynet. 2017. "Ha-'Indipendenṭ hikhriz ʻal Tel 'Aviv ke-virat ha-ṭivʻonut shel ha-ʻolam." https://www.ynet.co.il/articles/0,7340,L-5039628,00.html（2022 年 2 月 14 日閲覧）.

Zaiton, Yo'av. 2023. "Galanṭ: Matsor muḥlaṭ yuṭal ʻal ha-retsuʻah; 'Anu nilḥamim be-ḥayot 'adam. **Ynet**, October 9 2023, https://www.ynet.co.il/news/article/b13rvrbzp（2024 年 8 月 23 日閲覧）.

Zarḥin, Tomer. 2011. "ʻOzr-o shel 'Edmond Leṿi nivḥar le-shofeṭ shalom be-Tel 'Aviv." **Ha-'Arets**, February 20, https://www.haaretz.co.il/news/law/2011-02-20/ty-article/0000017f-e1c5-d7b2-a77f-e3c788000000（2022 年 8 月 22 日閲覧）.